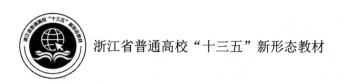

浙江省普通高校"十三五"新形态教材

跨境跟单实务

刘永泉 李 萍 主 编

熊 俊 罗 俊 宋秀峰 副主编

电子工业出版社
Publishing House of Electronics Industry
北京 · BEIJING

内容简介

跨境跟单实务是跨境电商工作中实践性很强的业务，随着跨境电商岗位分工的成熟，跨境跟单业务逐渐成为独立的业务范畴。本书根据企业跨境跟单真实业务，按照教师讲授核心概念和理论（study why to do）、企业师傅传授典型工作（study how to do）、学徒学生完成工作任务（try to do）的思路，构建了"教（理论）-学（技能）-做（工作）"三维教学体系，将企业跨境跟单工作所涉及的平台发货、准备样品、采购、检验和跨境物流等跨境跟单岗位典型业务和核心技能，按照岗位工作过程进行呈现。本书既可满足现代学徒制企业师傅参与人才培养的需要，又能够满足一线企业岗位经验缺乏的教师实践教学的需要，有利于读者全面了解跨境跟单岗位工作的内容和范围、提升岗位工作的实际能力。

图书在版编目（CIP）数据

跨境跟单实务 / 刘永泉，李萍主编. 一北京：电子工业出版社，2023.12

ISBN 978-7-121-43869-1

Ⅰ．①跨⋯ Ⅱ．①刘⋯ ②李⋯ Ⅲ．①对外贸易—市场营销学—高等学校—教材 Ⅳ．①F740.4

中国版本图书馆 CIP 数据核字（2022）第 113505 号

责任编辑：康　静
印　　刷：三河市鑫金马印装有限公司
装　　订：三河市鑫金马印装有限公司
出版发行：电子工业出版社
　　　　　北京市海淀区万寿路 173 信箱　邮编：100036
开　　本：787×1092　1/16　印张：15　字数：374.4千字
版　　次：2023 年 12 月第 1 版
印　　次：2023 年 12 月第 1 次印刷
定　　价：44.00 元

前 言

　　跨境电子商务有别于一般贸易、加工贸易和技术贸易，日渐成为中国对外贸易的一种类型，是数字贸易的一个重要方面，也是贸易数字化的一个重要表现。跨境电子商务作为一种新兴国际贸易模式发展迅猛，对拓宽新型国际贸易渠道、发展新兴国际贸易伙伴、推进外贸供给侧结构性改革等方面产生了深远影响，在中国对外贸易领域对实现品牌逆袭、提升中国国际贸易价值链地位有重要抓手作用。当前疫情对国际经济与贸易产生巨大影响，但是中国对外贸易，尤其是以跨境电子商务为代表的贸易类型，呈现逆势快速增长态势。随着中国跨境贸易的快速发展，跨境电子商务人才需求持续旺盛。企业对人才的需求为人才培养提出了更高要求。

　　为了满足现代学徒制人才培养需要，落实立德树人教育方针，突出教材的课程思政育人功能，编写团队联合多所国家"双高"建设专业、双师型副教授、行业企业专家和紧密型校企合作企业，结合各校学徒制班人才培养经验，共同编写了本教材。

　　全书设置 1 个岗位认知模块和 8 个岗位工作模块，分别是初入职场、处理订单、管理库存、确认样品、采购产品、管控辅料、跟进生产、安排物流及回笼资金。9 个模块根据跨境跟单岗位工作实际和岗位工作逻辑关系进行编排，并覆盖所有业务环节，为读者搭建知识、技能和能力由简单到复杂、由单一到复合的精进学习路径。每个模块包含工作绩效目标、工作能力目标、师傅讲（典型）工作、演示典型工作业务、师傅下达任务等环节和内容。

　　本教材讲义稿在 2017 年被评为"嘉兴市欣禾职教集团（国家第二批职教集团试点单位）优秀校企合作教材"，同年被立项为"浙江省新形态教材（首批）建设项目"。本教材是国家现代学徒制试点院校试点专业——国际贸易实务专业开展现代学徒制人才培养的成果之一，涉及"师带徒"双元培养学生跨境跟单能力所包含的知识、岗位业务和工作任务。本教材作为国内不多见的现代学徒制学生"师带徒"方式学习跨境跟单岗位业务的手册式教材。"教材在很多地方都有较大创新。教材在课程思政价值引领上，以案例为抓手落实二十大报告中的"爱党报国、敬业奉献、服务人民"育人要求，通过案例研习，让学生树立爱党报国政治情怀、追求卓越的敬业精神和服务社会的奉献精神；"内容上选取典型岗位鲜活业务，力求全真实战；体例上，通过企业师傅指导、演示岗位工作业务并布置工作任务，由师傅手把手传授岗位工作技能；结构上设置 1 个岗位认知和 8 个岗位工作模块，业务环环相扣，并创新设置了 KPI 考核目标和考核指标，加强对"学徒"岗位绩效的评价与考核；在学习方式上，体现"师带徒"和"传帮带"的学习模式，以及多维展示教学资源，为学生（学徒）搭建一个泛在的、立体化的学习环境。

参与本书撰写的有：嘉兴职业技术学院刘永泉副教授（岗位工作模块 1、2 及岗位认知模块）、罗俊副教授（岗位工作模块 3）、曾虹副教授（岗位工作模块 7）、嘉兴学院李萍博士（岗位工作模块 4、5）、熊俊博士（岗位工作模块 6）、宋秀峰博士（岗位工作模块 8）。本书在线资源由刘永泉、王琴华、孙奇、曾虹、蔡玉娟和单嘉宁等教学团队共同完成。

本书在编写过程中得到浙江嘉兴闪驰科技有限公司孙奇总经理、北京数通国软科技有限公司司汝军副总经理、嘉兴雅莹服装有限公司生产部李敏厂长、嘉兴领尚纺织品有限公司王经雄总经理和周利剑主任等的大力支持。对朱赛蒙和出版社各位编辑对本书的出版所做的贡献在此表示衷心感谢。

本书在浙江省精品在线课程和职教云平台上有《跨境跟单实务》（刘永泉）配套网络课程。网络课程有配套微课、课件 PPT、测验题库及本书学生任务配套答案。请有需要的学生和教师选课使用。

编　者

KPI 目标及校企双师评价表

序号	项目名称	KPI 考核目标	KPI 考核指标	岗位业绩企业师傅评价	学习态度双师评价
1	初入职场	完成岗位工作报告，了解岗位工作情况	（1）岗位工作范围熟悉度（100%）		企业师傅：
			（2）岗位工作所需知识知晓度（90%）		
			（3）岗位工作要求理解度（80%）		学习导师：
			（4）岗位感悟深度（80%）		
			总评（KPI 平均分）		
2	处理订单	跟进客户订单，及时、高效地回复客户信息，准确、合理地解决客户投诉，确保公司店铺绩效和账号安全	（1）客户信息及时回复率（100%）		企业师傅：
			（2）客户投诉解决率（100%）		
			（3）客户满意率（95%）		学习导师：
			总评（KPI 平均分）		
3	管理库存	跟踪公司国内、海外仓库存及跨境电商平台库存和上架数量，确保货物供应。合理制订备货计划，各类货物至少保证 60 天销售库存	（1）库存保障率 95% 以上		企业师傅：
			（2）库存货损率低于 3%		
			（3）每周做库存分析报告		学习导师：
			总评（KPI 平均分）		
4	确认样品	协助业务部、产品开发部等部门完成打样、寄样、检验和封样等样品业务	（1）打样正确率 100%		企业师傅：
			（2）寄样及时准确率 100%		
			（3）部门间协调能力（优良）		学习导师：
			总评（KPI 平均分）		
5	采购产品	负责公司常规品项产品采购工作。协助产品开发部采购样品，协助运营部采购成品、补充库存，协助仓储部补充安全库存，并管理维护供货商，确保采购按计划完成，加强质量管控，有效控制采购成本，保持供货稳定	（1）采购计划完成率 100%		企业师傅：
			（2）供货质量合格率 95%		
			（3）采购价格合理性 100 分		学习导师：
			（4）供货商管理合规生长性 100 分		
			总评（KPI 平均分）		
6	管控辅料	根据订单中原材料的要求，及时完成原料采购、检验、入库等工作	（1）采购品种、数量、品种准确率 100%		企业师傅：
			（2）采购时间、地点准确率 100%		
			（3）入库信息正确率 100%		学习导师：
			（4）入库产品检验率 100%		
			总评（KPI 平均分）		

序号	项目名称	KPI 考核目标	KPI 考核指标	岗位业绩 企业师傅 评价	学习态度 双师评价
7	跟进生产	负责制订公司常规销售品种、研发新品等产品的生产计划，落实生产企业并跟进生产过程和生产质量，优质、足量、及时地完成产品备货，防止跨境平台断货，确保销售安全	（1）订单生产正确率 98%		企业师傅： 学习导师：
			（2）断货率 5% 及以下		
			（3）产品合格率 98%		
			总评（KPI 平均分）		
8	安排物流	协调仓储部门及时完成零售小包、小 B 大包、FBA 物流、海外仓等业务的打包、装箱、贴标、发货等工作	（1）物流正确率 98%		企业师傅： 学习导师：
			（2）断货率 5% 及以下		
			（3）物流成本控制水平 90 分以上		
			总评（KPI 平均分）		
9	回笼资金	负责公司跨境平台销售数据核对、销售收入回笼。准确核算跨境收入、支出、税费等项目，确保公司收入安全回笼	（1）跨境平台税收核算准确率 95% 以上		企业师傅： 学习导师：
			（2）跨境结算汇率风险损失 2% 以内		
			（3）跨境税收业务完成率 100%		
			总评（KPI 平均分）		

目　　录

按：刘星是嘉兴闪驰进出口有限公司有 5 年跨境电商跟单工作经验的员工，其主要负责公司跨境 B2B 平台和 B2C 店铺跟单工作。公司指派刘星传授、指导我们跟岗学习跨境跟单业务。由他传授我们跨境跟单业务所需理论知识、技能操作等岗位工作业务。我们跟着师傅从基础业务开始，逐渐深入地学习跨境电商跟单业务。

岗位认知模块：认识跨境电商跟单岗位

▶ 工作目标

工作绩效目标 》

KPI 考核目标：完成岗位工作报告，了解岗位工作情况。

KPI 考核指标：

（1）岗位工作范围熟悉度（100%）

（2）岗位工作所需知识知晓度（90%）

（3）岗位工作要求理解度（80%）

（4）岗位感悟深度（80%）

工作能力目标 》

知识目标：

- 了解跨境电商跟单的含义
- 掌握跨境电商跟单的工作内容
- 熟悉跨境电商跟单的工作特点
- 掌握跨境电商跟单的基本素质要求

能力目标：

- 能够辨别跨境电商跟单工作与跨境电商其他工作的关联和区别

素质目标：

- 激发跨境电商跟单工作兴趣，获得岗位认同和职业认同

🖥 师傅讲工作

介绍工作情境 》》

　　师傅以一则招聘广告，向第一次接触跨境跟单业务的学徒介绍跨境跟单业务内涵、特点及应具备的能力。他讲解、演示本项目岗位工作所需的基础知识和技能，为学徒学习基于跨境电子商务贸易形态下跟单岗位工作做好知识和情感储备。

讲核心知识 》》

一、跨境电商跟单岗位工作界定

　　通过企业招聘要求，了解跨境电商业务下的跟单工作，如图 0-1、图 0-2 和图 0-3 所示。

跨境电商跟单　　　　　　　　　　　　　　　　　**6000～8000元/月**

　　[招聘方信息模糊]　　　　　查看所有职位

杭州-余杭区 ｜ 1年经验 ｜ 大专 ｜ 招1人 ｜ 08-06发布

五险一金　免费班车　员工旅游　餐饮补贴　通讯补贴　年终奖金　定期体检

┃ 职位信息

工作职责：

1. 熟悉公司产品，掌握项目下单产品的状态是否有更改，以及其他重要注意事项及要求；

2. 根据项目的新品上新需求与补货需求，整理订单、建单、与PMC协调交期、出运流程等一系列跟单流程；

3. 负责新品的产品测试、打样安排；

4. 其他项目中需要协作的工作。

任职资格：

1. 大专以上学历，熟悉业务跟单流程，通过学习能快速掌握跨境电商对产品、出运的一些特殊要求及规则；

2. 具备良好的沟通能力，能妥善协调工厂与项目对供应链需求的关系，统筹协调订单流程；

3. 学习能力强，对新业务及新商业模式有浓厚兴趣。

职能类别：业务跟单　　　　　　　　　　　　　　　　　　　　　微信分享

图 0-1　跨境电商跟单招聘岗位要求 1

跨境电商跟单员

0.6万～1.5元/月

━━━━━━━━━━━ 查看所有职位

杭州-萧山区 ｜ 在校生/应届生 ｜ 大专 ｜ 招2人 ｜ 07-13发布

`弹性工作`　`年终奖金`　`绩效奖金`　`专业培训`　`餐饮补贴`　`出国机会`　`五险一金`

▍职位信息

1. 欢迎应届毕业生。

2. 英语四级以上，有较强的英语听说读写能力，能处理各种英语信函及外贸单据；

3. 有外贸业务跟单经验优先考虑，负责和客户沟通、交流，及时回复客户邮件，及时处理客户索赔，催收货款，对账等工作

4. 责任心强，思维活跃，擅长思考，创新能力强，同时具备很强的推动力、执行力和抗压能力，以结果为导向；

5. 有创业心态，期待通过团队的共同努力为社会和行业创造巨大价值及个人回报。

员工福利：

1. 工资：底薪（面议）+提成+绩效+奖金+年终奖；

2. 工作时间（周末双休）：08:30-12:00,13:30-18:00 无加班，节假日按国家规定休息；

3. 购买五险；

图 0-2　跨境电商跟单招聘岗位要求 2

采购跟单QC

5000～8000元/月

查看所有职位

杭州-滨江区 | 1年经验 | 招若干人 | 08-06发布

大小周　员工旅游　带薪年假　十三薪　五险一金

▎职位信息

工作职责：

1. 根据公司开发产品的需求，开发供应商，开发产业带，使公司产品生产更加有序化、合理化；

2. 参与新产品开发物料及产品标准样的签订，根据BOM汇总签样，存档管理。按照新产品开发的需求，确保产品品质；

3. 根据采购订单安排，依据公司制定的产品标准，有序地对产品在开发及生产大货过程中的各个阶段进行样品质量检验（公司内+工厂验货），确保产品质量符合要求；

4. 对大货前、中、末期进行检验、监督；每月不定期外出工厂查看产品质量，跟踪货期产能；

5. 正确分析不合格问题产品产生原因，及时与供应商沟通解决。完成产品质量问题处理、质量改善控制工作，并及时反馈问题给部门负责人，核对确认处理结果；

6. 对文具类产品有一定的了解，能够解决生产中遇到的问题，有预见性地预防大货中可能出现的问题，并提出解决方案；根据生产中和后期成品出现的问题，对检验标准进行修订、执行。

任职要求：

1. 有1年以上相关验货经验，有文具类经验优先

2. 为人正直、可靠、细心、责任心强

3. 有较强的沟通、协调能力

4. 熟悉AQL抽检标准

5. 能适应长期出差（江浙一带）

薪资及其他福利：

1. 提供升职加薪空间，岗位间可横向调动，展现自我发展

2. 带薪年休假

3. 年终奖福利

职能类别：生产跟单

微信分享

图 0-3　跨境电商采购跟单 QC 招聘岗位要求

"跟单""跟单人员"和"跟单员"一词常见于企业招聘广告中，其英文表达方式有多种，主要有"order supervisor""quality controller""documentary handler""merchandiser""order follower""order production coordinator"和"order tracker"等，其核心工作是为完成订单而开展的后续工作，包括生产进度控制、质量管控、物流发货等。

二、跨境电商跟单岗位工作内容

外贸行业中由于业务分工的需要，将外贸业务员签订的外贸订单交给专职人员去落实、跟进并完成生产、交付、通关、结算等一系列工作。该工作岗位即为跟单岗位，从事该工作的人

称为跟单员，有时称为跟单人员。"跟单"中的"跟"是指跟进、跟随或跟踪，"跟单"中的"单"是指合同项下的订单。与传统批发性质的外贸订单相比，跨境电商之订单呈现典型的碎片化、高频化的特点，所以跨境电商出口业务中的跟单对公司日常订单的跟进提出更高要求。而公司 B2B 订单的跟单及根据市场需要和平台销售需要开发的产品的跟单，其业务流程、操作技能、跟单技巧、所需能力等则基本与传统外贸跟单一致。具体而言跨境电商跟单主要涉及：①跨境电商平台订单跟进；②平台销售上架产品，销售进度跟进；③B端客户样品和公司新品打样跟单；④成品采购及生产所需原材料采购跟单；⑤生产进度和生产质量跟单；⑥跨境物流出货跟单；⑦跨境结算跟单；⑧公司交办的其他任务等。不同跨境电商公司跟单岗位工作内容和业务范围，根据公司业务特点、产品特点、电商平台特点和销售区域等，有所差异。但是大部分跨境电商跟单都属于全程跟单范畴，即跟进整个订单业务直至订单履行完毕，这里的订单既包括来源于 B 端客户的订单，也包括公司自主订单。这一点上，也可以看出行业企业对跨境电商跟单人员所需知识能力、业务能力、沟通说服能力、交际能力要求较高。

工厂跟单、外贸公司跟单和跨境电商跟单，业务各有侧重。跨境电商跟单因跨境销售的业务特点，其跟单工作涉及的面更广。B2C 小卖家跟单多关注订单发货及后续客服，大卖家跟单则需要多关注产品开发、委托生产等生产环节的跟进。B2B 卖家多以样品跟单和小订单发货为主，但是也会有金额较大并需要生产跟进的订单（这和传统外贸跟单相差不大）。无论哪种，跨境卖家都存在产品采购跟进业务，确保采购产品质量则是跨境卖家跟单工作的重点之一。

三、跨境电商跟单岗位工作特点

（一）责任大

跨境电商跟单员的工作是建立在订单与客户基础上的。B2C 业务中，订单是企业的生命，没有订单企业无法生存。跟单人员对跨境电商平台订单的跟进，直接影响店铺销量、潜在客户购买体验、店铺流量、店铺绩效和店铺风险。规范、及时、合理地跟进，可以促进店铺产品销量，有助于打造爆款并提高店铺效益。反之将不仅仅影响销量，严重时会导致店铺绩效过低，产品被下架，甚至暂停销售权限或关店。B2B 客户是企业的上帝，失去了客户，企业就不能持续发展。而订单项下的产品质量，是决定能否安全收回货款、保持订单连续性的关键。执行好订单跟进、把握产品质量需要跟单员持有敬业精神和认真负责的态度。

（二）节奏快

跨境跟单员的工作方式、工作节奏必须适应跨境平台客户下单的时差，或 B 端客户询盘的时差。同时由于客户来自世界各地，他们有不同的生活方式和工作习惯，因此需要跟单员高效、务实、快节奏地完成各类订单跟进任务。对于订单项下的采购、加工等生产任务，则需要跟单员在公司、工厂、客户企业多方往返出差、协调、跟进，对跟单人员的体能素质也有很高要求。对于 B 端客户，不同国别的客户需求也不同，加上市场需求、原材料成本、国际贸易环境、汇率等因素的影响，需要跟单员有快速反应、及时调整的应变能力。

（三）复合性

跨境电商跟单员业务工作综合性、复杂性很强。对内涉及与企业产品开发部、运营部、仓储部、财务部等相关部门进行沟通、协调，对外涉及采购、生产管理协调、跨境物流、国际结算等工作。跟单员必须既熟悉公司内部运营、跨境平台业务，又熟悉工厂的生产运作流程和进出口贸易的实务，要求的知识、技能和能力具有显著的复合性特征。

（四）保密要求高

跨境电商跟单员知晓企业跨境电商平台业务情况、产品情况，业务涉及客户、产品、工艺、技术、价格、厂家等信息资料，对企业来说，这都是商业机密，对外必须绝对保密。跟单员必须忠诚于企业，遵守保密原则。如果跟单员违反职业道德，透露公司信息或者"飞单"，或私下操作非公司竞品店铺，将给公司造成严重损失，小则公司客户流失，大则跨境销售陷入困境。

（五）工作线程多

工作线程多，类似于平时所说的工作头绪多。跟单人员的工作涉及面广，从订单管理到生产跟进，从单个订单跟单到多订单同时跟进，从业务沟通到危机化解，都需要跟单人员去执行。跟单工作的这个特点，对跟单人员提出更高的业务要求和能力要求，高强度的工作模式，也常常将跟单人员锻炼成业务多面手、沟通和管理高手。

四、跨境电商跟单岗位工作素质要求

（一）职业素养要求

1. 遵守企业规章制度，维护企业利益，保守商业秘密。
2. 爱岗敬业，践行社会主义核心价值观。
3. 遵纪守法，维护企业国际形象和国家利益。

（二）知识素养要求

1. 具备良好的商品学知识。
2. 拥有良好的生产管理知识。
3. 拥有良好的国际贸易知识。
4. 熟悉商务礼仪规范及相关知识。
5. 掌握必备的企业管理、生产管理知识。

（三）能力要求

1. 熟练使用办公软件、跨境 ERP 等提高工作效率的工具。
2. 拥有良好的国际市场调研、营销能力。
3. 拥有良好的商务礼仪和沟通能力、谈判表达能力和人际关系处理能力。
4. 拥有良好的团队精神和与不同层次的人合作共事能力。
5. 拥有良好的企业管理、生产管理能力。

演示典型业务 》》

典型工作一：跨境电商跟单员的工作概要

二维码资源 1-1：跨境电商跟单员的工作概要

典型工作二：生产跟单工作概要

生产跟单的工作概要+去工厂的片段

典型工作三：企业用人重在"人品"

企业用人重在"人品"

师傅下达工作任务

理论小测试

单项选择

1. 跨境电商 B2B 业务中的跟单，需要"跟"到哪个环节（　　）。

A. B2B 客户下单　　　　　　　　B. B2B 订单货物采购

C. B2B 订单货物出口发货　　　　D. 订单履行完毕

2. 跨境电商 B2C 业务中的跟单，需要"跟"到哪个环节（　　）。

A. B2C 客户下单　　　B. B2C 订单发　　C. B2C 订单催评　　D. 售后客服

3. 跟单员要熟悉生产管理，对订单产品的生产是否如期进行心中有数，遇到突发情况可以及时、正确处理。这指的是（　　）。

A. 订单发货跟进　　　　　　　　B. 产品或样品跟进

C. 生产跟进　　　　　　　　　　D. 生产及运输跟进

4. 跨境电商跟单和传统外贸跟单的核心区别是（　　）。

A. 订单获取方法不同　　　　　　B. 订单生产模式不同

C. 出口物流方式不同　　　　　　D. 售后服务要求不同

5. 跟单工作责任重大，下列表述中不是反映跟单人员责任重大的是（　　）。

A. 掌握公司客户业务资料　　　　B. 了解公司合作工厂的生产标准

C. 负责公司订单产品生产、进货进度　　D. 影响公司跨境销售绩效

多项选择

1. 跨境电商业务中的跟单，需要"跟"（　　）。

A. 跨境电商平台订单　　B. 询盘　　　　C. 产品采购　　　D. 生产加工

2. 外贸跟单员的工作内容有（　　　　）。

A. 获取订单和原料准备跟单

B. 生产进度跟进、产品质量跟单、成品出货托运跟单

C. 客户接待工作与客户资源管理

D. 货物的物流发货

3. 跟单员的工作能力素质要求包括（　　　　）。

A. 市场调研和预测能力　　　　　　B. 分析表达能力

C. 人际关系处理能力　　　　　　　D. 营销能力

4. 跟单员应具备的专业知识包括（　　　　）。

A. 商品学知识　　　　　　　　　　B. 管理学知识

C. 国际贸易学知识　　　　　　　　D. 市场营销学知识

5. 跟单员的职业素质要求有（　　　　）。

A. 热爱集体，遵纪守法，保守商业秘密，分析表达能力

B. 遵纪守法，保守商业秘密，人际关系处理能力

C. 热爱集体，遵纪守法，保守商业秘密，对本职工作认真负责、爱岗敬业

D. 对本职工作认真负责、爱岗敬业，提高英语表达能力和业务开发能力

下达工作任务

任务 1. 分析跨境跟单员工作情况

任务资料：
前面给出的三个企业招聘跨境电商跟单员的招聘广告并参考网络资源

（1）跨境跟单主要工作内容

序号	工作内容
1	
2	
3	
4	
5	
6	

（2）一名优秀的跨境电商跟单员需要具备的知识、能力和素养

项目	具体内容
知识	

（续表）

项目	具体内容
技能	
素养	

任务2. 跨境跟单人员工作案例分析

任务资料：

师傅在嘉兴闪驰科技有限公司做阿里巴巴国际站平台跟单工作时，最近跟进的休闲T-shirt客户把样品的Navyblue色写成Skyblue色，现要求重新制作样品。师傅了解后得知工厂符合要求的面料备货不多，又因客户要求的样品数量较多，样板房板师无法按时完工，满腹牢骚："上次还是老板亲自去交代，才勉强做出来的！"

工作开展建议：

建议	内容
1	
2	
3	

任务3. 对比分析跨境跟单与（传统）外贸跟单的异同

任务资料：

请查找《外贸跟单实务》相关书籍、材料和信息，并以"外贸跟单员"为关键词，搜索招聘信息，分析工厂型企业、外贸型企业、跨境电商企业三类企业对跟单岗位要求的异同。

请完成对比分析表

	相同点	不同点
工厂		
工厂型出口企业		
贸易型传统外贸企业		
贸易型跨境电商企业		

任务4. 撰写跨境跟单岗位工作认知报告

序号	项目	内容
1	岗位工作范围	
2	岗位工作需要的知识结构	
3	岗位要求	
4	感悟总结	

任务 5. 跟单职业素养分析

一个"跟单部门"撑起千万营销的传奇

厦门某公司从 2016 年开始，基于跨境电商客户的深度沟通以及大数据分析，感知到市场的巨变，公司总经理程相培决定对工厂已有生产一销售模式进行了重大调整，除了将生产车间规模扩大和设备完善外，还建立了一整套从研发到售后的配套设施，以顺应跨境电商时代碎片化订单模式，提升产品的品控、缩减交货周期、优化供应链等服务能力。如今，即便在望远镜这个品类领域，公司每年营业额在 4000 万人民币左右。这个成绩取得源于成功地完成适合跨境电商生产模式的转型。

2016 年以前公司主要以承接外贸订单生产为主。但随着贸易环境的变化，跨境电商卖家的订单占比越来越大。跨境电商碎片化、少批量、大批次的订单需求，特别是定制化订单越来越多，公司重新梳理了工厂跟单流程，成立了售后服务部，也叫跟单后勤保障部队（跟单部门）。这个部门是跨境卖家与工厂之间互惠共赢的快车道，具体表现有：

其一，售后服务部的主要工作是预备安全库存，实时跟进跨境卖家产品销售情况，及时帮卖家解决产品脱销、滞销等头痛的问题。

程总经理说，如刚刚过去的黑五、网一大促，卖家的产品一旦出现突然爆单的迹象，他们只要向工厂的售后服务部反馈，下完单后，售后服务部便会进行处理，将预备的安全库存调配给卖家，保证卖家可以及时将库存补上，从而不影响卖家店铺的正常销售。不仅如此，如果卖家产品滞销，售后服务部也帮助他们消化滞销产品，解决一些库存回购换货、升级问题，让产品或卖家将损失降到最低。

其二，能让工厂在跨境电商行业中更具竞争力。短期而言，售后部能够帮助工厂留存更多的长线客户，增加销售额；长期来看，工厂还可以与长线客户保持更多深入的沟通，更精准地把握跨境电商卖家需求及市场新动向，有利于产品的迭代升级，提升爆款产品出现的概率以及工厂的口碑，有益于公司的长远发展等。

（资料来源：雨果网（厦门）跨境电商有限公司，作者编辑整理）

思考与讨论：

1. 请结合案例分析"跟单"在外向型企业中涉及哪些业务？

2. 请结合案例思考：既然外贸企业跟单业务非常重要，那么从事跨境跟单需要具备哪些职业素质？

3. 请结合案例讨论：在上述岗位工作所需职业素质中，职业素养、政治素养和人文素养对跟单工作产生哪些影响，并讨论总结如何树立正确的跟单岗位素养积累路径？

任务 6. 体验社会发展对个人职业发展的时代要求

材料：

中国共产党第二十次全国代表大会上的报告指出，社会主义核心价值观是凝聚人心、汇聚民力的强大力量。弘扬以伟大建党精神为源头的中国共产党人精神谱系，用好红色资源，深入开展社会主义核心价值观宣传教育，深化爱国主义、集体主义、社会主义教育，着力培养担当民族复兴大任的时代新人。

实施公民道德建设工程，弘扬中华传统美德，加强家庭家教家风建设，加强和改进未成年人思想道德建设，推动明大德、守公德、严私德，提高人民道德水准和文明素养。统筹推动文明培育、文明实践、文明创建，推进城乡精神文明建设融合发展，在全社会弘扬劳动精神、奋斗精神、奉献精神、创造精神、勤俭节约精神，培育时代新风新貌。

思考与讨论：

1. 请结合材料分析，时代变迁对经贸人才素质要求提出哪些新要求？

2. 请结合材料分析，外贸企业跟单岗位工作中如何将个人发展与时代要求相结合？

3. 请结合材料分组讨论：社会主义核心价值观对企业具体工作的导向性意义。

岗位工作模块一：处理订单

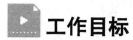 **工作目标**

工作绩效目标 ≫

KPI 考核目标：

跟进客户订单，及时、高效地回复客户信息，准确、合理地解决客户投诉，确保公司店铺绩效和账号安全。

KPI 考核指标：

（1）客户信息及时回复率（100%）

（2）客户投诉解决率（100%）

（3）客户满意率（95%）

工作能力目标 ≫

知识目标：

● 掌握客户的内涵、分类

技能目标：

● 能够通过业务模板、在线翻译等工具，及时与各类客户进行业务沟通

● 能够遵循标准客服流程解决客户投诉等问题

素养目标：

● 具备相互尊重、换位思考、耐心细致的客户服务态度和业务能力

● 具备强大的解决客户纠纷的心理素质

● 具备较强的语言表达能力和说服能力

师傅讲工作

介绍工作情境 》

初步了解跨境跟单岗位工作以后，师傅就开始介绍跨境电商客户跟进工作，涉及 B2C 跨境店铺每天订单的跟进、B2B 客户信息回复等。他要求我们先认真学习下面的基础知识，为项目学习做好知识储备。

讲核心知识 》

一、跨境客户的内涵及类型

（一）跨境客户的内涵

客户是下订单或有可能下订单给企业或个人的人，是企业利润之源，是企业发展的动力。企业与客户之间不仅仅是单纯的签订合同、处理订单、发货和收款等在销售过程中所发生的业务关系，还包括企业在营销与售后服务过程中发生的各种关系，对所有关系进行全面管理将会显著提升企业的竞争力，降低营销成本。

（二）跨境客户的类型

1. 按买家下单频率分

（1）首单客户

对于跨境电商卖家而言，第一次或只在店铺下单一次的客户，可以称之为首单客户。B 端首单客户，很大概率会成为返单客户和长期客户。一般而言，无论是在 B2B 还是在 B2C 跨境电商业务中，获客成本都是非常高的。[1]如何让客户返单是跨境业务（尤其是 B2B 客户）需要着重解决的问题。当然，这个业务更多的是跨境运营和数据营销岗位的工作。

（2）返单客户

返单客户是指对于某个产品或者服务重复购买的客户。在 B2C 跨境业务中，返单客户不同类目占比不同。客户返单，反映了客户对店铺、卖家服务、产品质量、品牌等方面有很高的认可度，形成一定的黏性和忠诚度。客户重复购买次数越多，就意味着产品得到客户的认可度越高，并产生购买黏性。一个店铺返单客户比例越高，卖家获客成本越低，为卖家打造新品、活动引流、销量预测提供坚实基础。

2. 按购买目的分

（1）个人买家——终端消费买家

购买产品并直接用于个人、家庭消费的买家，称为个人买家。个人买家的购买行为也称消费者行为，是消费者围绕购买生活资料所发生的一切与消费相关的个人行为，包括从需求动机的形成到购买行为的发生直至购后感受总结这一购买或消费过程中所展示的心理活动、生理活动及其他实质活动。消费性购买的个人买家，是跨境电商的核心购买群体，属于 C 端客户。个人买家购买行为具有多样、复杂的特点。对于卖家而言，个人买家的发现、识别、营销锁定并

---

① 相关资讯可参考 https://baijiahao.baidu.com/s?id=1654044235768607105&wfr=spider&for=pc，其中有比较细致的应用分析。

将个人买家与发展成为客户，有一定难度，获客成本较高。国外优质的跨境电商平台多为会员制（付费会员），个人买家获得平台高级别的消费保障。国内跨境电商平台的买家多为免费会员，享受的服务和消费保障相对较低。

（2）企业买家

企业买家是指以企业身份或企业账号下单的买家。企业买家因企业生产经营需要而购买商品。企业买家的购买行为属于经营性购买行为，是购买商品与服务供生产其他产品使用，或用作再售，或将其租借给他人以获取利润的购买行为。

（3）测评买家

测评买家就是卖家通过真实销售物品来获取平台买家的综合服务点评。详细点说，就是卖家发布商品信息，联系买家，买家通过软件进入商铺选购商品，买家收到商品后，对卖家本身及商品（包括：商品本身质量、商品外观要求、卖家服务态度及物流收货体验等一系列服务）进行优质真实的综合评价。做测评能帮助卖家更快地让平台喜欢自己的商品，在获得更好排名的同时，也让后续进入店铺的买家更容易认可自己的商品。

（4）恶意买家或小号

恶意买家是指不以消费为目的的购买者。这类买家行为无论是在中国还是在欧美国家，均属于违法行为。恶意买家一般分专业（专职）和非专业（专职）两种。专业恶意买家又可以分为专业差评者和薅羊毛者。薅羊毛型专业恶意买家往往利用平台规则、营销漏洞恶意下单，获取巨额不当利益。专业差评买家则以赚钱为目的，或自主或受托购买店铺产品后以差评、投诉威胁对卖家进行敲诈勒索。非专业恶意买家往往是跨境卖家拥有的多用于恶性竞争的小号，购买竞争对手产品并进行恶意差评。

3. 按重要性或客户价值分

（1）B2B 业务中，我们可以对客户进行 A、B、C 三类管理。A 类客户成交额和客户数分别占本公司总额的 70%和 10%左右，是公司的重点客户，工作上要优先处理这类客户业务，保证其订单的履行。B 类客户成交额和客户数各占本公司总额的 20%左右，跟单人员应该将其视为次重点客户，进行必要的跟踪，力争将其培养为优质 A 类客户。C 类客户成交额和客户数分别占本公司总额的 10%和 70%左右，跟单人员对这类客户进行日常跟进即可。跨境 B2B 卖家要考虑三类客户的发展性，并结合本公司的不同情况予以灵活掌握。

（2）B2C 业务中，可以将客户分为 A、B 两类。A 类客户是指返单率较高的客户，其所占总体比例并不高。B 类是指不返单，或偶尔返单的客户，其占比 90%以上。跨境电商 B2C 跟单人员的日常工作内容之一就是及时跟进每日订单、处理客诉，服务好每一类客户。

但是对于 A 类客户，跟单人员需要给予高度关怀，采用新品推荐、优惠券发放、客户返单、客情维护、增加黏性等促销手段，保持一定的频率和强度，以维系 A 类客户，提升店铺业绩。

二、客户跟进

（一）下单未付款客户跟进

当订单生成后，发现买家已下单但未付款（或 pending），跟单人员可以发站内邮件或者利用 TradeManager 及时和买家进行沟通，委婉询问、了解买家这些"未付款订单"的情况，引导买家付款。对这类客户跟进时，跟单人员需要询问买家购买情况、疑问、意见和建议，并提出有效解决买家下单疑虑、选择困难等阻碍订单付款各种问题的方法。

（1）对价格、运费进行调整，给予折扣，让商品更具竞争力。

（2）进一步展示商品，提供图片、细节描述，让买家对商品质量有更深认识。

（3）如果买家支付上遇到困难，可以主动帮助买家解决该支付问题。

（4）对自己的公司实力进行简单介绍，增加买家信任和购买信心。

（5）如果买家 24 小时内仍未付款也未给予任何回复，可以考虑主动调整价格，系统会自动发送调价后的邮件，通知买家重新关注并下单商品。

（6）有条件的话可以跟买家进行电话沟通。

（二）下单客户跟进

1. 对于 B 端客户（以服装跟单业务为例）

基于 B2B 平台，客户下单就意味着签订了外贸合同。无论订单大小，如果货物无法市场采购，需要加工，则需要完成以下几个典型跟进业务：

（1）头版：跟单员将设计图纸发外厂做头版，跟单员和设计师一起审核头版尺寸、板型、主辅料等信息。

（2）确认生产款：做面辅料订购预算单交采购部订购。

（3）发面辅料：开单发面辅料。

（4）做产前样：用大货面辅料做正确产前样，追办、批复（包括工艺、尺寸、辅料、款式等，总之是大货前样）并交外方确认。外方确认后组织大货生产。

（5）生产进度和质量跟进，确保货期和质量：开裁、裁数、初期查验、中期查验、尾期查验、交货、退主辅料清算。中间要解决各种生产中的问题，对每款易出问题部分要时时提点检查。如裁数多了或少了，物料补订和补发，对 FOB 单数量的正常接受范围外的：要不要多的数量、接不接受少的数量，三期的质量问题如何解决、如何监督，货期晚了如何解决等。

2. 对于 C 端客户

C 端客户下单后，需要跟单人员及时跟进，比如撰写并发送发货通知、顺利收货关怀、询问及催促留好评、询问产品使用反馈等。对于异常订单，如未送达、货损退货、无理由退货、客诉等均需要礼貌、周到、及时回复买家关切，潜移默化地实现公司诉求，维护买家和公司共同利益。

三、客户投诉及处理

（一）客户投诉

跨境业务中客户投诉是指客户对企业产品质量、服务、第三方物流等环节不满意，而提出的异议、索赔和要求解决问题等行为。客户投诉是消费者获得的消费结果或消费体验与购买预期之间存在差异，通过申述寻求心理慰藉、利益弥补的一种手段。各大跨境电商平台对客户投诉大都采取对买家有利的倾向性保护政策。卖家不及时、合规、合理地解决客户投诉会严重影响店铺绩效，甚至危害账号安全。

（二）处理程序与方法

在遭遇客户投诉时，一般可以采取表 1-1 中的程序，以明确客户投诉的风险级别和投诉内容。

表 1-1　客户投诉解决程序

确认问题 （Identity）	通过客户投诉讯息（Email、在线沟通内容等）确认客户问题所在，不明确的需要对客户投诉问题的细节进行追问，然后按客户原因、产品原因、物流原因三类进行分类登记。对于线上直聊的客户，需要耐心倾听对方诉求，无论问题归属何方，均不要急于回复。如果客户提出的问题不是一个问题或没有事实根据或 100%与己方无关，也不能直接反驳，要对客户给予指导、说明、解释并询问及确认问题是否解决

⇩

评估问题 （Assess）	对于非常明确的问题，要评估问题的性质，确定问题的严重程度和责任，如果问题发生是由于产品本身质量、发错货、物流严重延迟等己方原因，则应了解客户对经济补偿和其他要求的强度，以确定协商方向

⇩

协商问题 （Negotiation）	协商时，根据客户要求强度，与客户充分沟通，选择请等待（物流延迟）、部分退款（货物缺陷、发错货等）、全额退款（未收到货或货物严重缺陷）等买家能接受的、己方损失最小化的方案

⇩

处理问题 （Action）	按协商的预定方案，跟单员执行补发货、换货、退款、部分退款等操作，圆满处理好客户的投诉

⇩

追踪反馈 （Tracking）	追踪客户的反馈，跟单员在处理好客户的投诉后，应与客户沟通了解其问题是否得到解决，以追踪处理效果。对于恶意投诉者，可以搜集证据，向平台进行投诉，以免影响账号绩效及账号安全

四、客户投诉问题统计、归类与回复模板

（一）客户投诉问题统计与归类

跨境店铺会收到形形色色买家的各种各样的投诉。这些投诉有的是卖家原因导致的，有的是因买家误解而产生的，有的是第三方物流原因造成的，也可能是平台政策、规则产生的。跟单人员需要对客户投诉进行分类汇总，并形成表格。

（二）分析问题原因和解决问题的关键

跟单人员需要对客户投诉进行原因分析，并不断丰富客户投诉汇总表。通过表格化管理，跟单人员日后可以快速查找客户投诉原因和解决对策。

（三）撰写客户投诉回复模板

为了提高工作效率，跟单人员还需要针对典型的客户投诉问题设计、编辑客户投诉回复模板。利用模板并结合客户投诉的个性化情况有针对性地撰写回复信函，提高回复效率、回复质量和解决效果。

演示典型工作业务

亚马逊买家消息回复

典型工作一：回复买家消息

一、工作内容描述

师傅查看亚马逊店铺后台时，发现了几条买家消息，其中一条消息是某买家对一款产品在 Q&A 栏目询问了几个问题，然后师傅做了耐心细致的回答。在查看速卖通店铺时，千牛在线聊天软件跳出客户询盘信息，师傅在线做了详细解答。

二、工作过程与方法

业务 1：亚马逊店铺买家消息回复（见图 1-1）。

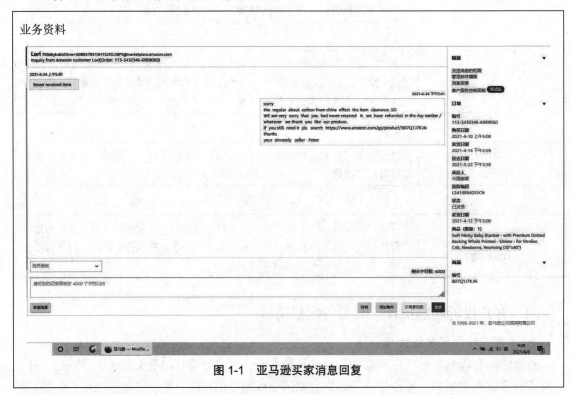

图 1-1　亚马逊买家消息回复

回复模板

Dear Lori，
We are very sorry that you cannot receive the item（order：113-3430346-6989060）
Although our product ingredients do not contain cotton. However, the relevant law still affected product clearance and caused delays in delivery.
In view of the lack of any tracking information, we guess that the item may have been lost, so we already refunded you earlier today.
Please check your account or bill. If the problem is still not resolved, please contact us.
Thank you for approving our products, and again apologize for your unpleasant shopping experience.
Yours sincerely, Seller, SUNQ

业务 2：亚马逊买家 A to Z 索赔投诉回复（见图 1-2）。

业务资料：

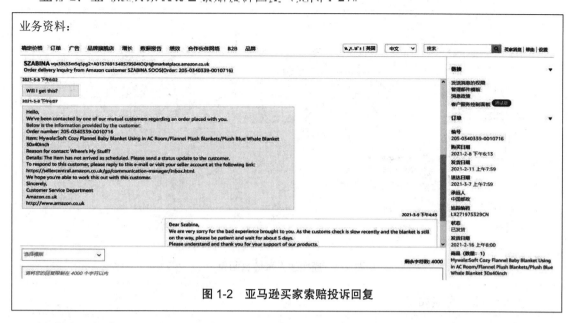

图 1-2 亚马逊买家索赔投诉回复

该客户对于第一次回复不满意，提出 A to Z 索赔。亚马逊收到索赔投诉后发信给卖家，要求卖家解决该投诉。卖家回复不规范。比较正确的回复是：

Dear SZABINA，
We are very sorry for the inconvenience of the logistics delay.
Maybe you will receive the product soon (we have tracked the goods to reach London for 3 days),
but we are still willing to give you a full refund.
We have always been committed to providing buyers with comprehensive services,
but we will also make mistakes due to our or third-party reasons.
Furthermore, we sincerely hope that you can withdraw your claim.
This will become an incentive for us to continue to optimize our business, including logistics and distribution business.
Yours sincerely, Seller, SUNQ

演示买家消息回复

业务 3：速卖通买家消息回复（见图 1-3）。

业务资料：

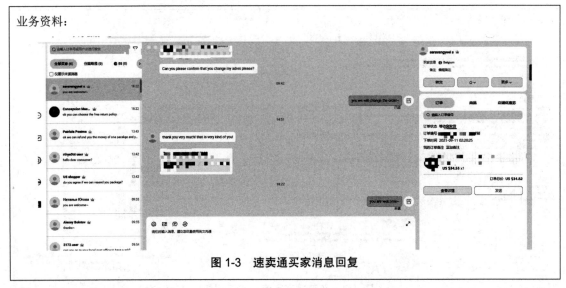

图 1-3 速卖通买家消息回复

双方在线即时交谈如下

Customer	Seller
Can I change my address from…to…	No problem
Thanks	Don't mention it
Can you confirm that…	We will change the order information of destination
Thank you	You are welcome

典型工作二：催促未付款订单

亚马逊订单介绍

一、工作内容描述

经过典型工作一的工作，师傅服务的客户下单了。师傅非常高兴，但师傅进一步查看阿里巴巴国际站和速卖通订单状态，发现订单处于未付款状态。师傅和客户进行了沟通，引导、催促客户付款。

二、工作过程与方法

业务 1：亚马逊 pending 订单（未付款状态订单）跟进（见图 1-4）。

业务资料（亚马逊未付款订单截屏）

订单详情	订单编号：# 114-5834567-1132223	订单编号：# 114-5834567-1132223

订单一览
购买日期：2021年8月7日周六 上午9:49 PDT　　配送：　亚马逊

配送地址
处于等待状态的订单，不会显示配送地址。
联系买家

订单内容

状态	图片	商品名称	更多信息	数量	商品单价	单位
等待付款		Soft and Comfortable Blue Baby Mink Blanket, Plush Toddler Blanket, Nursery(Dinosaur ASIN: B08KGJMTST SKU: 2020-dns-doud	订单商品编号: 42962838097482	1	US$12.88	

帮助　计划收货　中文　▼

© 1999-2021 年，亚马逊公司或其附属公司

图 1-4 亚马逊未付款订单界面

处理方法：

> 亚马逊订单分为已支付已发货订单、已支付未发货订单及加入购物车未支付订单（pending）。因为亚马逊平台不提供与买家直接沟通的渠道，所以卖家对于 pending 订单无法处理，只能等着买家付款或取消订单。

业务 2：速卖通未付款订单催促（见图 1-5）。

业务资料（速卖通未付款订单截屏）

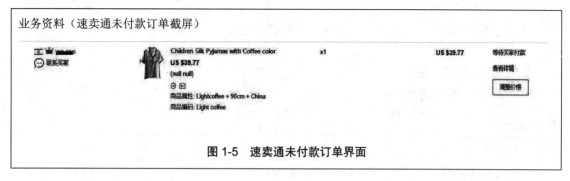

图 1-5　速卖通未付款订单界面

1. 联系买家，引导付款

催单邮件：
Dear，***
Good day！
Thanks for loving our children silk pyjamas.
We find that your order has along been keeping unpaid status.
We want to know if you need our help to provide you with more product information, so that you can understand our products better.
If needed, Please. contact us when you need it.
Best regards,
Seller, SUNQ.

2. 对犹豫买家给予折扣、减免运费等优惠，激励买家下单（通过订单详情—调整价格实现）

	HELLO, We found that your order has not been paid for a long time. Do you have any concerns about our products?	sunq
Julier Hi,Nope, I'm hesitating		
	Our products are on sale recently, and there will be no discounts in a few days.	sunq
Julier Enh I know		
	Because you have purchased our products many times, and you are our loyal customer, we give you the best price, additionally off 10%, during the promotion period.	sunq
Julier OMG, OK, THANK U		

典型工作三：付款订单发货

（详见"岗位工作模块七——安排物流"相关业务（略）

典型工作四：发送发货通知

一、工作内容描述

师傅根据前日仓库发货清单，用发货通知模板，对每个订单发出发货通知。

二、工作过程与方法

业务 1：撰写发货通知模板。

Dear customer,
Have a nice day!
We are very glad to inform you that we have already sent the parcle through the china Post on Aug.12, 2021.
The tracking number is 123-456-789.
You will receive the item after 15-25days. Pls. track the logistics number in time.
If you have any questions or help, Pls. contact us.
Hope you love our products.
Best regards,
Seller, SUNQ

业务 2：根据仓库发货清单，撰写发货通知。

业务资料：
仓库发货清单

Sku	客户名称	数量	地址	物流方式	物流单号	发货日期
Chlrn-silk-t2210	Mastas Mas	1	Gabrielle Mcdonald 7016 15th ave NW unit313 Seattle WA	中国邮政 E 邮宝	LX271975 329CN	20210218
Chlrn-silk-t2210	Janny	1	Valrie Silva 205 S Vorona ave Clearwater FL	中国邮政 E 邮宝	LX271975 521CN	20210218
Chlrn-silk-t2210	Bonnie	4	Sharkood 2201 2TH AVE AMEND NJ	中国邮政小包	LF001234 5614CN	20210218

请根据上述发货情况，为客户撰写发货通知：

Dear Mas,
Have a nice day!
We are very glad to inform you that we have already sent the parcle through the china Post on Aug.18, 2021.
The tracking number is 123-456-789.
You will receive the item after 15-25days. Pls. track the logistics number in time.
If you have any questions or help, Pls. contact us.

| Hope you love our products. |
| Best regards, |
| Seller, SUNQ |

典型工作五：已签收订单客户跟踪及催评

一、工作内容描述

师傅根据订单的物流时效，及时发出客户跟踪回访邮件，并委婉催促对方留积极评价（review）和反馈（feadback）。

二、工作过程与方法

业务1：制作订单清单回访周期表。

业务资料：
发货清单

订单编号	SKU	客户名称	数量	地址	物流方式	物流单号	发货日期
113-123453-1234	Chlrn-silk-t2210	Mastas Mas	1	Gabrielle Mcdonald 7016 15th ave NW unit313 Seattle WA	中国邮政E邮宝	LX271975329CN	20210218
114-123323-1257	Chlrn-silk-t2210	Jamie	1	Valrie Silva 205 S Vorona ave Clearwater FL	中国邮政E邮宝	LX271975521CN	20210218
115-127888-4734	Chlrn-silk-t2210	Bonnie	4	Sharkood 2201 2TH AVE AMEND NJ	中国邮政小包	LF0012345614CN	20210218

制作订单跟进表（用 Excel 表格）：

订单编号	SKU	卖家	购买数量	发货日期	物流单号	物流信息	催评
113-123453-1234	Chlrn-silk-t2210	Mastas Mas	1	20210218	LX271975329CN	已签收	
114-123323-1231	Chlrn-silk-t2210	Jamie	1	20210218	LX271975521CN	在途	
115-127888-4734	Chlrn-silk-t2210	Bonnie	4	20210218	LF00123456 14CN	无追踪信息	

业务2：委婉催评——询问客户产品使用反馈。

| Dear Mastas, |
| Have a nice day! |
| Thank you for shopping with us. Now we track the parcle has been successfully delivered to your address. |
| We hope it just is what you like. We make a survey on usage of product. |
| 1. If is it just what you bought? |
| 2. Do the logistics make you feel satisfied? |

3. If is the item well qulity?
4. Have any other questions about the item?
We very much hope to hear from you and we are appreciated your constructive suggestions which help to improve our products and services.
If you have any dissatisfaction with the product, pls. contact us. We will return or refund in time.
We sincerely hope you can spend a few minutes on giving a positive feedback about the services and reviews about the product qulity, its using, etc.
If you are satisfied with the item and our services,……
Best regards,
Seller, SUNQ

速卖通催评

典型工作六：回复客户退货、退款请求

一、工作内容描述

师傅负责的平台收到客户退货请求和退款请求，他根据经验及时做了回复。

二、工作过程与方法

业务1：识别客户退款要求（见图1-6、图1-7）。

亚马逊催评

业务资料：（B2B 客户退货邮件、亚马逊退款要求截屏）

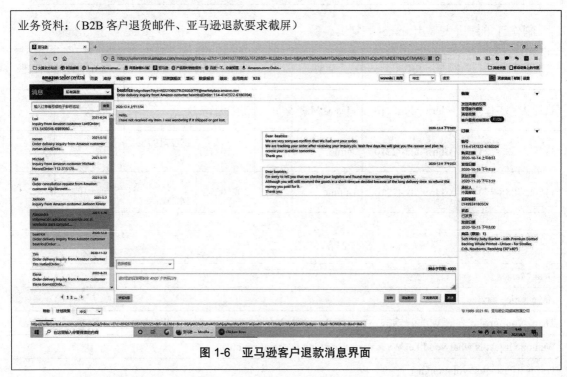

图 1-6　亚马逊客户退款消息界面

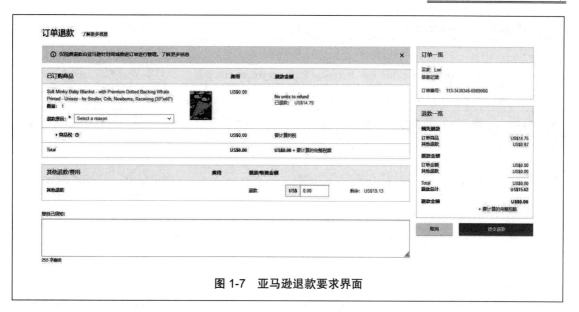

图 1-7 亚马逊退款要求界面

客户诉求识别：

核心问题	原因		
1. 未收到货物退款	物流导致延迟	物流导致丢失	未按预定时间到达等
2. 货不对板退货退款	货物与描述不符	发错货	未达买家心理预期、色差等
3. 货损退货退款	物流损坏	发货前损坏	货物内在缺陷、买家损坏等
4. 无理由退货退款	不喜欢	不再需要	贵了
根据你网购的经验，你还知道有哪些常见的客户退款原因？			
1. 冲动购买，不想买了			
2. 帮人代买，别人不要了			
3. 家人买重复了			
等等			

业务 2：撰写针对不同平台不同客户诉求的邮件（只写正文，不需要写称谓、落款等）。

范例 1：
We are very sorry for the inconvenience about logistics.
We agree you require to refund and we have been refunded in the moring.
Pls.check your account and ensure if the refund has been received.
Thanks…
范例 2：
We are very sorry for the inconvenience about logistics.
We have tracked the tracking number, and find the item has arrived at your city.
we think it will reach to you very soon.
Would you pls patiently wait a minute for it. After all, there are occasional delays in cross-border transportation,

especially in the current situation.
范例 3：
We are very sorry that our product has few defects and affects you use it.
But from your description of product, maybe it still can be used and just has a little dent.
So, can you accept only refunding you 30% of its price which is 3 dollars.
After all, it takes high freight that the item was sent from China. Hope your consent!

业务 3：速卖通平台"退款和纠纷"处理。

业务资料：

典型工作七：客户二次开发

一、工作内容描述

师傅发起产品满意度调查，推广新品，引导客户二次购买。

二、工作过程与方法

业务 1：设计并发出调查表。

速卖通退款和纠纷
界面介绍

Customer Satisfaction Questionnaire

Dear customer,

Thank you for long-term support to us. we issue this project in order to keep improving our product and service value to consumers.Pls. fill in the following formula and we thank any comments and /or suggestions you give and your cooperation.

Proct.name：					
Satisfaction Degree / Evaluation item	SAT.	Relative SAT.	Just so so	Dissat.	Quite dissat.
Quality					
Using conveniece					
Price and freight					
Service					
Logistics					
Other aspect:					
Your suggestion:					

业务 2：搜集客户满意度调查数据并分析结果。

业务资料：

产品满意调查反馈汇总表

Evaluation item ＼ Satisfaction Degree	SAT.	Relative SAT.	Just so so	Dissat.	Quite dissat.
Quality	88	289	12	9	7
Using conveniece	78	121	134	11	3
Price and freight	121	91	43	22	5
Service	12	56	71	35	13
Logistics	34	161	29	34	29

1. 数据处理

因为通过调查重点获取客户不满意之处，探究原因并找到解决对策，所以可重点分析客户不满意之处。通过做折线图直观查看客户不满意之处，如图 1-8 所示。

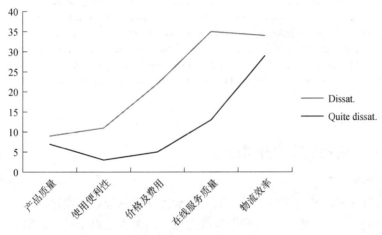

图 1-8　客户不满意折线图

2. 根据客户建议提炼改进方向

（1）总结客户不满意之处

产品品质方面：原材料质量波动大、工艺内在缺陷多、容易损坏、性能不稳定、做工粗糙等。

定价方面：价格过高、性价比不高等。

物流方面：物流太慢、货物丢失、运费太贵。

售后方面：客服响应时间太慢、无客服、态度不佳、产品业务等不熟悉。

（2）将信息反馈给相关部门

品质方面：采购跟单部，加强采购产品质量管控，改进产品质量跟单方法，确保产品质量等。

定价方面：运营部，作为改进运营手段的参考，研讨产品降价空间和运营策略。

物流方面：更改物流渠道和方式，提高物流效率。

售后方面：客服部，加强客服培训、考核、监督，改进客服质量。

3. 回复客户关切并委婉推送二次购买引导信息

业务资料：

某客户满意调查表

Evaluation item \ Satisfaction Degree	SAT.	Relative SAT.	Just so so	Dissat.	Quite dissat.
Quality	√				
Using conveniece	√				
Price and freight	√				
Service	√				
Logistics			√		
其他	相当不满意 产品说明书过于简单，不知道产品如何使用				

撰写回复邮件：

Thanks for your feedback. We will continue to improve our logistics efficiency. And then we have accepted your suggestion to improve the product manual. We have refined the product use steps, added the description information of the product use points, and improved the pictures, graphics and layout in the manual. The improved manual is rich in content and easy to read. The use guidance is further graphical and easier to understand.

Thank you again for your suggestion, which brings a new experience to all consumers. We launch 12 new products this month. If you need, you can enter our shop https://tolasi.aliexpress.com/store/123456789?spm=a2g0o.detail. 1000007.1.43a44be3eCZtA4 to buy our new products again. Hope there are some products suitable for you.

Yours honesty,

Seller, SUNQ

典型工作八：店铺风险业务跟进

一、工作内容描述

师傅负责影响亚马逊和速卖通店铺绩效的风险点业务的处置和跟进，包括亚马逊店铺收到 A to Z 索赔、平台警告等风险点，速卖通店铺侵权、索赔等风险点。

亚马逊店铺绩效
界面

二、工作过程与方法

业务 1：亚马逊业务风险处置。

业务资料：

1. 违反亚马逊合规信息截屏（见图 1-8）

图 1-8 亚马逊合规信息界面

2. 亚马逊平台商品信息和质量缺陷，导致产品下架

运营部门告知师傅某款商品被下架。通过查找原因，发现被下架的原因有二：一是价格，二是退货率太高。亚马逊显示商品有缺陷，如图1-9所示。

图 1-9 亚马逊商品下架

1. 分析原因

第一种情形是商品侵权，是影响店铺绩效的最重要风险点。买家、亚马逊平台、其他卖家都可以对某侵权卖家进行投诉，亚马逊审核确定侵权或怀疑侵权的，会发邮件到"消息"界面，要求卖家予以解决。

第二种情形是卖家商品信息超出亚马逊认定的合理范围，或买家关于商品质量投诉或平台侦测到短期大量退货等，被亚马逊认定为商品存在内在质量问题，是商品无法销售的风险点。需要重新编辑商品信息，或向亚马逊做出改进商品质量的承诺。

2. 撰写解决邮件

邮件内容：

Our products have been suspended on sale authority because of defects. We have carefully checked the listing information and inspected the product in strict accordance with the American relative standards, and no any defects were found in the product. We tracked the recent return information and found that those buyers had purchased our product from mar. to Jun. but those return occurred in two days. We have evidence to suspect that these buyers were manipulated to return the products maliciously because it is same and isn't different in quality that these products from different Amazon FBA plans.

I hope that Amazon will agree our products to resell and verify malicious returns.

Thank you very much

业务 2：速卖通业务风险处置。

业务资料：

1. 违反速卖通合规信息图

2. 买家未收到货，要求退款发起纠纷

1. 分析原因

第一种情形是商品侵权，是影响店铺绩效的最重要风险点。和亚马逊一样，速卖通平台上侵权风险巨大，处理不好会被取消店铺销售权限，即关店。侵权可能是侵犯商标、专利、著作权等知识产权，需要卖家在选品时谨慎对待。跟单人员需要将相关信息告知店铺运营人员，采取对侵权商品进行下架、重新拍摄或改进选品图片等措施。

第二种情形是速卖通平台买家退款要求。可能源于买家没有收到货物，或其他原因要求退货退款，是影响店铺绩效的风险点。这种情况，与前述业务一致。需要卖家判断该退款是部分退款还是全额退款，在征得买家同意后执行。

2. 撰写邮件，提出解决纠纷的方案，争取买家意见

解决纠纷模板：

Dear，

We are very sorry for the inconvenience that logistics delivery delay caused for you.

We fully accept your request and have already refunded you. Please confirm whether your alipay account has received a refund.

We always strive to provide customers with quality products and shopping experience. We will take measures to improve our works.

If you have any questions about our products and services, please contact our customer service first, and we will promptly resolve your concerns. If our customer service still cannot solve your problem, you can make a complaint to the platform again.

If you can cancel this complaint, we are very grateful based on your problem solved.

Yours regards,

SUNQ

违反政策向平台承诺模板：

Dear aliexpress,

Our products infringed **company patents because we are not very familiar with product technical indicators. We have confirmed through multiple channels that the product does infringe on the company technology patents. We have removed the product immediately, mailed a written apology letter to the company and promised not to sell the product. We have obtained the company's understanding in view of the fact that the product sales are very small and did not cause serious economic losses.

We apologize for the infringement and promise that we will strictly control product quality, respect intellectual property rights, abide by platform rules, and ensure that similar incidents do not occur again.

Yours sincerely,

Seller, SUNQ

典型工作九：海外退货操作

一、工作内容描述

师傅定期查看跨境平台退货情况，尤其重点跟踪亚马逊店 FBA 不可售货物情况，并及时处置货物，提高库存周转率，减少货损，降低库存成本。

二、工作过程与方法

业务 1：查看亚马逊不可售货物。

截屏亚马逊后台不可售货物清单，如图 1-10 所示。

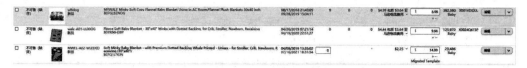

图 1-10　亚马逊不可售货物清单界面

业务 2：制订货物移除计划——丢弃。

模拟后台操作，同步录屏。

业务 3：制订货物移除计划——发往海外仓。

模拟后台操作，同步录屏。

师傅下达工作任务

理论小测试

单项选择

1. 在跨境贸易中，客户的概念是（　　　　）。

A. 真正能够让企业成功的主要法宝

B. 企业为之提供产品或服务的对象

C. 任何接受或者可能接受产品或服务，下订单或有可能下订单给个人或者企业的对象

D. 供应链上业务关系的末端

2. 以企业身份或企业账号下单的买家是指（　　　　）。

A. 个人买家

B. 测评买家

C. 公司买家

D. 企业买家

3. 以下属于薅羊毛者的行为是（　　　　）。

A. 自主或受托购买店铺产品后给差评

B. 通过小号购买竞争对手的产品并进行恶意差评

C. 投诉、威胁、对卖家进行敲诈勒索

D. 利用平台规则、营销漏洞恶意下单，获取巨额不当利益

4. （　　　　）客户是公司的重点客户，并可给予其价格优惠，优先保证该订单的履行。

A. A 类　　　　　　　B. B 类　　　　　　　C. C 类　　　　　　　D. D 类

5. 当订单生成后，发现买家已下单但未付款，跟单人员正确的做法是（　　　　）。

A. 与买家沟通，委婉了解原因

B. 催买家付款

C. 质问买家

D. 不予理睬

6. 属于 C 端客户下单跟进环节的是（　　　　）。

A. 跟进生产进度　　　　　　　　　　B. 询问及催促留好评

C. 确认产前样　　　　　　　　　　D. 制订购预算表

7. 对于客户的投诉行为，理解正确的是（　　　）。

A. 客户对企业产品质量或服务上的不满意而提出的书面或口头上的异议、抗议、索赔和要求解决问题等的行为

B. 客户的投诉是坏事

C. 投诉会直接影响品牌和工作效率

D. 投诉的成功处理不会提高客户忠诚度

8. 成交额和客户数分别占本公司总额的 70% 和 10% 左右的是（　　　）。

A. A 类客户　　　　B. B 类客户　　　　C. C 类客户　　　　D. D 类客户

9. 根据"二八原则"可将客户分为 A、B、C 三类客户，其中 C 类客户的成交额和客户数占本公司总额的百分比分别为（　　　）左右。

A. 20% 和 80%　　　　　　　　　　B. 80% 和 20%

C. 10% 和 70%　　　　　　　　　　D. 70% 和 10%

10. 处理好客户投诉是增加客户信任，促进再次购买和实现良好人际传播效应的有效途径。客户投诉处理流程为（　　　）。

A. 聆听→评估→确认→协商→处理→反馈

B. 聆听→确认→协商→评估→处理→反馈

C. 聆听→确认→评估→协商→处理→反馈

D. 聆听→协商→评估→确认→处理→反馈

多项选择

1. 跨境客户可以按（　　　）进行分类。

A. 买家下单频率　　　　　　　　B. 客户资产

C. 消费目的　　　　　　　　　　D. 重要性及客户价值

2. 测评买家是买家收到产品后，对卖家本身及其产品的（　　　）进行优质真实的综合评价。

A. 产品本身质量　　　　　　　　B. 产品外观要求

C. 卖家服务态度　　　　　　　　D. 物流收货体验

3. 恶意买家是指不以消费为目的的购买者，以下（　　　）属于专业恶意买家行为。

A. 利用平台规则、营销漏洞恶意下单

B. 利用多个恶性竞争的小号购买竞争对手产品并进行恶意差评

C. 投诉、威胁、对卖家进行敲诈勒索

D. 或自主或受托购买店铺产品后给以差评

4. 买家有下单疑虑、选择困难等阻碍订单付款的问题时，解决方法有（　　　）。

A. 对价格、运费进行调整，给予折扣

B. 进一步展示产品，提供图片、细节描述

C. 对公司实力进行简单介绍

D. 进行电话沟通

5. 以下属于 B 端下单客户（服装跟单业务）跟进环节的是（　　　）。

A. 做头版，做预算

B. 发面辅料，确认产前样

C. 生产进度和质量跟进，确保货期和质量

D. 撰写并发送发货通知

6. 面对客户的投诉，正确的客户投诉处理原则是（　　　）。

A. 认真倾听，确认问题　　　　　　　B. 评估问题，进行协商

C. 客户至上，被动解决　　　　　　　D. 进行处理，追踪反馈

7. 处理客户投诉的方法有（　　　）。

A. 不厌其烦地处理　　　　　　　　　B. 妥善处理

C. 清晰准确地表达　　　　　　　　　D. 存档归类

8. 客户关系管理是通过企业与客户之间的管理机制来完善客户服务的，其可（　　　）。

A. 提高客户满意度　　　　　　　　　B. 增加营业额

C. 吸引客户　　　　　　　　　　　　D. 降低企业经营成本

9. 跨境客户关系管理的内涵主要有（　　　）。

A. 客户是企业发展最重要的资源之一

B. 对企业与客户之间的关系要进行全面管理

C. 进一步延伸企业的供应链管理

D. 降低营销成本

10. 客户满意度就是客户对企业的（　　　）所满意的程度。

A. 产品　　　　　　B. 业务部门　　　　　C. 服务　　　　　　D. 管理

11. 跨境 B2C 客户跟踪主要有（　　　）。

A. 订单跟踪　　　　B. 出货跟踪　　　　　C. 产品跟踪　　　　D. 外包跟踪

12. 跟单员在收集客户信息的过程中，应注意（　　　）。

A. 信息真实性　　　B. 信息可靠性　　　　C. 信息准确性　　　D. 信息及时性

下达工作任务 》》

　　师傅给我们如下关于亚马逊店铺买家消息、公司产品信息、发货情况等资料，让我们完成相关任务。

任务 1. 完成亚马逊平台订单跟进业务

业务资料 1：

亚马逊店铺买家消息如下：

Dretick
Where is my item?

订单物流信息

SKU	客户名称	数量	地址	物流单号	发货日期	预计送达时间
MAN-SILK-SHIRT	Josbooten	1	略	LX371975319CN	2021618	20210708
MAN-SILK-SHIRT	Dretick	2	略	LX161975591CN	2021619	20210708
MAN-SILK-SHIRT	Peter Jacb	1	略	LF1412345110CN	2021620	20210720

（1）根据买家消息撰写回复邮件：

业务资料2：
2天后，亚马逊后台收到客户 A to Z 索赔投诉，投诉内容未知（亚马逊平台无法获知买家投诉具体内容）

（2）撰写建议买家撤回 A to Z 索赔的邮件：

（3）为名为 Josbooten 的客户撰写发货通知：

（4）为 Dretick 客户的订单撰写催评邮件：

（5）为 Josbooten 客户撰写售后产品调查邮件：

任务 2. 根据相关信息，完成速卖通平台相关业务

业务资料：

信息项目	信息内容
公司名称	嘉兴闪驰科技有限公司 JX-sunQ tech. company.
产品名称	Man Silk T-shirt（2021 款美国市场男士蚕丝 T 恤）
SKU	2021-silk-MTSusA
相关信息	公司专业从事跨境真丝 T 恤销售 10 年，产品为纯天然真丝制作，做工精良，使用环保染料印刷、色泽鲜艳，不褪色，质量得到美国、欧洲各国等的消费者认可。产品销量在速卖通排名前 20，产品和店铺绩效良好。该产品从美国本土发货，时效快，支持换货和无理由退款。客服 24 小时在线，随时解答客户关于产品等的问题。

订单状态截屏：

买家退货消息：

发货情况：
订单物流信息

SKU	客户名称	数量	地址	物流单号	发货日期	预计送达时间
MAN-SILK-SHIRT	Well Water	1	略	LX371975009CN	2021620	20210708

（1）为有购买意向但没有付款的潜在客户撰写邮件，引导其尽快付款：

（2）撰写邮件，解决买家退货诉求：

（3）撰写邮件，询问买家是否已收到货物并催好评：

任务 3. 跨境店铺风险识别和化解

增强法律素养，维护自身权益

2021 年 11 月 25 日，中国部分婚纱礼服类产品跨境电商卖家陆续收到跨境店铺账户冻结通知，原因是这些卖家被美国 DAVID 律所投诉侵权，美国伊利诺伊州法院执行临时 TRO。此次"受害"中国跨境商家一共有 524 家，波及面非常广。面对诉讼，有 105 家中国跨境商家选择不再妥协，而是抱团取暖，集体应诉进行抗辩维护自身合法权益。2021 年 12 月 2 日，第一次法庭听证会上，中国跨境商家委托律师进行积极辩护，美国伊利诺伊州法院当场宣布商标侵权、设计侵权不成立，并对婚纱礼服行业被冻结的 524 家中国跨境商家进行撤诉。2021 年 12 月 3 日下午，中国跨境商家账户陆续解冻，卖家维权成功！

资料来源：百度搜索引擎，作者整理

思考与讨论：

1. 请结合案例请分析，如何在客户服务中，用跨境平台规则和相关法律制度维护卖家利益？

2. 请结合案例小组讨论：在跨境电商业务中，会遇到哪些法律问题？

3. 请结合案例分析，在跨境业务中，如何通过法律手段维护自身利益和国家利益？

任务 4. 体验个人职业发展如何与国家战略同心同行

中国共产党第二十次全国代表大会上的报告指出，依托我国超大规模市场优势，以国内大循环吸引全球资源要素，增强国内国际两个市场两种资源联动效应，提升贸易投资合作质量和水平。稳步扩大规则、规制、管理、标准等制度型开放。推动货物贸易优化升级，创新服务贸易发展机制，发展数字贸易，加快建设贸易强国。合理缩减外资准入负面清单，依法保护外商投资权益，营造市场化、法治化、国际化一流营商环境。推动共建"一带一路"高质量发展。优化区域开放布局，巩固东部沿海地区开放先导地位，提高中西部和东北地区开放水平。加快建设西部陆海新通道。加快建设海南自由贸易港，实施自由贸易试验区提升战略，扩大面向全球的高标准自由贸易区网络。有序推进人民币国际化。深度参与全球产业分工和合作，维护多元稳定的国际经济格局和经贸关系。

思考与讨论：

1. 请结合材料分析，高水平对外开放对外贸跟单业务有哪些促进作用？

2. 请结合材料思考，如何将个人职业发展与积极参与国家高水平开放战略相结合，不断提升个人岗位工作能力和职业自豪感？

3. 请结合材料分组讨论："海南自由贸易港"对浙江跨境电商业务有哪些影响？

岗位工作模块二：管理库存

▶ 工作目标

工作绩效目标 》

KPI 考核目标：

跟踪公司国内、海外仓库存及跨境电商平台产品库存及上架数量，确保货物供应。合理制订备货计划，各类货物至少保证 60 天销售库存。

KPI 考核指标：

（1）库存保障率 95%以上

（2）库存货损率低于 3%

（3）每周做库存分析报告

工作能力目标 》

知识目标：

● 掌握安全库存的概念、内涵

技能目标：

● 能够计算店铺产品的安全库存

素养目标：

● 具备安全库存理念和防止断货意识

📊 师傅讲工作

介绍工作情境 》

师傅利用常用办公软件每日跟进、关注店铺各产品的库存，进行库存汇总、利用店铺后台制订店铺补货计划及供货商补货计划等工作，确保销售顺畅、防止断货。为了让我们更好地学习岗位工作，他为我们讲解本项目岗位工作所需的基础知识和技能，为项目学习做好知识储备。

讲解核心知识 ≫

一、库存

库存，一般指仓库中实际储存的货物。对于跨境卖家而言，库存可以分为两类：一是国内备货库存，二是海外仓储库存。这两类库存都是卖家为了应对跨境店铺销售需要而储备的货物，属于周转库存。跨境卖家的库存管理，核心目的是保持合适的库存量，既不能过度积压，也不能短缺。周转库存的大小与采购量直接有关。企业为了降低物流成本或生产成本，需要批量采购、批量运输和批量生产，这样便形成了周期性的周转库存，这种库存随着每天的消耗而减少，当降低到一定水平时需要补充库存。所谓降低到一定水平，就是指降低到安全库存以下。

二、安全库存（周转库存）

这里的安全库存不是严格管理学意义上的概念，本概念的内涵实质是周转库存。

1. 店铺安全库存（又称保险库存）

店铺安全库存是指为了防止由于不确定需求而准备的店铺缓冲库存，如影响订货交付的突发性爆单或供应商延期交货。跨境店铺每日需求量、供应商的交货时间和配合程度等方面，均存在较多的不确定因素。这些因素控制不好，很容易导致店铺断货，影响店铺业绩，给企业造成 listing 流量下降、销量下降等损失。从客户需求来说，不确定性涉及客户购买多少和什么时候购买，进而影响到潜在客户对店铺的关注度、信任度，降低客户对店铺的可靠性评价，增加客户跳出率等。解决这种不确定性的做法是合理预测需求，但需求的大小从来都不能准确地预测出。从供应来说，供货商完成订单的时间、交付运输、海关物流等都存在不确定性。这些不确定性加剧了跨境卖家断货风险。

所以店铺安全库存需要卖家认真预测，尽可能减少由各种不确定导致的断货风险。

2. 安全库存的预测与设置

预测安全库存需要用科学的统计方法和统计公式，但对一般卖家而言，店铺安全库存可以用如下最传统的公式进行预测：

安全库存=（预计最大销售量−平均销售量）×采购提前期

针对跨境业务，嘉兴闪驰公司采用的安全库存公式为：

安全库存=（预计月最大销售量−平均月销售量）×（平均跨境运输天数+不确定天数）×2/30

库存成本将因安全库存量之产生而上升，但安全库存量可以使得因前置时间及需求变化而产生的缺货现象减少甚至消失，安全水平越高则缺货风险就越低，但是库存成本越高，所以设置合理的安全库存对跨境卖家来说尤为重要。同时安全库存有时会失效，当市场销售繁荣时，根本就没有库存保证供应，缺货水平很高；而在市场萧条时，安全库存显得多余。这主要源于对安全库存不准确的预测。

3. 安全库存的优化

安全库存预测好后，卖家需要及时关注销售进度，根据安全库存的消耗情况及时采购、发货以补充库存，确保销售持续。如果经常出现断货情况，说明安全库存设计存在严重问题。此时可以通过以下几个方面优化安全库存：

（1）改善需求预测

预测越准，意外需求发生的可能性就越小，此外还可以采取一些方法鼓励用户提前订货。

（2）缩短订货周期与生产周期

订货周期与生产周期越短，在该期间内发生意外的可能性也越小。

（3）减少供应的不稳定性

一种途径是让供应商知道你的生产计划，以便他们能够及早做出安排。

另一种途径是改善现场管理，减少废品或返修品的数量，从而减少由于这种原因造成的不能按时按量供应。还有一种途径是加强设备的预防维修，以减少由于设备故障而引发的供应中断或延迟。

（4）运用统计工具

通过谷歌趋势等工具分析跨境平台该产品的前 6 个月甚至前 1~2 年的需求量，测出市场规模。利用 junglescout 等工具深度挖掘该产品排名、销量等对应关系，更科学判断公司该产品的潜在销量，测出更符合市场实际的库存量并进行备货。这需要业务员具备优秀的运营、数据分析能力和统计工具的使用能力。

三、仓库管理

（一）存储的一般要求

（1）防火、防水、防压、防潮。

（2）定点、定位、定容、定量。

（二）堆码和存放

（1）面向通道进行保管。为使物品出入库方便，并容易在仓库内移动，基本方法是将物品面向通道保管。

（2）尽可能地向高处码放，提高保管效率。想要有效利用仓库容积则应尽量向高处码放；为防止破损，保证安全，应当尽可能使用棚架等保管设备。尽量做到"上小下大，上轻下重，不超安全高度"。

（3）根据出库频率选定位置。出货和进货频率高的物品应放在靠近出入口，易于作业的地方；流动性差的物品应放在距离出入口稍远的地方；季节性物品则依其季节特性来选定放置的场所。

（4）同一品种在同一地方保管。为提高作业效率和保管效率，同一物品或类似物品应放在同一地方保管。员工对库内物品放置位置的熟悉程度直接影响着出入库的时间，将类似的物品放在邻近的地方也是提高效率的重要方法。

（5）根据物品重量安排保管的位置。安排放置场所时，当然要把重的东西放在下边，把轻的东西放在货架的上边。需要人工搬运的大型物品则以腰部的高度为基准。这对于提高效率、保证安全是一项重要的原则。

（三）几个常用的管理方法

（1）库存产品要进行定位管理，其含义与产品配置图表的设计相似，即将不同的产品分类，根据分区管理的原则来存放，并用货架放置。仓库内至少要分为三个区域：第一，大量存储区，即以整箱或栈板方式储存；第二，小量存储区，即将拆零产品放置在陈列架上；第三，退货区，即将准备退换的产品放置在专门的货架上。

（2）区位确定后应制作一张配置图，贴在仓库入口处，以便于存取。小量存储区应尽量固定位置，大量存储区则可弹性运用。若储存空间太小或属冷冻（藏）库，也可以不固定位置而弹性运用。

（3）建立完善的台账制度和进出库单据流转制度。

演示典型工作业务

亚马逊库存界面、
上架界面介绍

典型工作一：库存盘点

一、工作内容描述

师傅每天跟踪库存数量，每周、每月进行库存盘点并汇总，掌握店铺各类库存的基本信息。

二、工作过程与方法

业务：根据给定的店铺库存、销售、在途货物、工厂生产及交付货物等信息，盘点库存。

业务资料（见表 2-1～表 2-4）：

表 2-1　店铺某月 1 日库存情况

产品 sku	在售	不可售	预留（转运 3 天）	调查（20 天后完成）
Sunq-cton-2023	352	2	120	34

表 2-2　工厂供货情况

产品 sku	在制	工厂 3 日后交付	新生产任务
Sunq-cton-2023	3000	2000	5000

表 2-3　发海外仓货物发出时间

产品 sku	10 天前	20 天前	30 天前
Sunq-kchn-2023	1000	1000	1000

表 2-4　未来 30 天销售预测

日期	1	2	3	4	5	6	7	8	9	10	11	12	13	14	15
销售量	122	112	98	93	105	110	106	99	83	120	109	101	116	97	96
日期	16	17	18	19	20	21	22	23	24	25	26	27	28	29	30
销售量	88	105	110	106	104	114	103	80	92	96	110	106	104	100	102

其他业务信息：

海外仓发货周期均按符合预期时效（25 天），未出现延迟，货到海外仓后上架需要 7 天。

调查结果为：找到 30 件，丢失 4 件。

1. 计算库存

日期	海外仓可售库存计算方法
1	库存−销售+入库=352−122+0=230
2	230−112+0=118
3	118−98+1000=1020
4	1020+转运入库 120−93=1047
5	1047−105=942
……	……

2. 库存盘点（见表 2-5）

表 2-5　库存汇总表

日期	1	2	3	4	5	6	7	8	9	10
库存量	352	230	118	1020	1047	942	832	726	627	544
日期	11	12	13	14	15	16	17	18	19	20
库存量	424	315	214	1098	1002	906	818	713	603	497
日期	21	22	23	24	25	26	27	28	29	30
库存量	423	327	206	1126	1034	938	828	722	618	518

典型工作二：库存需求预测

一、工作内容描述

师傅时刻关注速卖通店铺产品库存，根据公司销售进度，合理预测销售，确定安全库存。

Google 趋势操作

二、工作过程与方法

业务：假设今天为 9 月初某日，预测 10 月份的销售量。

业务资料：

1. 2019—2020 年速卖通平台某产品销售量情况（见表 2-6）

表 2-6　2019—2020 年速卖通平台某产品销售量情况　　　　单位：百件

年份	1 月	2 月	3 月	4 月	5 月	6 月	7 月	8 月	9 月	10 月	11 月	12 月
2017	2.0	1.1	2.0	1.9	2.9	2.3	1.5	2.4	2.0	3.8	2.2	3.3
2018	1.9	2	3	1.9	2.9	3	2	3	4	3	3	2
2019	1.5	1	2	2.1	3	2.2	1.8	2.1	2.3	3.7	2.7	3.7
2020	1.8	1	2.1	2.0	3.2	2.2	1.8	2.2	2.1	4.2	2.0	3.3

2. 该产品关键词的谷歌搜索趋势（见图 2-1）

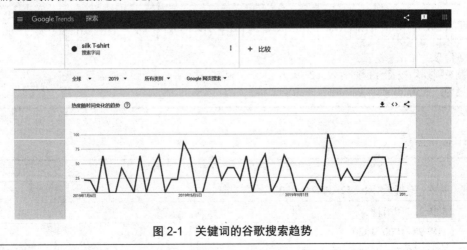

图 2-1　关键词的谷歌搜索趋势

1. 简单平均数

（3.8+3+3.7+4.2）/4=3.7

判断：2018 年的数据是异常值，考虑成长性，预测值偏低。

2. 移动平均数（连续 2 年，如果年份数据多，可以选择 3 年、4 年）

（3.7+4.2）/2=3.95 或（3+3.7+4.2）/3=3.63。

3. 统计软件法（Excel 方法）

（1）采用散点图直观法（见图 2-2），直观判断 2021 年 10 月份销售可能为 4.5 左右。

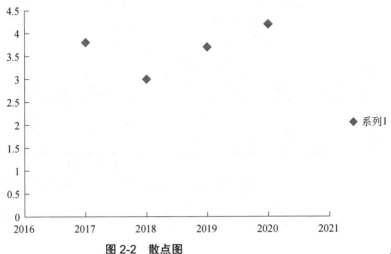

图 2-2　散点图

亚马逊库存推荐

（2）利用回归法（Forecase）获得的值为 3.96。

典型工作三：安全库存管理

一、工作内容描述

师傅时刻关注店铺产品库存的安全，根据公司安全库存需要确保 2 个月销售量的库存要求，合理计算产品的安全库存。

二、工作过程与方法

业务 1：确定安全库存。

业务资料（见表 2-7）：

表 2-7　公司某款产品 2020 年每月销售预测表

月份	1 月	2 月	3 月	4 月	5 月	6 月
销售量/件	800	820	940	980	1200	1460
月份	7 月	8 月	9 月	10 月	11 月	12 月
销售量/件	1790	2300	2160	2100	1800	3200

相关业务情况：

公司发货到海外仓平均周期为 24 天，海外仓上架需要 5 天。当前物流状态下有 20% 可能延迟 10 天，80% 可能延迟 5 天。公司经过测算，确定安全库存为：未来 2 个月的销售量。

当前月份为 6 月，预测未来 6 个月的安全库存如下：

月份	7 月	8 月	9 月	10 月	11 月	12 月
安全库存	1790+2300	2300+2160	2160+2100	2100+1800	1800+3200	3200+800

业务 2：根据安全库存规划发货进度（按最小发货次数）。

1. 安全库存相关业务分析

分析项目	分析过程
物流可能延迟天数	20%×10+80%×5=2+4=6 天
货物可售周期	24+6+7=37 天
物流丢失可能性	5%概率
2 个月的安全库存成本及可行性	一般可以保障销售的持续进行
发货节奏、批次和数量对安全库存的影响	高频次、小批量发货可靠性更高，但成本更高，要取一个平衡点

2. 规划发货进度（假设每月 1 日发货一次）

月份	7 月	8 月	9 月	10 月	11 月	12 月
发货数量/件	7.1 发 2160	8.1 发 2100	9.1 发 1800	10.1 发 3200	11.1 发 800	12.1 发 1 月预测值
预计上架		8.5 入库	9.5 入库	10.5 入库	11.5 入库	12.5 入库

3. 评估库存安全

项目	分析过程
发货周期	1 次/月，32 天入库可售
月平均库存/件	<table><tr><td>7 月</td><td>8 月</td><td>9 月</td><td>10 月</td><td>11 月</td><td>12 月</td></tr><tr><td>4090</td><td>4460</td><td>4260</td><td>3900</td><td>5000</td><td>4000</td></tr></table>
月平均销量/件	<table><tr><td>7 月</td><td>8 月</td><td>9 月</td><td>10 月</td><td>11 月</td><td>12 月</td></tr><tr><td>1790</td><td>2300</td><td>2160</td><td>2100</td><td>1800</td><td>3200</td></tr></table>
库存保障率	月均库存/月均销量=4090/1790=2.28 倍（7 月）<table><tr><td>7 月</td><td>8 月</td><td>9 月</td><td>10 月</td><td>11 月</td><td>12 月</td></tr><tr><td>2.284916</td><td>1.93913</td><td>1.972222</td><td>1.857143</td><td>2.777778</td><td>1.25</td></tr></table>
评估	非常安全，但造成仓储成本过高。结合产品销售生命周期成熟度，如果销量稳定，库存保障率可进一步降低。如果物流不稳定，系数要适当提高。
采取措施	可以采取缩短发货周期的方式，降低库存。如每月 1 日、10 日、20 日分三批发货，降低库存成本，同时也可以降低因物流导致的断货风险。那究竟该如何解决上述问题呢？请见业务 3。

业务 3：利用库存管理软件进行安全库存自动化管理。

（本业务略，有兴趣的同学可以自学"店小秘"等 ERP 软件）

师傅下达工作任务

理论小测试 》》

单项选择

1. 周转库存的大小与（　　）直接有关。
A. 物流成本　　　　B. 采购成本　　　　C. 采购量　　　　D. 生产成本

2. 从供应来说，供货商完成订单的时间、交付运输、海关物流等都存在不确定性。这些不确定性加剧了跨境卖家断货风险。解决这种不确定性的做法是（　　）。
A. 合理预测需求　　　　　　　　B. 缩短订货周期与生产周期
C. 减少供应的不稳定性　　　　　D. 运用统计工具

3. 为使物品出入库方便，容易在仓库内移动，基本条件是（　　）。
A. 将物品放在通道内保管　　　　B. 将物品面向通道保管
C. 将物品背向通道保管　　　　　D. 将物品侧向通道保管

4. 根据出库频率选定位置，流动性差的物品应放在（　　）位置。
A. 距离出入口稍近的地方　　　　B. 仓库中间位置
C. 货架最上排　　　　　　　　　D. 距离出入口稍远的地方

5. 以整箱或栈板方式储存是仓库存储区域中的哪一区域的存储方法（　　）。
A. 大量存储区　　　　　　　　　B. 小量存储区
C. 退货区　　　　　　　　　　　D. 验收区

6. 在布局仓库时，存储区的布局会直接影响仓库的（　　）。
A. 周转率　　　　B. 运转效率　　　　C. 存货量　　　　D. 配送速度

多项选择

1. 库存可以分为（　　）。
A. 国内备货库存　　　　　　　　B. 海外备货库存
C. 海外仓储库存　　　　　　　　D. 国内仓储库存

2. 如果经常出现断货情况，说明安全库存设计存在严重问题。此时可以通过（　　）方面优化安全库存。
A. 改善需求预测　　　　　　　　B. 缩短订货周期与生产周期
C. 减少供应的不稳定性　　　　　D. 运用统计工具

3. 安全库存会带来的影响有（　　）。
A. 可以使得因前置时间及需求变化而产生的缺货现象减少甚至消失
B. 市场繁荣时，库存无法完全保证供应，缺货水平高
C. 市场萧条时，安全库存显得多余，库存成本高
D. 能帮助跨境卖家彻底解决断货风险

4. 存储的一般要求是（　　）。

A. 防火、防水　　　　B. 防压、防潮　　　　C. 定点、定位　　　　D. 定容、定量

5. 库存商品要进行定位管理，其含义与商品配置图表的设计相似，即将不同的商品分类，根据分区管理的原则来存放，并用货架放置。仓库内至少要分为（　　）。

A. 大量存储区　　　　B. 分拣区　　　　C. 小量存储区　　　　D. 退货区

6. 仓库为提高作业效率和保管效率需采用的方法有（　　）。

A. 同一物品或类似物品应放在同一地方保管

B. 提高员工对库内物品放置位置的熟悉程度

C. 将类似的物品放在邻近的地方

D. 根据物品重量安排保管的位置

下达工作任务 ≫

业务资料：

假设公司某款产品销售突然迅速增长，具体资料如表 2-8～表 2-11 所示，在公司国内库存非常充足的情况下，请制订海外仓库补货计划（为了不断货，公司可以使用 15 天到货的物流方式补货）。

表 2-8　店铺某月 1 日库存情况

产品 sku	在售/件	不可售/件	预留（转运 3 天）	调查（20 天后完成）
Sunq-cton-2023	1000	2	0	0

表 2-9　未来 30 天销售预测

日期	1	2	3	4	5	6	7	8	9	10
销售量/件	322	312	298	293	305	310	306	299	283	320
日期	11	12	13	14	15	16	17	18	19	20
销售量/件	309	301	316	397	296	393	297	276	396	304
日期	21	22	23	24	25	26	27	28	29	30
销售量/件	314	303	280	292	296	310	306	304	300	302

表 2-10　已发海外仓货物三批的发出数量和发出时间

产品 sku	10 天前/件	20 天前/件	30 天前/件
Sunq-kchn-2023	3000	3000	3000

表 2-11　各物流方式发货到上架周期预测

物流方式	正常天数	疫情下天数	运费
海派	20～25	25～30	15 元/kg（100kg+）
空派	7～15	20～25	45 元/kg（100kg+）
商业快递	3～5	7～10	65 元/kg（21kg+）
中欧班列	20～25	30～40	25 元/kg（100kg+）

其他业务信息：

海外仓发货，均未出现延迟，货到海外仓后上架需要 7 天。

任务 1. 统计未来库存情况（见表 2-12）

表 2-12　未来 30 天库存情况一览表

日期	1	2	3	4	5	6	7	8	9	10
库存量/件										
日期	11	12	13	14	15	16	17	18	19	20
库存量/件										
日期	21	22	23	24	25	26	27	28	29	30
库存量/件										
次月	1	2	3	4						
库存量/件										

任务 2. 评估库存安全（要求日库存保障系数或安全系数为 2）

项目	分析过程									
发货周期	1 次/月，32 天入库可售									
日平均库存/件	1	2	3	4	5	6	7	8	9	10
	11	12	13	14	15	16	17	18	19	20
	21	22	23	24	25	26	27	28	29	30
日平均销量/件	1	2	3	4	5	6	7	8	9	10
	11	12	13	14	15	16	17	18	19	20
	21	22	23	24	25	26	27	28	29	30
库存保障率	1	2	3	4	5	6	7	8	9	10
	11	12	13	14	15	16	17	18	19	20
	21	22	23	24	25	26	27	28	29	30
评估										
措施建议										

任务 3. 假设市场热度、总需求和公司运营推广方式不变，预测下一个 30 天的销售量（见表 2-13、表 2-14）

表 2-13　下一个 30 天销售情况一览表（用 3 天移动平均数方法）

日期	1	2	3	4	5	6	7	8	9	10
库存量/件										
日期	11	12	13	14	15	16	17	18	19	20
库存量/件										
日期	21	22	23	24	25	26	27	28	29	30
库存量/件										

表 2-14　下一个 30 天销售情况一览表（用 Excel 表中的 Forecast 函数）

日期	1	2	3	4	5	6	7	8	9	10
库存量/件										
日期	11	12	13	14	15	16	17	18	19	20
库存量/件										
日期	21	22	23	24	25	26	27	28	29	30
库存量/件										

任务 4. 库存管理违法犯罪案例分析

监守自盗要不得，遵纪守法要记牢

2022 年 11 月，静安公安分局接到公司报案：位于上海南京西路上某公司门店在每月清点过程中存在大量商品无故丢失的情况。据门店店长反映，2022 年 11 月 15 日，店内员工在一处不应该存放服装的办公区域发现大量"遗失"的衣物，经询问发现是驻派巡查门店的区域经理钱某留下的，后通过公司自查发现钱某曾多次私自拿走库内商品，怀疑他私吞公司资产，于是向警方报案。经查，嫌疑人钱某在担任该服装品牌门店店长期间，利用职务便利陆续将门店的部分服饰非法占为己有，并在网络二手交易平台上以原价 7.5 折左右的价格销售获利。2023 年 2 月案件成功破获。犯罪嫌疑人钱某借职务便利多年累计监守自盗所负责的公司门店各类品牌服装商品 800 余件，总金额逾 60 余万元。犯罪嫌疑人钱某因涉嫌职务侵占罪被静安警方依法采取刑事强制措施，等待他的将是法律的制裁。

（资料来源：济南日报报业集团(济南日报社)官方账号，2023-02-26 07:10 作者整理）

思考与讨论：

1. 请结合案例分析，外贸跟单人员，需要具备哪些库存管理知识、能力和素养？

2. 请结合案例分组讨论：遵纪守法在跨境工作中有哪些典型表现？如何树立正确的职业道德观念和法律观念？

3. 请结合案例分析：职业操守在工作中的重要性

岗位工作模块三：确认样品

▶ 工作目标

工作绩效目标 》

KPI 考核目标：

协助业务部、产品开发部等部门完成打样、寄样、检验和封样等样品业务。

KPI 考核指标：

（1）打样正确率 100%

（2）寄样及时准确率 100%

（3）部门间协调能力优（部门业务测评 90 分以上）

工作能力目标 》

知识目标：

● 掌握样品种类、作用及工作原则

技能目标：

● 能够合理计算样品各项费用

● 能够根据业务需要，合理决定样品费用承担方式

● 会根据订单、询盘等要求，独立完成寄样、协调打样、确认样品、封样等全流程业务

素养目标：

● 通过决定样品费用承担方式，养成成本意识、时效意识

● 通过样品业务，养成规范、严谨的工作作风

师傅讲工作

介绍工作情境

师傅与 B2B 业务员沟通外国客户的样品需求，明确询盘所需样品要求，根据客户要求与工厂沟通并落实打样，打样完成后核实样品质量并按客户要求将样品寄送给客户。

讲核心知识

一、样品的内涵与作用

样品通常是从一批产品中抽出来的或由生产部门设计、加工出来的，足以反映和代表整批产品品质的少量实物。在国际贸易中，凡以样品表示产品品质并以此作为交货依据的，称为"凭样品买卖"。若由卖方提供样品，则须在买方确认后对该样品注明标号；若由买方提供样品，则卖方应依样加工复制，交由买方确认。凡经买方确认的样品称为"确认样品"（Approval Sample），一旦其被纳入合同条款，便成为"成交样"，是日后生产、买卖双方交货与验货的唯一实物依据。在不同的跨境贸易业务中，在跨境贸易业务的不同阶段，涉及的样品种类很多，其作用各有不同。样品的主要作用如下：

（一）样品是产品品质的代表

卖方样品代表了所售产品的平均品质。卖方提供的样品反映了其对整批货物的品质要求。所以实际业务中无论是广告样，还是回样，都要选择能够代表平均品质的产品作为样品，不能选择质量偏差或质量偏高的产品作为样品。

（二）样品是定价的基础

对产品品质要求不同，所提供的样品就应该不同。不同品质的产品，价格肯定不同，因为品质是产品定价的核心依据。价格随着品质的高低而上下浮动，但不会背离品质太远。绝对物美价廉的产品是不存在的，"一分钱一分货"说的就是这个道理。

（三）样品是交货和索赔的依据

出口商交货必须以合同规定的样品要求为依据，进口商验货也是根据样品来检验的，如果双方因对交货的品质有异议而提交仲裁或诉讼，其裁决的依据同样是样品。

（四）样品是生产企业形象的代表

样品的品质能直接反映出一个生产企业的开发技术水平、生产制造能力和市场营销的拓展能力。样品是否按照订单的要求寄送也能体现企业的服务水准。

二、样品跟单业务环节

（一）打样

1.打样要求

外贸跟单员在打样实务操作中，必须高度重视客户的打样要求。跟单员需要准确、全面地理解买方客户的打样要求。首先，对打样要求的理解要准确。要对产品的专业生产过程有准确的把握，对专业术语要有准确的翻译，要能够将买方客户的打样要求准确地传达给生产厂商相关部门，保证信息在传递过程中不出现失真的情况。其次，对打样要求的理解要全面。要强调全面理解客户的打样要求，因为在实际操作中有些跟单员存在麻痹心理，只注意客户对产品品质的要求，忽略了客户对辅料、环境保护等方面的要求。而这些要求是很多客户非常重视的方面，往往与某些国家的政策相关联。所以，跟单员对此也必须给予高度重视。

2. 打样时间

外贸跟单员在样品操作过程中，要保证能够在客户规定的时间寄达。要注意打样时间需要与客户要求的寄样时间相吻合。首先，预留寄样时间，并根据寄样的安排调整对打样时间的要求。如果采用航空快递的方法寄样，则所需时间较短；如果采用海运等方式寄样，则寄样时间相对较长。跟单员需要根据寄样时间的不同，适当调整对打样时间的要求。其次，打样时间安排需要考虑配套原辅材料的采购时间。打样时间不仅仅包括样品的生产时间，还必须考虑样品原辅料的采购时间。如果某些产品的客户对样品的包装也有详细要求，那么还必须在打样时间里考虑包装及包装材料的购置时间。

3. 打样数量

外贸跟单员在安排打样数量时，可以不局限于客户的样品数量要求。一方面，对于寄交客户的样品，出口商最好保存"留样"，以备今后翻单或争议处理时用；另一方面，对于某些不涉及知识产权、专利等问题的普遍性产品，保留一定数量的样品可以方便出口商以后其他业务的开展，不需要每次接到客户的询盘都重新打样。所以，在确定打样数量时，跟单员需要结合业务的具体情况、产品是否具有普遍性等特点考虑打样数量。

（二）寄样方式

在完成了样品的制作后，需要考虑采用何种方式寄送，就目前而言，寄送途径主要有邮政物流和国际特快专递。具体寄样操作请参见"岗位工作模块七——安排物流"相关知识和业务。

（三）打样费用

外贸跟单员在安排打样时，必须要面对的一个问题就是打样费用的承担问题。样品制作将产生一系列费用，主要包括开模具费、原材料费、加工费等。

对于有较好合作关系的客户，打样费用通常显得不是很重要，此种情形下一般都为返单买家免费打样。但如果出现打样品种多、综合成本比较高的情况，还是会让客户承担打样费用的。对于首次合作的客户，跟单员要根据业务的具体情况采取不同的处理办法，应根据客户的购买意愿真实性与发生概率确定费用承担问题，能够争取对方承担或双方共同承担最好。在实际操作中，外贸公司或生产厂家会要求国外客户先支付样品费，待日后实际订单数量达到起订量后，再将样品费退还给国外客户。这种方法一方面鼓励客户多下订单，另一方面也能够控制我方样品费用支出，降低成本。

（四）寄样费用

寄样费即寄送样品的费用。费用承担方式一般也按上述经验操作。在收取打样费用时，可以采取预付（Freight Prepaid）方式，即打样方（买方，出口 B2B 卖家）承担运费并在寄出样品时直接支付给邮局、快递公司等。一般寄送费用低、客户信誉好或老客户，以及成交希望大的订单采取这种做法。另一种是到付（Freight Collect），寄样方仅负责将样品按照要求和地址寄出，运费则由收件人在收件时支付。此支付方式多用于寄送费用高、客户信誉差或新客户，或成交希望无法确定的情况。但需注意，有时收件人会在当地采取拒付的行为，最后快递公司仍需寄件方支付费用。因此，一般要求收件人必须提供某一快递公司的到付账号，用于直接扣款。

（五）样品追踪

跟单人员寄出样品后，根据物流所需时间，在适当的时候询问客户样品是否顺利到达，提醒客户关注此笔业务。这也体现了跟单人员对客户的重视程度和服务水平，有利于后续业务跟进，更有利于提高客户业务体验，提高下单、返单可能性。得知 B 端客户收到样品后，跟单人员应密切关注客户对样品的反馈意见，并对客户的反馈做出积极的反应，以促进业务的成交。如果无法在短期内与客户建立业务关系，也应该尽量通过"样品"这个话题持续保持与客户的沟通，力争建立起一种稳定的业务联系，增进双方的信任。

国际站询盘界面介绍

演示典型工作业务 》

典型工作一：分析样品需求

一、工作内容描述

师傅根据公司 B2B 客户邮件信息分析客户样品需求要点。

样衣的分类

二、工作过程与方法

业务 1：样品业务核心词汇翻译。

典型样品表述	英文	典型样品表述	英文
Test sample	测试样	Size-color set sample	齐色齐码样
Approval sample	确认样	Colour sample	色样
Production sample	生产样	Salesman sample	广告样
Pattern sample	款式样	Quality sample	成交样
Shipping sample	船样	Reference sample	参考样

业务 2：根据业务截屏，分析样品要求。

业务资料：阿里巴巴国际站询盘（见图 3-1）

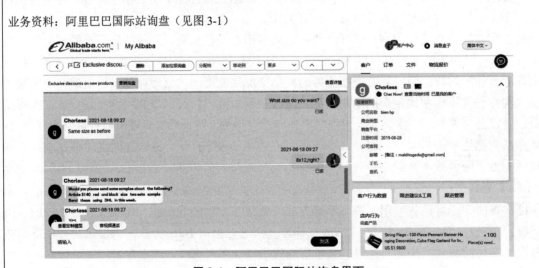

图 3-1　阿里巴巴国际站询盘界面

CHARLESS 客户地址：

　161　SIXTH STREET，MANHANTON NEW YORK，NY 10012，TLE: 212***1212

样品需求分析：

序号	项目	
1	样品名称	参考样 男士真丝 T 恤 21 休闲款 Men's silk casual T-shirt
2	款式	Article 3140 red and black
3	数量	2 套（two set）
4	尺码	全尺码 size
5	时间	本周
6	物流要求	DHL
7	其他	根据客户以前业务合作关系，样品费由外方出，下单后扣除

典型工作二：在售产品寄样

一、工作内容描述

师傅分析美国客户 Charless 询盘中对样品的要求，并按照要求寄出样品（样衣两套）。

服装品名

二、工作过程与方法

业务 1：联系商业快递确定上门取件，协调好时间、取件地点等。

业务 2：准备样品、包装样品、称重。

1.填写仓库下面的出库单，交由主管签字。

样衣寄送与确认

出库单

客户名称：Charless（usa）　　　　2021 年 8 月 19 日　　　　单号：2021-08-QC191

编号	品名	规格	单位	数量	单价	金额	备注
1	ARTICLE3140 男士真丝 T 恤 21 休闲款	Red-M	件	2	79	158	Buyer Prepaid
		Red-L	件	2	82	164	Buyer Prepaid
		Red-XL	件	2	85	170	Buyer Prepaid
		Red-XXL	件	2	90	180	Buyer Prepaid
2	ARTICLE3140 男士真丝 T 恤 21 休闲款	Black-M	件	2	79	158	Buyer Prepaid
		Black-L	件	2	82	164	Buyer Prepaid
		Black-XL	件	2	85	170	Buyer Prepaid
		Black-XXL	件	2	90	180	Buyer Prepaid
				16		1344	

合计：　　佰　拾　万　壹仟　叁佰　肆拾　肆元　零角　零分　￥1344.00

仓库主管：李四　　　　出库人：张飞　　　　经办人：刘星　　　　业务主管：孙途

2. 包装：原厂包装+物流纸箱。

考虑因素	要求
包装的保护性	对产品有足够的保护，本产品为真丝产品，包装要具有抗压等要求。公司产品包装均采用超硬飞机盒，硬纸板内衬包装，能够对产品起到保护作用
包装的规范性	包装纸箱封箱要符合规范，不得全部胶带覆盖
包装的重量	尽量减少包装物重量，降低运费
包装的美观性	包装完毕后，整体美观、大方，能够体现公司形象和实力 不得出现包装污损、标签随意粘贴等影响美观的情形

3. 称重：样品质量1840g。

业务3：填写快递面单，如图3-2所示。

业务资料：

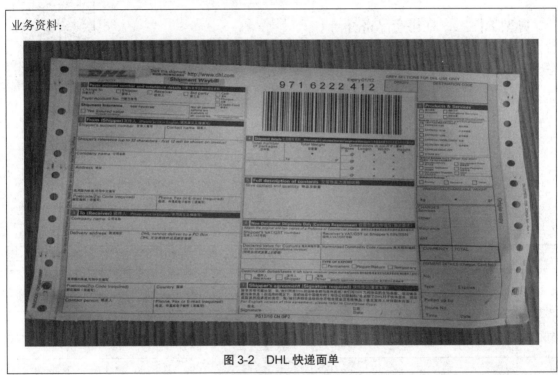

图 3-2　DHL 快递面单

填写重要信息如下：

序号	栏目名称	填写内容
1	发货人及地址	JIAXING SUNQ TECH. CO.LTD.LIO PETER 8080 TONGXIANG STREET JIAXING ZHEJIANG
2	收货人及地址	Charless GOODDAY GARMENT DESIGN ENTERPRISE 161　SIXTH STREET，MANHANTON NEW YORK，NY 10012，TLE: 212***1212
3	货物描述	Man's Silk tshirt，16pcs，2.340KG
4	报关信息	PERMAMENT　　　RECEIVER
5	签名	LIU XING

业务4：发寄样通知。

Dear CHARLESS，

    It is pleasure to know of your continuous interest in our products. The samples have been sent on Aug.20. The waybill number of DHL package is 971 6222 412.

    Please pay attention to track it in time. If there are any questions about the products or other matter，we hope you can contact us and we will be glad to try our best to help you.

    Look forward to your early reply.

    Have a nice day!

LIU XING
Yours sincerely

业务5：填写样品发货明细表格（见表3-1）。

表3-1　样品发货明细表

发货日期	品名	规格	单位	数量	金额	重量	物流及单号	收货人	费用承担方
210820	Man's Silk tshirt ARTICLE3140	Red&Black M-XXL	件	16	1344	1840	DHL 971 6222 412	CHARLESS	Buyer

典型工作三：发货后留样、封样

一、工作内容描述

    师傅通过追踪货件号，确认样品对方已经收到。师傅和公司业务员跟进沟通，业务员说公司产品 CHARLESS 完全认可，该客户已经下单齐色齐码20套（4种颜色、4个尺码各20件）。师傅准备货物并发货。

二、工作过程与方法

    业务1：货物出库。

业务资料：订单信息
1. 品名：男式真丝休闲 T 恤　　TILER　BRAND（货号 ARTICLE3140）
2. 合同号：20210829-MSC
3. 货物数量信息：

	M	L	XL	XXL
red	20	20	20	20
black	20	20	20	20
brown	20	20	20	20
blue	20	20	20	20

    1. 填出库单，申领货物

    师傅按照订单要求，重新填出库单。red、black、browm、blue M 码各多取 1 件用于留样，以备不时之需。出库单填写见典型工作二（略）。

2. 发货

发货业务参见典型工作二或岗位工作模块八（跨境物流跟单）（略）。

业务 2：填封样标签，封样。

封样标签

板单编号：20210829-MSC   日期：2021.08.30

产品名称	ARTICLE3140	合同号	20210829-MSC
销往地区	美国	商标	TALER
规格尺寸	M/L/XL/XXL	订货数量	160 件
封样记录	ARTICLE3140 red black browm blue M 码 各 1 件。		
封样结论	作为订单出货依据。 签名：刘星 2021 年 8 月 30 日		

典型工作四：新品开发打样

一、工作内容描述

师傅根据运营部门推送过来的产品开发信息，联系工厂完成样品业务。

二、工作过程与方法

面辅料打样通知单的
制作

业务资料：

内部订单编号：R&D-2021-AU-11，下单时间 2021 年 8 月 20 日

款式编号：ARTICLE3150

品名：男士真丝休闲 T 恤

颜色：海蓝、银灰、葡萄紫和蒂芙尼蓝

尺码：M L XL XXL   各一件。

面料：80g/m² 以上，厚度 19g/m²，宽幅 114cm，缩水率 5%

生产及完工时间：交由杭州针平真丝美服装有限公司，7 天内完工

检验项目和标准：面料（常规）、做工（加严）

业务 1：填写打样通知单。

嘉兴闪驰进出口有限公司

地址：浙江省嘉兴市桐乡大道 8008 号   电话：0573-33004455

样衣制版通知单

编号：R&D-2021-AU-11S   日期：2021.08.20

客户名称	嘉兴闪驰进出口有限公司公司产品开发部		
加工方	杭州针平真丝美服装有限公司		
款式数量	4 件	完成日期	2021.08.27

面料	货名：桑蚕丝 规格：80g/m² 以上，厚度 19g/m²，宽幅 114cm，缩水率 5% 颜色：海蓝、银灰、葡萄紫和蒂芙尼蓝 用量：5.0M	附：面料样品色号 63#　　74# 68#　　82#
辅料	衬布与用量：加工方执行 拉链：无 纽扣：见样品 缝线：配色	附：辅料图片
尺码表 （各部位尺寸）	<table><tr><td>ARTICLE3150</td><td>M</td><td>L</td><td>XL</td><td>XXL</td></tr><tr><td>型号</td><td>170</td><td>175</td><td>180</td><td>185</td></tr><tr><td>1/2 胸围</td><td>52</td><td>54</td><td>56</td><td>58</td></tr><tr><td>肩宽</td><td>44</td><td>46</td><td>48</td><td>50</td></tr><tr><td>衣长</td><td>70</td><td>72</td><td>74</td><td>76</td></tr><tr><td>袖长</td><td>23</td><td>24</td><td>25</td><td>26</td></tr></table>	款式图及度量方法	SMALL 14″ / 3½″ / 7″ / 6″ BUST 16½″　23″ WAISY 15″ 17″ HIP
车缝工序、工时及制作注意事项	采用真丝衬 11 号针、60 号线、两次锁边缝制，面料的缝份和边缘处都加贴真丝贴衬防止变形。	裁剪及品质检查	加严

业务 2：师傅对杭州针平真丝美服装有限公司做好的样品进行检验、鉴定，填写确认单。

嘉兴闪驰进出口有限公司

样品检验确认单

电话：0573-33004455　　　　　　　　　　　　　　　　编号：R&D-2021-Aug-11Q
传真：0573-33004454　　　　　　　　　　　　　　　　日期：2021.08.26

订货客户	公司产品开发部	合同/通知单批号	R&D-2021-AU-11
产品名称型号	男士真丝休闲 T 恤 ARTICLE3150	型号系列	ARTICLE3150
打样企业	杭州针平真丝美服装有限公司	试制负责人	李峰
样品试制数量	4	生产数量	未定
试制中存在的问题	面料有明显色差 纽扣缝制不规范		
双方协商处理意见	经现场查看确认大货生产所用面料色差符合生产要求 重新指导打样师傅缝制纽扣方式，可以保证后续生产不再出现该差错		
双方确认（签章）	嘉兴闪驰进出口有限公司确认章 刘星 2021 年 8 月 26 日		杭州针平真丝美服装有限公司确认章 李峰 2021 年 8 月 26 日

师傅下达工作任务

理论小测试 》》

单项选择

1. 在跟单业务中，下列样品使用的先后顺序正确的是（　　　）。

A. 广告样—大货样—产前样　　　　B. 确认样—产前样—回样

C. 确认样—出货样—产前样　　　　D. 图样—回样—确认样

2. （　　　）的留样用来确定大货生产和检验的样品。

A. 确认样　　　B. 大货样　　　C. 产前样　　　D. 首样

3. 经买方确认并纳入合同条款的样品属于（　　　）。

A. 确认样　　　B. 成交样　　　C. 产前样　　　D. 留样

4. 样品费用承担方面，一般采取（　　　）。

A. 卖家自行承担　　　　　　　　B. 买家承担

C. 买家承担，下单后在货款扣除　　D. 各承担一部分

5. 下列业务中，外贸合同成立的时间是（　　　）。

A. 发出询盘时间　　　　　　　　B. 收到还盘时间

C. 接受文件撰写时间　　　　　　D. 接受函发出并送达时间

6. 在合同磋商过程中，如果合同成立，那么必不可少的环节有（　　　）。

A. 询盘　　　B. 发盘　　　C. 还盘　　　D. 回盘

7. 具有合同作用和法律效力的文件有（　　　）。

A. 形式发票　　　B. 合同　　　C. 还盘　　　D. 询盘

多项选择

1. 跟单员在寄送确认样时必须要在（　　　）方面进行着重审查。

A. 所选的原材料是否与客户要求完全一致

B. 样品各个部位的尺寸是否与客户的工艺图纸或实样完全一致

C. 样品的包装是否与客户的要求或实样完全一致

D. 样品的数量是否与客户的要求完全一致

2. 跟单员在打样操作过程中，需要注意把握（　　　）。

A. 打样要求　　　B. 打样时间　　　C. 打样数量　　　D. 打样费用

3. 样品跟单应注意的事项有（　　　）。

A. 成交样必须有代表性　　　　B. 合理规定样品制作和寄送费用

C. 及时发出样品通知　　　　　D. 样品就是买卖双方供货、生产的依据

4. 跟单员应综合考虑（　　　）因素来选择最终的寄样方式。

A. 报关　　　B. 安全　　　D. 时效　　　C. 成本

5. 在实际操作中，寄件费用有（　　　）等方式。

A. 预付　　　　　　B. 到付　　　　　　C. 分期支付　　　　D. 第三方支付

6. 跟单员在发送寄样通知时，邮件内容包括（　　　）。

A. 物流发票　　　　　　　　　B. 样品详细信息

C. 样品物流信息　　　　　　　D. 形式发票

7. 合同成立的要件有（　　　）。

A. 内容合法　　　　B. 当事人合法　　　C. 形式合法　　　D. 对价合理

下达工作任务

任务1：根据样品需求，寄样。

任务资料：公司跨境 B2B 国际站收到 CHARLES 有关纯棉 T 恤的样品询盘（见图 3-3）

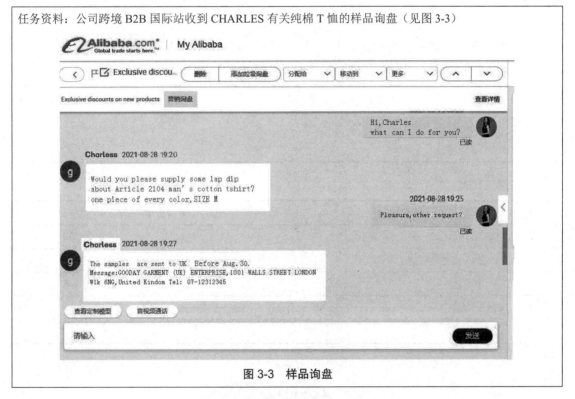

图 3-3　样品询盘

1. 样品需求分析：

序号	项目	
1	样品名称	
2	款式	
3	数量	
4	尺码	
5	时间	
6	物流要求	
7	其他	

2. 填写仓库出库单：

出库单

客户名称：　　　　　　　2021 年　　 月　　 日　　　　　　单号：2021-08-QC028

编号	品名	规格	单位	数量	单价	金额	备注
1							Buyer Prepaid
							Buyer Prepaid
							Buyer Prepaid
							Buyer Prepaid
合计：　　佰　　拾　万　仟　　佰　　拾　元　　角　　分　¥							

制单人：　　　　　　　　收货人：　　　　　　　　　负责人：

3. 称重：样品包装后毛重 640g。

4. 填写 E 邮宝信息，寄样，E 邮宝快递面单如图 3-4 所示。

任务资料：

填写重要信息：

序号	栏目名称	填写内容
1	发货人及地址	
2	收货人及地址	
3	货物描述	
4	报关信息	
5	签名	

图 3-4　E 邮宝快递面单

5. 发样品寄送通知：

任务 2：产品开发部设计一款全棉印花 T 恤，要求完成打样等工作。

任务资料：

内部订单编号：R&D-2021-US-0921，下单时间 2021 年 09 月 21 日

打样企业：苏州威尔服装厂

款式编号：ARTICLE2221

品名：男士全棉印花 T 恤

颜色：湖蓝、钛白、黑和银灰

尺码：M 各一件。

面料：精梳纯棉色织棉布，40*40 133*72

完工时间：7 天内

检验项目和标准：面料（常规）、做工（常规）

工艺要求：用线配色等由打样师傅执行

1. 打样，填打样通知单：

嘉兴闪驰进出口有限公司

地址：浙江省嘉兴市桐乡大道 8008 号　电话：0573-33004455

样衣制版通知单

编号：R&D-2021-US-0921S　　　　　　　　　　　　　　　日期：2021.09.21

客户名称			
打样方			
款式数量		完成日期	
面料		附：面料样品色号（略）	
辅料	缝线：配色		

尺码表 (各部位尺寸)	ARTICLE2221	M	L	XL	XXL	款式图及 度量方法	
	型号	170	175	180	185		
	1/2胸围	52	54	56	58		
	肩宽	44	46	48	50		
	衣长	70	72	74	76		
	袖长	23	24	25	26		
车缝工序、工时及制作注意事项	按工厂标准执行					裁剪及品质检查	按工厂标准执行

2. 师傅对苏州威尔服装加工厂做好的样品进行检验、鉴定，未发现问题，请填写确认单：

嘉兴闪驰进出口有限公司

样品检验确认单

电话：0573-********
传真：0573-********

编号：R&D-2021-0921
日期： 20210921

订货客户		合同/通知单批号	
产品名称型号		型号系列	
打样企业		试制负责人	
样品试制数量		生产数量	
试制中存在的问题			
双方协商处理意见			
双方确认（签章）	年　　月　　日		年　　月　　日

任务 3. 样品业务风险案例分析

样品无小事，关系国家大事

　　某公司是专业从事地球仪销售的跨境电商卖家。其通过线上、线下市场调研，发现外国某销售电商平台某款地图非常受国外学生喜欢，好评如潮，销量很大。所以该公司决定开发该款地图地球仪。公司从国外电商平台下单买来该款地图后，要求工厂按该款地图样式设计新款地球仪。公司简单审核地图内容后，进行创新设计并完成打样。公司产品开发部检查地球仪样品后认为样品符合设计设想和工艺规范，下 500 个生产任务给工厂。一个月后工厂交付全部成品时，公司一名员工发现地球仪所印刷地图存在典型违反我国国家主权象征之处。为此公司采取紧急措施将该批地球仪全部销毁，避免了更大的损失和经营风险。

思考与讨论：

1. 请结合案例分析，跨境电商样品业务工作需要注意哪些问题？

2. 请结合案例讨论：当企业微观业务涉及到国家主权问题时，跟单员要怎么做？

3. 请结合案例谈谈：案例带给我们哪些启示？

岗位工作模块四：采购产品

▶ 工作目标

工作绩效目标 ⟫

KPI 考核目标：

负责公司常规品项产品采购工作。协助产品开发部采购样品，协助运营部采购成品、补充库存，协助仓储部补充安全库存，并管理维护供货商，确保采购按计划完成，加强质量管控，有效控制采购成本，保持供货稳定。

KPI 考核指标：

（1）采购计划完成率 100%

（2）供货质量合格率 95%

（3）采购价格合理性 100 分

（4）供货商管理合规生长性 100 分

工作能力目标 ⟫

知识目标：

● 掌握供货商的概念和内涵

● 了解供货商资信评价的体系、要求和一般方法

● 掌握企业认证、产品认证的意义和作用

能力目标：

● 会审核外贸合同，能够根据外贸合同条款，准确制订供货商优选方案、规划采购进度，签订规范、合理的采购合同

● 能够利用网络、实地走访等方法搜集供货商信息，并对其进行资质评价

● 能够根据销售目的地对产品准入等要求，正确选择认证项目，合理选择认证代理机构完成公司及产品的认证

● 能够根据公司财务要求，正确无差错地完成供货商货款结算工作

素质目标：

- 通过企业资质确认、识别经营风险，养成守法、用法的法律意识
- 通过产品质量管控、资质认证等业务，培养海外市场进入风险防范意识
- 通过各项业务养成尊重规则、遵守规则的工作作风

师傅讲工作

介绍工作情境

经过前期的几笔业务往来，公司的产品质量和服务水平得到 Charles 的认可，于是他又下了一个常规款儿童真丝 T 恤的订单（具体见合同）。同时公司跨境平台 child-COTN-tshirt 的产品库存已低于安全库存，需要补充库存齐色齐码各 100 件。由于前面供货商的产品质量、交货期、服务等均不理想，孙主管要求师傅重新选择供货渠道。

讲核心知识

跟单工作中肯定会和供货商打交道。选择合格的供货商非常重要，有时可以决定跟单业务的效率和成败。因供货商选择失误导致企业损失巨大甚至破产的教训时有发生。不同企业、不同订单、不同季节对供货商的选择有不同要求。大型公司因为内部管理规范而健全，会由客服或其他部门负责管理企业供货商资源；而小公司则由外贸业务员或跟单员自行负责管理，甚至没有明确的书面管理材料，仅凭业务人员的个人经验和记忆。所以，开展采购跟单工作时，必须具备相关业务知识。

一、供货商的选择

（一）供货商基本资质构成要素

规范合法的生产性企业是按照中国工商企业管理相关规定，依法进行工商注册登记并取得营业执照的法人经营单位。企业登记注册时，需要明确企业法人名称（企业名称）、经营场所（注册地址）、法人代表（姓名、住址、身份证号等）、经济类型（注册类型，包括有限公司、股份公司和个体单位等）、经营范围、注册资本、成立时间及工商经营年限、生产条件等一系列内容。跟单员在选择外包企业时，需要对这些内容进行核实。具体规定可参考中国工商总局网站。选择规范合法的生产企业是保证跟单工作的重要基础，跟单员在确定生产合作方时需要对企业的基本要素进行核实。

（二）企业生产管理及资质

企业生产管理及生产资质，直接影响供货商供货质量。跟单员确定供货商时需要核实合作方企业生产管理能力和生产资质。

1. 企业生产模式

生产是将原材料转换为成品的过程，广义的生产包括生产准备阶段、基本生产阶段、辅助生产阶段和生产服务阶段等环节。企业生产形式多样，生产模式按照不同标准有多种分类。

（1）按照企业组织生产的依据将生产分为需求计划型生产、订单型生产和混合型生产。生产企业根据产品市场销售特点，预测产品需求并安排生产计划组织生产，这种生产模式为需求计划型生产。现实中，大部分企业都采取这类生产模式组织生产，所以外贸公司可利用的社会产能存量巨大，选择余地大，有利于跟单员做选择对比、货比三家。

订单型生产则是企业根据所获得的订单组织生产，订单不饱满时，生产减少，甚至停工放假。企业生产随季节性订单而波动，订单季工作量饱满，甚至忙得不亦乐乎；淡季则很多产能处于空闲状态。和这类企业合作，要么需要长期合作，要么临时寻找合作伙伴，但临时寻找则相对困难。混合型生产则兼具需求计划型生产和订单型生产模式优点，将订单生产任务穿插于生产计划之中，与市场需求互补，提高企业产能利用率。然而，当订单和市场需求激增时，可能会使业务相互挤压，造成生产混乱。

（2）按照生产方式将生产分为订货生产、装配生产、工程生产和备货生产等生产模式。订货生产如前所述，不再赘述。装配生产则是指加工型企业承揽装配订单，利用生产线将产品散件组装成成品进行交货，个别环节和部件需要自行加工生产。备货生产则按生产计划完成产品备货，企业常常需要备好必要而合理的库存，所以有时将其称为库存型生产。至于工程生产则以完成某项工程任务为目的，如桥梁修造完毕则工程生产结束。

（3）按照生产批量将生产分为单件生产、小批量生产和规模化生产。

单件生产和小批量生产常常是根据图纸、样品等设计方案进行的生产，多因为产品特性，如船舶制造、服装生产等，无法实现规模化、自动化大规模生产。规模化生产指按照固定模式进行大批量的。这种产品生产常常具有专业化分工程度高、用量大和通用性强的特点。所以这类生产多属于需求计划型生产，并采取备货型生产模式。

2. 良好而规范的管理

（1）管理认证体系

质量管理主要以国际通用的 ISO9000 质量标准体系为主要标准，由多个标准构成。其分类有：

● ISO9001 质量标准是指设计、开发、生产、安装和服务的质量保证执行标准。按照这些标准，企业可以规范管理、提高管理水平，实现科学管理模式。

● ISO9002 质量标准是指生产、安装和服务的质量保证执行标准。

● ISO9003 质量标准是指最终检验和试验的质量保证标准。只有专业从事检验等业务的公司才适用这种管理标准。

● 曾经的 ISO9000 系列认证是企业产品销往国外的必要前提，有"国际通行证"之称，但是随着我国企业管理水平的提高，获得本认证已成为出口企业的基本素质要求。

（2）环保认证体系

当今各国越来越重视本国环境保护。产品在生产、销售、使用及废弃或回收过程中会产生有害物质造成环境污染，所以为了加强环境保护，国际标准化组织制定了 ISO14000 系列标准，规范企业在生产、销售、使用及废弃或回收各环节注重环保，并符合相应环保要求。

（3）社会责任标准

社会责任标准（Social Accountability 8000，SA8000）是规范企业承担社会责任，进行有道德的生产管理的标准。该标准首先在德国实施，后得到绝大部分发达国家采纳推广。SA8000 涉及的主要内容有：①用工标准：公司不得使用或支持使用童工、强迫劳动、限制人身自由和劳动歧视。②用工方式：公司员工工作时间每周不得超过 48 小时，每周至少休息 1 天，特殊情况加班则每周不得超出 12 小时且支付加班津贴。③公司必须保证员工在安全健康的环境下工作，并提供安全卫生的生活环境。④公司有完善的相关制度保证。

（三）生产、产品国际认证

国际认证是国际认证协会（International Profession Certification Association，IPA），根据一定的国际性标准核实企业相关资质并给予权威认证证书的业务。世界知名且在我国执业的主要认证机构有：UL 美华认证有限公司——UL 中国大陆唯一分支机构；SGS 机构在全球有 1000 多个办事处，主要从事体系认证，其做 RoHs 检测认证，收费较高；STC 是中国香港非营利性检测机构，其在阻燃测试 CFR1633 和 TBL133 的认证方面具有优势，是亚洲唯一被美国哥马克认可的测试实验室，也是亚洲唯一 SATRA 认可的检测机构。出口美国的家具或出口英国的鞋类，找 STC 机构认证非常便捷；ITS 是世界上规模最大的工业与消费产品检测公司之一，办理产品国际认证检测；TUV，主要做出口德国的产品认证。

VQI 是法国国际检验局（BureauVeritas，也称法国船级社，简称 BV）下属的专门从事质量和环境体系认证及其他行业标准认证的国际机构，属于国际权威认证机构。当然还有其他形形色色的认证，如美国针对婴儿用品的 CPC 认证等。跟单员需要根据自身产品、目标销售国的要求和产品属性进行有针对性的认证。

（四）良好的财务能力与信用

1. 企业财务能力

企业财务能力主要体现在企业资产和负债状态、现金流、存货、结算周期等方面。衡量方法有很多，最常用的方法是杜邦财务分析方法。杜邦财务分析体系（简称杜邦体系），是利用各财务指标间的内在关系，对企业综合经营理财及经济效益进行系统分析评价的方法。

该体系以净资产收益率为核心，将其分解为若干财务指标，通过分析各分解指标的变动对净资产收益率的影响来揭示企业获利能力及其变动原因。

2. 企业信用

企业信用包括三个层次。

（1）企业市场信用

企业市场信用代表了一个企业的市场名誉，是企业形象的核心因素。企业市场信誉好不好，直接关系到该企业的消费者和与其经营管理相关的部门对其的认可度。企业信誉包括企业的市场美誉度、企业的产品质量评价、企业领导人的能力评价等。

（2）企业银行信用

企业信用表现最充分的地方是企业的资本融资信誉。银行为了规避贷款风险对每一个企业的资信能力进行相关的评估，通过具体的量化标准得出该企业的资信信誉等级，以确定是否发放贷款。银行的信用评价包括许多内容，相对比较客观，是对一个企业最重要的信用评定。

（3）企业组织信用

企业组织信用包括企业经营管理班子的设置是否合理、企业领导人的素质及履历、企业的组织结构、企业员工的素质及企业的各项管理制度等。

（五）了解企业的基本方法

跟单员虽然可以从被调查企业的营业执照、财务审计报告、损益表、资产负债表等财务报表中定量分析企业生产经营能力及经营条件，但仍不能就此得出企业生产经营能力及经营条件状况好坏的结论，因此仍然需要做更精确的分析和判断。跟单员应深入被调查企业，进行信息确认，将工作落实。跟单人员可以通过望、闻、问、切了解企业。

（1）望。跟单员应特别注意供应商、生产企业的经营背景和风险。

（2）闻。闻主要是了解供应商、生产企业的实力。在信息非常发达的今天，企业无法完全垄断信息，跟单员可以通过当地新闻、广播、报纸、互联网等媒体及周边企业来了解这家企业的经营状况。

（3）问。问主要是调查供应商、生产企业的管理，主要：问企业发展目标（战略目标），了解企业制定的发展目标是否符合国家的产业政策、是否符合企业的实际情况；问企业投资策略，看企业投资业务是否过于分散、投资业务比重是否过大、是否过度大规模扩张等。

（4）切。切主要是掌握供应商、生产企业现金流的情况，现金流是企业的血液。企业利润可以粉饰，但企业现金流难以粉饰。现金流直接反映企业经营状况和资金链。如果企业资金链绷得太紧，那么企业就有面临停产的经营危机或破产的风险，所以需要重点关注企业的现金流不能出现问题。

二、产品采购

（一）采购的内涵

采购是指企业在一定的条件下从供应市场获取产品或服务作为企业资源，以保证企业生产及经营活动正常开展的一项企业经营活动。对于跨境电商企业而言，产品采购主要是指为了满足跨境电商销售的需要，从国内市场采购产品并进行跨境销售的经营活动。

（二）采购的性质

1. 采购是获取资源的过程

符合跨境企业需要和能够提供这些资源的供应商，形成了资源市场。企业从资源市场获取这些资源，即为采购。也就是说，采购的基本功能就是帮助企业从资源市场获取它们所需要的各种资源。

2. 采购是商流和物流融合的过程

采购的基本作用，就是将资源从资源市场的供应者手中转移到需求者手中。这个过程实现了资源的所有权和物质实体的转移。前者是一个商流过程，主要通过商品交易、等价交换来实现商品所有权的转移。后者是一个物流过程，主要通过运输、储存、包装、装卸、流通加工等手段来实现商品空间位置和时间位置的转移。因此，采购是商流与物流融合的过程。

3. 采购是一种经济活动

通过采购，企业获取了资源，保证了企业正常生产的顺利进行，为企业实现效益奠定了基础。在采购过程中发生的各种费用形成了采购成本。在企业实现经济利益最大化的过程中，降低采购成本，以最低的成本去获取最大的效益，对企业影响很大。

（三）采购的主要形式

跨境电商企业采购主要有战略采购（Sourcing）、日常采购（Procurement）、采购外包（Purchasing Out-services）三种形式。

1. 战略采购

战略采购是指跨境电商公司基于跨境客户需求、国内市场供给、平台竞争、宏观市场环境等分析，针对开发新品、开拓市场、竞争市场份额、打造爆款等业务所开展的采购活动。在这种情况下，采购人员（Commodity Manager）根据企业的经营战略需求，设定采购目标，制订采购规划、采购策略及行动计划，并通过一定标准寻找合适的供应资源，满足企业在成本、质量、时间、技术等方面的综合指标下的采购需求。战略采购，主要服务于公司市场开拓中的各项业务。

2. 日常采购

日常采购是采购人员根据公司产品跨境销售进度而开展的常规采购业务。一般以采购订单的形式向供货商发出需求信息，并安排和跟踪整个物流过程，确保产品按时到达企业，保证后续跨境物流业务的顺利实施，防止公司跨境平台销售的产品断货，保障公司跨境业务正常运营。日常采购，需要合理规划采购时间、频率，定期评估供货商绩效，以满足企业对于成本、质量、时效等方面的指标要求，确保采购活动有序进行，保障公司跨境业务顺畅。

3. 采购外包

采购外包就是企业将全部或部分采购业务外包给专业采购服务供应商。专业采购服务供应商利用自身更具专业的分析和市场信息捕捉能力，降低采购环节成本和采购风险，提高公司采购效率。通过采购外包，企业可以更加专注于跨境平台的运营，优化自身的核心业务，但是当前跨境电商企业很少采用采购外包的形式实施采购。

审查与评估订单

货物销售合同

演示典型工作业务》

典型工作一：选择供货商

一、工作内容描述

师傅按照待补充库存的产品要求，着手调查供货渠道、供货企业等情况，发出询价单并对企业进行测评，以确定小 B 订单儿童真丝休闲 T 恤（货号为 art2720，sku 为 GGDN-SILK-KID01）和跨境店铺 CTTN-KID-tshirt（纯棉儿童 T 恤）两款产品的供货商。

二、工作过程与方法

业务资料：

嘉兴闪驰进出口有限公司
Jiaxing Sunq Import & Export limited company
8008 Tongxiang Road Jiaxing Zhejiang，China
SALE CONTRACT

To：Charles
GOODAY GARMENT DESIGN ENTERPRISE
161 SIXTH STREET，MANHANTON NEW YORK
NY 10012，TLE: 212***1212

No：GGDN02-2720
Date：09 Sep.，2021

The Buyer agrees to buy and the Seller agrees to sell the following goods on terms and conditions as set forth below：

Description of Goods	Quantity	Unit Price	Amount
children's silk casual T-shirt ART.2720		CIF NEW YORK	
M（Red，Black，Brown，Blue）	4*100PCS	USD79.00/PC	USD31，600.00
L（Red，Black，Brown，Blue）	4*100PCS	USD82.00/PC	USD32，800.00
XL（Red，Black，Brown，Blue）	4*100PCS	USD85.00/PC	USD34，000.00
XXL（Red，Black，Brown，Blue）	4*100PCS	USD90.00/PC	USD36，000.00
TOTAL:	1600PCS		USD134，400.00
Shipment Quantity: more or less 5% allowed			

Total amount in words：SAY U.S.DOLLARS ONE HUNDRED AND THIRTY-FOUR THOUSAND FOUR HUNDRED ONLY

Main terms:

1. Time of Shipment：Not Later than 30th Nov.，2021

2. Port of loading：Shanghai

3. Port of Destination：New York

4. Insurance：To be covered by the seller for 110% of the invoice value against All Risks and War Risk.

5. Terms of Pay：By confirmed，irrevocable L/C with at sight draft allowing partial shipment and transshipment. The covering Letter of Credit must reach the Sellers before 30 Oct.and is to remain valid in until the 25th day after the time of shipment，failing which the Sellers reserve the right to cancel this Sales Contract without further notice and to claim from the Buyers for losses resulting therefrom.

6. Inspection：The Inspection Certificate of Quality / Quantity / Weight / Packing / Sanitation issued by CIQB_of China shall be regarded as evidence of the Sellers' delivery.

7. Packing and package:

（1）Marks：Charles/GOODAY GARMENT ENTERPRISE/SILK TSHIRT/NO.N-M

（2）Packing：twenty-five pieces into a cartons.

（3）Package Fitable：Size of poly bag and box should correspond to folding size of garchildrent

（4）Poly Bag Inquiry：should have a self-adhesive，non-permanent closing.And the poly bag should have small holes for ventilation.

（5）Box Weight Limited：The maximum weight of each filled carton must not extend 15 kg.

（6）Packing Method：Always pack solid style，solid colour and size per carton.

（7）Package Material：The carton board used to made the box must be adhere to the follow inquiry:Bursting strength1100kpa，edge compression strength 7400N/m，puncture strength 100kg/cm.

OTHER TERMS：

1. Discrepancy：In case of quality discrepancy，claim should be lodged by the Buyers within 30 days after the arrival of the goods at the port of destination，while for quantity discrepancy，claim should be lodged by the Buyers within 15 days after the arrival of the goods at the port of destination. In all cases，claims must be accompanied by Survey Reports of Recognized Public Surveyors agreed to by the Sellers. Should the responsibility of the subject under claim be found to rest on the part of the Sellers，the Sellers shall，within 20 days after receipt of the claim，send their reply to the Buyers together with suggestion for settlement.

2. The covering Letter of Credit shall stipulate the Sellers's option of shipping the indicated percentage more or less than the quantity hereby contracted and be negotiated for the amount covering the value of quantity actually shipped. （The Buyers are requested to establish the L/C in amount with the indicated percentage over the total value of the order as per this Sales Contract.）

3.The contents of the covering Letter of Credit shall be in strict conformity with the stipulations of the Sales Contract. In case of any variation there of necessitating achildrendment of the L/C，the Buyers shall bear the expenses for effecting the achildrendment. The Sellers shall not be held responsible for possible delay of shipment resulting from awaiting the achildrendment of the L/C and reserve the right to claim from the Buyers for the losses resulting therefrom.

4. Except in cases where the insurance is covered by the Buyers as arranged，insurance is to be covered by the Sellers with a Chinese insurance company. If insurance for additional amount and /or for other insurance terms is required by the Buyers，prior notice to this effect must reach the Sellers before shipment and is subject to the Sellers' agreement，and the extra insurance premium shall be for the Buyers' account.

5. The Sellers shall not be held responsible if they fail，owing to Force Majeure cause or causes，to make delivery within the time stipulated in this Sales Contract or cannot deliver the goods. However，the Sellers shall inform immediately the Buyers by cable. The Sellers shall deliver to the Buyers by registered letter，if it is requested by the Buyers，a certificate issued by the China Council for the Promotion of International Trade or by any competent authorities，attesting the existence of the said cause or causes. The Buyers' failure to obtain the relative Import

Licence is not to be treated as Force Majeure.

6. Arbitration: All disputes arising in connection with this Sales Contract or the execution thereof shall be settled by way of amicable negotiation. In case no settlement can be reached，the case at issue shall then be submitted for arbitration to the China International Economic and Trade Arbitration Commission in accordance with the provisions of the said Commission. The award by the said Commission shall be deemed as final and binding upon both parties.

7. Supplementary Condition（s）（Should the articles stipulated in this Contract be in conflict with the following supplementary condition（s），the supplementary condition（s）should be taken as valid and binding.）

Sellers:	Buyers :
Jiaxing Sunq Import & Export company	GOODAY GARment DESIGN ENTERPRISE
Wangyi	Charles

业务 1：审核外贸合同条款，明确跟单要求。

合同内容审查

业务 2：搜集符合要求的供货商信息。

业务资料：

根据公司产品要求，开展网络信息调查（通过批发网、1688 等了解产品市场价格），通过搜索各类批发网站、企业名录电话咨询等，获得供货企业整体信息，掌握供货市场整体情况，完成 3～5 家供货商基本数据调研。

1. 网络市场摸排

以 1688 批发网为例，获得嘉兴、宁波、苏州、杭州等周边地区行业整体数据。

价格区间	偏低	中等	中上	偏高
企业数	12	23	11	3
销量预估（日销售量/件）	1000	2500	2000	500

2. 初选 3～5 家企业作为备选供货商，对这些企业进行详细调研

供货商登记卡 编号：SUNQ190605

公司基本情况	名　　称	杭州针平丝绸服饰有限公司		
	地　　址	嘉兴市海宁工人路 1000 号		
	营业执照号	91777777AB7A7AB7A	注册资本	5000 万元
	联系人	张三	部门、职务	业务部/经理
	电　　话	0573-984519**	传　　真	0573-984518**
	E-mail	Jxzpmyyxgs@163.com	信 用 度	良好

产品情况	产品名称	规格	价格	质量	可供量/件	月产能/件	供货周期
	儿童真丝休闲 T 恤（红，黑，棕，蓝）	M	200 元/件	良好	1000	3000	1 个月
		L	220 元/件	良好	1000	3000	1 个月
		XL	230 元/件	良好	1000	3000	1 个月
		XXL	250 元/件	良好	1000	3000	1 个月

运输方式	汽运	运输时间	下单当日			运输费用	1 元/kg
备 注							

供应商登记卡 编号：SUNQ190701

公司基本情况	名 称	天城贸易有限公司			
	地 址	嘉兴市嘉善中山路 2400 号			
	营业执照号	9188888AB8A8AB8A	注册资本	500 万元	
	联系人	丁一	部门、职务	业务部/经理	
	电 话	0573-1124165*	传 真	0573-1124164*	
	E-mail	Jxtctc@163.com	信用度	良好	

产品情况	产品名称	规格	价格	质量	可供量/件	月产能/件	供货周期
	儿童真丝休闲 T 恤（红，黑，棕，蓝）	M	210 元/件	良好	1200	3400	1 个月
		L	230 元/件	良好	1200	3400	1 个月
		XL	240 元/件	良好	1200	3400	1 个月
		XXL	260 元/件	良好	1200	3400	1 个月

运输方式	汽运	运输时间	下单当日			运输费用	1 元/kg
备 注							

供应商登记卡 编号：SUNQ190891

公司基本情况	名 称	万福真丝制造有限公司			
	地 址	浙江省嘉兴桐乡崇福 120 号			
	营业执照号	9155555AB5A5AB5A	注册资本	1000 万元	
	联系人	钱倩	部门、职务	业务部/经理	
	电 话	0573-1511197*	传 真	0573-1511196*	
	E-mail	JXTXCFWFTC@164.com	信用度	良好	

产品情况	产品名称	规格	价格	质量	可供量/件	月产能/件	供货周期
	儿童真丝休闲 T 恤（红，黑，棕，蓝）	M	230 元/件	良好	800	3400	1 个月
		L	260 元/件	良好	800	3400	1 个月
		XL	280 元/件	良好	800	3400	1 个月
		XXL	280 元/件	良好	800	3400	1 个月

运输方式	汽运	运输时间	下单当日			运输费用	1 元/kg
备 注							

业务 3：询价——货比三家。

业务资料：
通过网络或电话直接沟通、走访查看和登门拜访等多种方式，联系潜在供货商，发盘询价。

1. 向潜在供货商发出询价单

嘉兴闪驰进出口有限公司

地址：浙江省嘉兴市桐乡大道 8008 号　　　电话：0573-********

询价单

编号：GGDN01　　　　　　　　　　　　　　日期：2021 年 9 月 12 日

致_杭州针平丝绸服饰有限公司_____：

请将下列货物报价并于 2021 年 9 月 15 日前发到 xxx@163.com 邮箱。

序号	货物名称	规格	数量及单位	单价	交货时间	送货到门
1	儿童真丝休闲 T 恤（红，黑，棕，蓝）	M	400 件		2021.9.15 日前	可以
		L	400 件		2021.9.15 日前	可以
		XL	400 件		2021.9.15 日前	可以
		XXL	400 件		2021.9.15 日前	可以
备注	1.如有批量优惠请注明 2.如有国际认证、质检证书等请以附件形式提供 3.请附产品特性、指标说明和使用、存储、运输等注意事项说明					

注：其他企业询价单略。

2. 根据工厂回复信息和线上调研、线下沟通进行"货比三家"对比分析，择优确定采购对象

业务资料：
IN201912 报价：均价 200 元/件 IN201915 报价：均价 190 元/件 IN201922 报价：均价 185 元/件

供货商对比评价表

评价人：刘星　　　　　　　审核人：孙途　　　　　　　评价日期：2021 年 9 月 17 日

企业		规模	价格	质量	技术	交期	跨境经验	响应	外单经验	资信	合作	优先指标	总分
IN20 1912	情况	1000 万	200	优	好	3～7 天	欧美	14%	有	10%	无		41
	得分	5	3	5	5	4	5	4	5	5	0	无	
IN20 1915	情况	500 万	190	中	尚可	3～4 天	东南亚	18%	无	2%	无		36
	得分	3	4	4	4	5	4	5	3	4	0	无	
IN20 1922	情况	500 万	185	中	一般	3～8 天	无	18.1%	无	2%	无		33
	得分	3	5	4	3	4	2	5	3	4	0	无	
结论	经过测评，会同产品研发部门、运营部门商量后，决定采购编号为 IN201912 的供货商，即杭州针平丝绸服饰有限公司的产品。												
说明：每个项目 1～5 分，根据实际情况进行测评赋分，得分高者优先。合作赋分从-5～+5，未合作过则为零分。													

典型工作二：签订国内采购合同

一、工作内容描述

完成上面的工作后，师傅根据各项要求起草小 B 订单 SILK-CHRN-COLRT 产品的采购合同并发给公司选定的工厂。

二、工作过程与方法

> 业务资料：
> 1.杭州针平丝绸服饰有限公司财务资料
> 开户行：中国银行对公账户
> 账号：1234 5678 9012
> 电话：183673*****
> 财务负责人：何丽
> 2.嘉兴闪驰进出口有限公司财务资料
> 公司名称：嘉兴闪驰进出口有限公司
> 企业代码：91111111AB1B1BAB1B
> 财务负责人：贺梅

1. 起草合同

嘉兴闪驰进出口有限公司

采购合同

供应商（乙方）：　杭州针平丝绸服饰有限公司　　　　　　合同编号：GGDN-2720

采购日期：2021 年 9 月 19 日

请供应以下产品：

工厂货号	品名、规格	数量	单位	单价（元）	金额（元）
A981	儿童真丝休闲 T 恤				
	M（红，黑，棕，蓝）	4*100	件	200	80000
	L	4*100	件	220	88000
	XL	4*100	件	230	92000
	XXL	4*100	件	250	100000
合计		1600	件		360000

（1）交货日期：2021 年 09 月 30 日以前一次交清。

（2）交货地点：　嘉兴市桐乡大道 8008 号。

（3）包装条件：　工厂原箱。

（4）付款方式：　签收后凭增值税专用发票 15 天内付款。

（5）不合格产品处理：　交付之日起三天内更换。

（6）如因交货误期、规格不符、质量不符合要求造成本公司的损失，卖方负赔偿责任。

（7）其他：　纠纷和争议首选协商解决。

（8）乙方开户行：　中国银行对公账户　　　　乙方账号：　1234 5678 9012

乙方地址：　嘉兴市海宁工人路 1000 号　　　联系电话：　183673*****

传真：　　0573-984519**　　　　　　财务联系人：　　何丽

（9）甲方财务信息：

公司名称：嘉兴闪驰进出口有限公司　　　　税号：9111111AB1B1BAB1B

联系人：刘星　　　　　　　　　　　　　　联系电话：0573-8991****

采购单位：（盖章）　　　　　　　　　　　供应商：（盖章）

嘉兴闪驰进出口有限公司　　　　　　　　　杭州针平丝绸服饰有限公司

　　王一　　　　　　　　　　　　　　　　　　张三

2. 发合同 PDF 文件给杭州针平丝绸服饰有限公司，签字盖章
（要有双方的红章）

服装的品质

典型工作三：跟进采购进度及货物检验入库

一、工作内容描述

师傅电话询问杭州针平丝绸服饰有限公司的销售人员，及时跟进货物采购进度，并安排检验人员及时将工厂交付的货物入库。

二、工作过程与方法

业务 1：采购进度跟进。

> 业务资料：
> 师傅进行业务跟进，经常与供货商电话沟通，获得信息如下：
> 产品发货时间：2021 年 9 月 30 日
> 物流方式和追踪号：无忧物流 DB1511251
> 师傅每天追踪产品到货情况，获得信息如下：
> 2021 年 9 月 30 日货物接收-杭州针平
> 2021 年 10 月 1 日货物嘉兴物流中心
> 2021 年 10 月 2 日师傅跟车提货
> 采购跟进要求：
> 师傅及时获取采购货物进度信息，做到采购进程心里有数。

货物采购跟进表

合同号	产品名称	SKU	下单日	发货日	物流单号	物流进度	签收时间	跟进时间及记录人
GGDN-2720	儿童真丝休闲 T 恤	GGDN-Silk-KID01	9.19	9.30	DB1511251	配送中		9.30
同上	同上	同上	同上	同上	同上	到达嘉兴		10.1
同上	同上	同上	同上	同上	同上	提货		10.2

业务 2：接收货物，填写退换货通知单。

> 业务资料：
> 货物运回公司仓库后，师傅现场与送货司机一同核对送货数量，并开箱抽查货物质量，对有疑问的产品做了相关记录。发现货物数量出现差错，师傅当场和工厂销售主管进行了电话沟通，说明货物数量差错情况，经协商，考虑到后续合作，多出的一箱货物公司按原价收下，少的 50 件货物要求其尽快补发，并且填写了退换货通知单。初检未发现货物存在明显质量问题。与司机沟通后做了详细记录并与司机会签了收货验货单。

嘉兴闪驰进出口有限公司

收 货 验 货 单

发货方：__杭州针平丝绸服饰有限公司__   收货日期：__2021 年 10 月 2 日__
收货方：__嘉兴闪驰进出口有限公司__   发货单号：__DB1511251__

货单款号明细					实收款号明细			
箱号	品名、款号	颜色	尺码	数量	品名/款号	颜色	尺码	数量
NO.1-3	儿童真丝休闲 T 恤/货号 A981	红	M	100 件	儿童真丝休闲 T 恤	红	M	75 件
NO.5-8	同上	黑	M	100 件	同上	黑	M	100 件
NO.9-12	同上	棕	M	100 件	同上	棕	M	100 件
NO.13-16	同上	蓝	M	100 件	同上	蓝	M	100 件
NO.17-20，4	同上	红	L	100 件	同上	红	M	125 件
NO.21-24	同上	黑	L	100 件	同上	黑	M	100 件
NO.25-28	同上	棕	L	100 件	同上	棕	M	100 件
NO.29-32	同上	蓝	L	100 件	同上	蓝	M	100 件
NO.33-36	同上	红	XL	100 件	同上	红	M	100 件
NO.37-40	同上	黑	XL	100 件	同上	黑	M	100 件
NO.41-44	同上	棕	XL	100 件	同上	棕	M	100 件
NO.45-48	同上	蓝	XL	100 件	同上	蓝	M	100 件
NO.49-52	同上	红	XXL	100 件	同上	红	M	100 件
NO.53-56	同上	黑	XXL	100 件	同上	黑	M	100 件
NO.57-60	同上	棕	XXL	100 件	同上	棕	M	100 件
NO.61-64	同上	蓝	XXL	100 件	同上	蓝	M	75 件
		应收：		1600 件			实收：	1575 件

退换货原因

□货单与实物数量不符　□错款/错色/错价　□实物与包装标签不符　□同款异码
□产品损坏　　　　　　□严重磨损　　　　□价格标签不齐全　　　□严重缺陷
□其他（注明情况）：　红色 M 少一箱，红色 L 多一箱；蓝色 XXL 少一箱。

收货人签字：刘星　　　　　发货人签字：张合

嘉兴闪驰进出口有限公司

退换货通知单

发货方：杭州针平丝绸服饰有限公司   退货日期：2021 年 10 月 2 日

货号	品名	款式	尺码	数量	处理方式	原因
A981	儿童真丝休闲 T 恤	红	M	25 件	补货	数量短少
A981	儿童真丝休闲 T 恤	蓝	XXL	25 件	补货	数量短少

退货原因：□货物质量问题　□寄错商品　□重复出货　☒商品短缺　□其他原因

处理方式：补货

库管员：李四　　　　质检员：张飞　　　　跟单员：刘星　　　　业务主管：孙途

业务 3：填写入库单。

入库单

供应商全称：杭州针平丝绸服饰有限公司   入库单号：TS2111011

发票号：2097311145   入库日期：2021 年 10 月 2 日

序号	货号	货物名称	规格	单价	单位	数量	金额	备注
1	2720	儿童真丝休闲 T 恤						
2		（红，黑，棕，蓝）	M	200	件	375	75000 元	
3		（红，黑，棕，蓝）	L	220	件	400	88000 元	
4		（红，黑，棕，蓝）	XL	230	件	400	92000 元	
5		（红，黑，棕，蓝）	XXL	250	件	375	93750 元	
6								
合计						3175	348750 元	

库管员：李四   质检员：张飞   跟单员：刘星   业务主管：孙途

典型工作四：产品认证送检

一、工作内容描述

根据美国婴儿产品政策要求，公司该批产品需要出具 CPC 认证。根据认证公司要求，师傅要快递 4 件 M 码产品到认证公司，师傅填写出库单，寄送到金华某公司进行检验认证。

二、工作过程与方法

业务资料：

1. 师傅查询后得知 CPC 认证要求包括：

（1）CPC 证书必须基于 CPSC 认可的第三方检测实验室检测结果。

（2）由销售商签发 CPC 证书，第三方实验室可以提供协助起草 CPC 证书。

（3）儿童产品必须符合所有相关的安全规则及条例。

（4）儿童产品正常出口美国要求的 CPC 证书需包含的信息：

    ①产品信息（名称和描述）；

    ②产品适用的所有法规和条例；

    ③进口商或制造商（美国本土）的信息：包括名称、地址和电话；

    ④支持证书的检测结果档案持有人的联系信息：名称、地址、邮箱地址和电话；

    ⑤产品生产日期和地址，生产日期必须到年月，地址必须到城市；

    ⑥检测时间和地址或者检测报告；

    ⑦第三方检测机构信息（CPSC 认可的实验室）：名称、地址、联系电话。

（5）SPSC 总共公布了 38 个标准，主要涉及的检测内容有：

    ①CPSIA 总铅和邻苯；

    ②美国玩具标准 ASTMF963；

    ③电动玩具安全标准 16 CFR Part 1505；

    ④摇铃玩具要求 16 CFR Part 1510；

    ⑤奶嘴安全标准 16 CFR Part 1511；

    ⑥儿童服装、地毯燃烧性能，如 16 CFR Part 1610；

    ⑦幼儿产品，包括童车、童床、围栏、背带、安全座椅、自行车头盔等产品标准。

2. 与金华某公司联系后，其告知认证需要提供如下信息：

公司名称：嘉兴闪驰进出口有限公司

地址：浙江省嘉兴市桐乡大道 8008 号
样品：儿童真丝休闲 T 恤，4 件
电话：1836731****
邮箱：sunqwangyi@163.com
型号：ART2720

业务 1：填写出库单。

嘉兴闪驰进出口有限公司
出 库 单

No：CK11461 日期：2021 年 11 月 4 日

序号	货号	品 名	规 格	单位	数 量	备 注（用途）	一仓库（白）二车间（红）三财务（蓝）
1	2720	儿童真丝休闲 T 恤（红，黑，棕，蓝）	M	件	4	CPC 检测	
2							
3							
4							
5							
6							
7							

批准：孙途　　部门审核：孙途　　领料人：刘星　　发料人：李四

业务 2：发送认证信息及样品。
（1）需要提供产品及公司相关信息。

确认 CPC 送检所需材料及信息

序号	提交材料	项目	具体内容
1	公司名称	中英文拼写	嘉兴闪驰进出口有限公司 Jiaxing Sunq Im. &Ex. Company ltd.
2	公司注册地址	中英文地址	中国浙江嘉兴桐乡大道 8008 号 8008 Tongxiang Road, Jiaxing, Zhejiang, China
3	联系人	报告收件人	刘星
4	联系人手机号	收件人手机号	1836731****
5	邮箱	收件人邮箱	sunqliuxing@163.com
6	样品	测试样品及信息	4pcs

（2）样品寄送业务同"岗位工作模块四——确认样品"（略）。

典型工作五：付款单据制作

一、工作内容描述

工厂财务寄来付款通知单据和发票，师傅审核无误后，准备并核对全套结算单据，各单据信息"单货相符""单单相符"无误后，填写付款单并由相关领导签字后交财务付款。

二、工作过程与方法

业务资料：采购发票如图 4-1 所示。

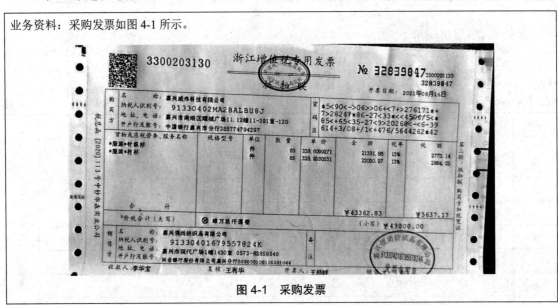

图 4-1　采购发票

1. 核对工厂发来的付款单据

杭州针平丝绸服饰有限公司

电话：0571-*******

传真：0571-********

客户：嘉兴闪驰进出口有限公司

付款通知单

编号：ZP316021

日期：2021 年 10 月 10 日

合同号：GGDN01-2720

兹于 2021 年 10 月 2 日将下列成品服装交付贵公司，请于 2021 年 10 月 30 日前支付如下货款。

货号	货物名称	件数	单价	金额
A981	儿童真丝休闲 T 恤（红，黑，棕，蓝）			
	M	400	200 元/件	80000 元
	L	425	220 元/件	93500 元
	XL	400	230 元/件	92000 元
	XXL	400	250 元/件	100000 元
总计		1625		365500 元

备注： 公司名称：杭州针平丝绸服饰有限公司 开户银行：中国银行海宁支行袁花分理处 账号：1234 5678 9012 联系电话：183673***** 联系人：何丽	出票人签章： 杭州针平丝绸服饰 有限公司财务专用章 日期：2021 年 10 月 10

2. 准备结算资料

（1）入库单（具体单据见前面，略）。

（2）采购合同（具体合同见前面，略）。

（3）增值税专用发票（具体发票见前面，略）。

（4）工厂付款通知单（具体见前面，略）。

3. 填公司财务付款单，持全套资料走流程（签字）

（1）填写付款单。

嘉兴闪驰进出口有限公司
付款单

部门：　跟单部　　　　　　　　　　　　　　　　　　　　　2021 年 10 月 20 日

收款单位	杭州针平丝绸服饰有限公司	付款内容：
开户银行	中国银行海宁支行袁花分理处	儿童真丝休闲 T 恤 1625 件
银行账户	1234 5678 9012	
金额	人民币（大写）　　叁 拾 陆 万 伍 仟 伍 佰 零 拾 零 元 零 角 零 分　　　　　　　　　　　　　　　　¥365500	

总 经 理	部 门 经 理	验 收 人	经 办 人
			刘星

（2）各部门签字（验收—主管—总经理）。

嘉兴闪驰进出口有限公司
付款单

部门：　跟单部　　　　　　　　　　　　　　　　　　　　　2021 年 10 月 20 日

收款单位	杭州针平丝绸服饰有限公司	付款内容：
开户银行	中国银行海宁支行袁花分理处	儿童真丝休闲 T 恤 1625 件
银行账户	1234 5678 9012	
金额	人民币（大写）　　叁 拾 陆 万 伍 仟 伍 佰 零 拾 零 元 零 角 零 分　　　　　　　　　　　　　　　　¥365500	

总 经 理	部 门 经 理	验 收 人	经 办 人
刘大发③	孙途②	李四①	刘星

师傅下达工作任务

理论小测试

单项选择

1. 下列说法中，不正确的有（　　　）。

A. 我国要求外贸合同必须采取书面形式

B. 我国要求合同必须采取书面形式

C. 口头协议不具有法律效力

D. 任何年满 16 周岁的人均可签订合同

2. 客户资信调查途径不正确的是（　　）。

A. 通过银行调查

B. 通过内部员工有偿调查

C. 通过我国驻外机构如大使馆调查

D. 通过合作企业调查

3. 以下不属于企业总产值的是（　　）。

A. 本期生产成品价值

B. 对外加工费收入

C. 自制半成品在制品期末期初差额价值

D. 本期内销售的前一报告期内生产的产品

4. 以下不属于企业产品库存的是（　　）。

A. 入库后发现有质量问题，但未办理退库手续的产品

B. 本企业生产的，报告期内经检验合格入库的产品

C. 非生产企业和境外订货者来料加工尚未拨出的产品

D. 已办理货款结算，但用户尚未提走的产品

5. 营业执照企业注册地与企业经营办公地不一致的情形，表述不正确的是（　　）。

A. 企业近期搬新址，还来不及进行工商变更

B. 有的老企业，在当时注册时就存在住所、办公场所、生产场所分处三地或多地的情况

C. 企业违法经营，有意搬离注册地

D. 企业注册地与企业经营办公地不一致是我国法律允许的行为

6. 采购是一个多要素融合的过程，其不涉及的内容是（　　）。

A. 产品所有权转移　　　　　　　　B. 产品实物时空转移

C. 产品价值转移　　　　　　　　　D. 资金转移

7. 下列对采购表述正确的是（　　）。

A. 采购是企业从外部获得资源的过程

B. 采购是商流和物流相分离的一项经营活动

C. 采购就是为公司采购产品，作用不大

D. 采购可以为公司节约成本，所以采购时必须向供货商严格压价

8. 采购时获得一个合适的价格，不需要经过的环节是（　　）。

A. 询价　　　　　　B. 报价　　　　　　C. 比价　　　　　　D. 议价

多项选择

1. 生产企业应具备的生产要素有（　　）。

A. 生产设备、场所和资金　　　　　B. 生产经营活动

C. 工人和管理人员　　　　　　　　D. 营业执照

2. 采购跟单的基本要求包括（　　）。

A. 适当的交货价格 B. 适当的交货质量

C. 适当的交货数量 D. 适当的交货时间

3. 适当的交货地点包括（   ）。

A. 采购商海外仓库 B. 采购商国内仓库

C. 采购商的客户手上 D. 都有可能

4. 从企业名称"嘉兴闪驰进出口有限公司"，跟单员可以准确地得到的信息有（   ）。

A. 企业所属行业 B. 企业性质

C. 企业所在地区 D. 企业规模

5. 下列哪类企业的投资者对企业债务承担无限责任（   ）。

A. 私营合伙企业 B. 私营独资企业

C. 股份有限公司 D. 有限责任公司

6. 关于核实企业信息，需要核实的信息有（   ）。

A. 企业的生产能力 B. 企业的经营状况

C. 企业的资信情况 D. 企业的财务情况

7. 跨境电商企业采购主要有（   ）。

A. 战略采购 B. 日常采购 C. 采购外包 D. 常规采购

8. 战略采购主要用于哪些业务（   ）。

A. 断货产品的紧急采购 B. 打造爆款

C. 参加平台重要节日活动 D. 新品上新

9. 下列选项中，属于采购的性质的是（   ）。

A. 采购是获取资源的过程

B. 采购是商流和物流融合的过程

C. 采购是商流和信息流融合的过程

D. 采购是一种经济活动

10. 属于企业信用的有（   ）。

A. 企业法人的个人信用

B. 企业市场信用

C. 企业组织信用

D. 企业银行信用

下达工作任务

任务1. 分析外贸合同，明确跟单要求

任务资料：

嘉兴闪驰进出口有限公司

Jiaxing Sunq Import&Export Co.，Ltd

No.8008 Tongxiang road，Jiaxing，Zhejiang，China

SALE CONTRACT

To:

Sunny Trading Company No：STC01-2440

778 Lexing Avenue

4th，Room 201

New York，NY 10017

Date：16 July，2021

双方同意按下列条款由卖方售出下列商品：

The Buyer agrees to buy and the Seller agrees to sell the following goods on terms and conditions as set forth below：

Description of Goods	Quantity	Unit Price	Amount
Children cotton tshirt		DDP NEW YORK	
Black	100PCS	USD 20.00/PC	USD2000.00
Orange	100PCS	USD 20.00/PC	USD2000.00
Blue	100PCS	USD 20.00/PC	USD2000.00
Total	300PCS		USD6000.00
Shipment Quantity more or less allowed:5%			

Total amount in words：SAY U.S.DOLLAR SIX THOUSAND ONLY

Main terms：

1.Time of Shipment：Not Later than 26th Sep., 2021

2. Port of Destination：New York

3. Terms of Payment：By T/T.

4. Inspection：The Inspection Certificate of Quality issued by CIQB_of China shall be regarded as evidence of the Sellers'delivery.

5. Marks：SUNNT/SH2021816/NEWYORK/NO.1-12

6. Package and packing

（1）Fifteen pieces into a cartons.

（2）Size of poly bag and box should correspond to folding size of garment.

（3）Poly bag should have a self-adhesive，non-permanent closing.

（4）The poly bag should have small holes for ventilation.

（5）The maximum weight of each filled carton must not extend 15 kg.

（6）Always pack solid style，solid colour and size per carton.

II其他条款：（略）

Sellers:

JIAXING SUNQ IMPORT&EXPORT CO.，LTD

  Sunq

Buyers:

SUNNY TRADING COMPANY

    SAM

  1. 将本合同翻译为中文

2. 跟进合同条款，明确跟单要点

项目	要点
商品基本信息	
运输方式与时间	
包装要求	
结算要求	
其他	

任务 2. 根据典型工作一中的外贸合同要求，寻找符合要求的国内生产厂家并询价

任务资料：
1. 外贸合同，详见典型工作一
2. 请利用 www.1688.com 或其他网站搜集供货商信息，至少三家
3. 业务考核评价标准为：信息准确、全面
4. 8 月 25 日向 3 家潜在供货商发出询价单

1. 搜集并填写供货商资料卡

（1号）供货商登记卡　　　　　　　　　　　　　　编号：IN201927

公司基本情况	名　称						
	地　址						
	营业执照号			注册资本			
	联系人			部门、职务			
	电　话			传　真			
	E-mail			信 用 度			
产品情况	产 品 名 称	规　格	价　格	质　量	可供量	月产能	供货周期
运输方式		运输时间				运输费用	
备　注							

（2号）供货商登记卡　　　　　　　　　　　　　　编号：IN201928

公司基本情况	名　称						
	地　址						
	营业执照号			注册资本			
	联系人			部门、职务			
	电　话			传　真			
	E-mail			信 用 度			
产品情况	产 品 名 称	规　格	价　格	质　量	可供量	月产能	供货周期
运输方式		运输时间				运输费用	
备　注							

（3 号）供货商登记卡
编号：IN201929

公司基本情况	名　称				
	地　址				
	营业执照号		注册资本		
	联系人		部门、职务		
	电　话		传　真		
	E-mail		信用度		

产品情况	产品名称	规格	价格	质量	可供量	月产能	供货周期

运输方式		运输时间		运输费用	
备　注					

2. 向潜在供货商发出询价单

嘉兴闪驰进出口有限公司

地址：浙江省嘉兴市桐乡大道 8008 号　　　电话：0573-********

询价单

编号：STudnt210825　　　　　　　　　　　　　　　　　日期：2021 年　　月　　日

致_____公司：

请将下列货物报价于 2021 年 8 月 31 日前发到_____邮箱。

序号	货物名称	规格	数量及单位	单价	交货时间	送货到门
备注	1. 如有批量优惠请注明 2. 如有国际认证、质检证书等请以附件形式提供 3. 请附产品特性、指标说明和使用、存储、运输等注意事项说明					

任务 3. 供货商评估及落单（外单转为内单）

任务资料：

根据老师给的单价，通过线上调研、线下沟通等方式进行"货比三家"的对比分析，择优确定采购对象。相关信息请在 1688 网站查询企业档案。

1. 本次采购质量和价格优先

2. 企业响应速度采用电商平台企业物流响应速度

3. 资信采用 1688 网站中企业资信信息中的企业信保+企业注册资本综合评价

4. 交货期根据与嘉兴闪驰进出口有限公司的远近进行评价

5. 产品质量用返单率（回头率）来评价

6. 企业规模用注册资本+企业备货库存来综合判断

1. 填写供货商对比评价表

供货商对比评价表

评价人：学生姓名　　　　　　　　审核人：孙途　　　　　　　评价日期：2021 年　月　日

企业		规模	价格	质量	技术	交期	跨境经验	响应	外单经验	资信	合作	优先指标	总分
1号	情况												
	得分												
2号	情况												
	得分												
3号	情况												
	得分												
结论		经过测评，会同产品研发部门、运营部门商量后，决定采购编号为_____的供货商，即_____公司的产品。											

注：每个项目 1~5 分，根据实际情况进行测评赋分，得分高者优先。合作赋分从-5~+5，未合作过则为零分。

2. 签订采购合同

任务信息：
1. 合同标号为 Student+日期（即学生+日期）
2. 签订日期为：在师傅指导下，9 月 5 日与选定企业签订采购合同
3. 供货商发货周期为 4 天
4. 交货地点：公司地址
5. 供货商信息：
开户行：＿＿中国建设银行对公账户＿＿＿＿＿　　账号：＿＿1234 5678 9013＿＿＿
地址：＿＿＿＿＿（与选择的供货商一致）＿＿＿　联系电话：＿1828282****＿
传真：＿＿＿****-5115****＿＿＿＿＿　　　　联系人：＿＿李天天＿＿

嘉兴闪驰进出口有限公司
采购合同

供应商：＿＿＿＿＿＿＿＿＿＿＿＿＿＿＿　　　　编号：＿＿＿＿＿＿＿

日期：＿2021 年　月　　日＿

经双方协商一致，贵方请供应以下产品：

型号	品名、规格	单位	数量	单价	金额	备注
合计						

1. 交货日期：　　　年　　　月　　　日以前。
2. 交货地点：＿＿＿＿＿＿＿＿＿＿＿＿＿＿＿＿＿＿＿
3. 包装条件：＿＿＿＿＿＿＿＿＿＿＿＿＿＿＿＿＿＿＿
4. 付款方式：＿＿＿＿＿＿＿＿＿＿＿＿＿＿＿＿＿＿＿

5. 不合格产品处理：_____

6. 如因交货误期、规格不符、质量不符合要求造成本公司的损失，卖方负赔偿责任。

7. 如卖方未能按期交货，必须赔偿本公司因此蒙受的一切损失。

8. 公司财务信息：公司名称：_____ 税号：_____

9. 开户行：_____ 账号：_____

   地址：_____ 联系电话：_____

   传真：_____ 联系人：_____

采购单位：（盖章）   供应商：（盖章）

任务 4. 完成儿童产品 CPC 认证

任务资料：

（一）什么是 CPC 认证

1. CPC 认证就是儿童产品安全证书（Children's Product Certificate，CPC），适用于所有以 12 岁及以下儿童为主要目标使用对象的产品，如玩具、摇篮、儿童服装等，若在美国本地生产则由制造商负责提供，若在其他国家生产则由进口商负责提供。也就是说，跨境卖家作为"进口商"，想把中国工厂生产的产品卖到美国，需要向作为零售/分销商的亚马逊提供 CPC 证书。

2. CPC 证书的测试内容：CPSC 总共公布了 38 个标准，主要涉及的检测内容有：

（1）CPSIA 总铅和邻苯；

（2）美国玩具标准 ASTMF963；

（3）电动玩具安全标准 16 CFR Part 1505；

（4）摇铃玩具要求 16 CFR Part 1510；

（5）奶嘴安全标准 16 CFR Part 1511；

（6）儿童服装、地毯燃烧性能，如 16 CFR Part 1610；

（7）幼儿产品，包括童车、童床、围栏、背带、安全座椅、自行车头盔等产品标准。

3. 办理亚马逊 CPC 认证流程介绍：

（1）填写申请表；

（2）提供产品的资料；

（3）寄样品；

（4）测试 pass；

（5）出报告和证书/certificate。

来源：www.bilibili.com/read/cv10008034/ 出处：bilibili，作者：优耐检测

（二）拓展性阅读——SGS 检验

SGS 是 Societe Generale de Surveillance S.A. 的简称，译为"通用公证行"。其在中国有独立机构，拥有超过 8000 多名训练有素、高水平的专业人员。SGS 可以为广大客户提供美国、加拿大、欧盟成员国、英国等标准或客户要求提供全面测试并出具广泛认可的权威测试报告。

（1）SGS 材料实验室可以提供建材、高分子材料和材料的各种测试，包括机械性能、成分、尺寸、老化、盐雾、阻燃等。

（2）SGS 检验团队可以提供供应链管理、清关报告、无损检测等现场检验服务。

（3）SGS 化学实验室可以提供最完善的环保测试、成分湿法分析等各类复杂的化学分析。

（4）玩具实验室可对毛绒/塑胶/电动玩具、陶瓷制品、婴儿产品、赠品礼品进行物理机械性能、易燃性、毒性、可靠性、金属含量等测试。

（5）杂货实验室可提供包装箱运输测试、成品鞋质量及安全测试、制鞋材料质量测试、家具强度和稳定性等测试。

（6）EMC 实验室测试电动玩具、灯具、家电产品、广播接收机和相关设备、电动工具及电脑附件等产品的电磁干扰性及其抗干扰能力。

（7）LVD 电气安全实验室则从安全方面对家用电器、电动工具、信息技术设备、影音产品、变压器、电源和电子玩具等进行测试。

（8）SGS 电子电器产品测试与认证，协助产品顺利出口国际市场，可处理 CE、GS、EMC、FIMKO、TUV SAARLAND 等多种标志的认证。

（9）纺织品、食品、石油化工产品、矿产品及农产品等实验室对相关产品进行测试。

1. 通过向浙江中坚检测技术有限公司咨询，进行 CPC 认证需要提供以下认证资料信息，请根据项目把信息填写完整（样品需要提供 4pcs）。

CPC 检测所需材料及信息

序号	提交材料	内容
1	公司名称	
2	公司注册地址	
3	联系人	
4	联系人手机号	
5	邮箱	
6	样品	

2. 填写出库单，寄出样品（具体工作要求与前相同，略）

3. 审核 CPC 证书信息

任务资料：9 月 18 日，浙江中坚检测技术有限公司发来 CPC 证书，部分内容如下：

CTT
CONSUMER TESTING TECH

ilac-MRA   CNAS

中国认可
国际互认
检测
TESTING
CNAS L5186

Test Report

Report No.:CTT2105031045EN   Page 1 of 17

Applicant: Sunny Trading Company
Address: 778 Lexing Avenue 4th , Room 201 New York , NY 10017

Sample Received Date: Oct. 11, 2021
Completed Date: Oct .17, 2021
Report Date: Oct .17, 2021

The following merchandise was (were) submitted and identified on behalf of the applicant as:

Sample Name: SILK T-SHIRT
Model No.: B07GLBW9T4、B08546JRCJ、B07Q1J7KJN、B07QFS4P4T、B08KT3Z2V5、B08KGJMT5T、B08KGFNZV9、B08KGBCVS3、B07Z8PZ74B、B07GL9W128

Brand: Tilor
Packaging Provided: Yes
Labelled Age Group: /   **Tested Age Grading:** 3+
                                              Applicant's Specified
Appropriate Age Grading: 3+   **Testing Age Group:** 3+

Test Result(s): Please refer to next page(s).
Test Requested and Conclusion(s): Please refer to next page(s).

Signed for and on Behalf of CTT:

Frank   Kent   Shelly

Frank/Kent/Shelly
Technical Manager

Zhejiang Consumer Testing Technology Co., Ltd.

1st-2nd Floor,Building 5,District B, Yingcai Entrepreneurship Park, No.E21,Xinke Road, Yiwu ,Zhejiang, China 322000
Tel:86-0579-80986543   Fax:86-0579-80986547   Hot Line:400 6789 866
Website:http://www.cttlab.com   Email:enquiry@cttlab.com

Test Report

Test Requested and Conclusion(s):

No.	Standard and Requirement	Conclusion(s)
1	Client's requirements - Flammability of Solid	PASS
2	Fibre analysis: quantitative	DATA
3	ASTM F963-17 - Physical and Mechanical Properties	PASS
4	ASTM F963-17 Flammability(Flammability)	PASS
5	US Public Law 110-314 [Consumer Product Safety Improvement Act of 2008(CPSIA)] - Total Lead (Pb) in accessible substrate materials	PASS
6	US Public Law 110-314 [Consumer Product Safety Improvement Act of 2008(CPSIA)] - 16 CFR 1307 - Phthalates	PASS
7	ASTM F963-17 Section 4.3.5.2 (Non-Modeling Clays) - Soluble heavy metals	PASS

Test Report

Test Result(s):

Fiber analysis: quantitative

Method:AATCC 20-2018, AATCC 20A-2018,

Material No.		Results
1	Lab Analysis:	Face:100%Polyester Back:100%Polyseter

Remarks: Exclusive of decoration

Flammability Test - CPSC 16CFR 1500.44

Material No.	Sample Description	Flammable Solid
2	Babyblanket	NO *

Material No.	Ignition Point	Major Axis (Inch)	Burn Length (Inch)	Time (sec.)	Limit (Inch/sec.)	Burning Rate (Inch/sec.)
2	Edge	48.0	3.2	60	0.10	0.05

Note: 1. "*" = CPSC 16 CFR 1500.3(c)(6)(vi) Flammable solid means a solid substance that, when tested by the method described in 16 CFR 1500.44, ignites and burns with a self-sustained flame at a rate greater than one-tenth of an inch per second along its major axis.

Test Report

Report No.:CTT2105031045EN   Page4 of 17

Test Result(s):

Mechanical and Physical Properties - ASTM F963-17

Section	Testing Items	Assessment 10
4	Safety requirements	PASS
4.1	Material quality	PASS
4.3.7ⁿ	Stuffing materials	NA
4.4ⁿ	Electrical/thermal energy	NA
4.5ⁿ	Sound-producing toys	NA
4.6	Small objects	NA
4.6.1	Toys that are intended for children under 36 months of age	NA
4.6.2ⁿ	Mouth-actuated toys	NA
4.7	Accessible edges	PASS
4.8	Projections	NA
4.9	Accessible points	PASS
4.10	Wires or rods	NA
4.11	Nails and fasteners	NA
4.12	Plastic film	PASS
4.13	Folding mechanisms and Hinges	NA
4.14	Cords, Straps,andElastics	NA
4.15ⁿ	Stability and Over-Load Requirements	NA
4.16	Confined Spaces	NA
4.17	Wheels, Tires, and Axles	NA
4.18	Holes, Clearance, and Accessibility of Mechanisms	NA
4.19	Simulated Protective Devices	NA
4.20	Pacifiers	NA
4.21	Projectile Toys	NA
4.21.1	All Projectiles	NA
4.21.2	Projectile Toys with Stored Energy	NA
4.21.3	Projectile Toys without Stored Energy	NA
4.21.3.1ⁿ	Mouth actuated projectile toys	NA
4.21.3.2	Projectiles shall not have any sharp edges or sharp points	NA
4.21.3.3& 4.21.3.4	Arrows	NA

This test report is issued by the company subject to its General Conditions of Services and accessible at http://www.cttlab.com/order/20210319090829016S.pdf. The sample is provided by the applicant, our company is not responsible for the integrity, authenticity and identification information of the sample. Unless otherwise stated the results shown in this report sample as received. Without prior written permission of the company, this test report cannot be reproduced, except in full. Any inquiry about this report, please raise from the date of receipt ofonly apply to the report within 30 days, overdue will not be accept. Items marked with "n" means they are not accredited by CNAS (if with CNAS logo), "x" means the item of subcontractor. All or part of items of this report are not in the accredited scope of CMA and cannot be as domestic social impartiality proof data.

Zhejiang Consumer Testing Technology Co., Ltd.

1st-2nd Floor,Building 5,District B, Yingcai Entrepreneurship Park, No.E21,Xinke Road, Yiwu ,Zhejiang, China 322000
Tel:86-0579-89986543   Fax:86-0579-89986547   Hot Line:400 6789 666
Website:http://www.cttlab.com   Email:enquiry@cttlab.com

任务 5. 请审核检测报告（部分）

项目	错误项目	勘正
1		
2		

任务 6. 财务报销

任务资料：2 天后，收到检测机构发来的证书和发票

1. 证书略

2. 发票略

1. 填写需要提交给财务的报销材料

项目	单据种类
1	
2	
3	
4	

2. 填写公司财务付款单

嘉兴闪驰进出口有限公司

付款单

部门：跟单部   2021 年　月　日

收款单位		付款内容：	
开户银行			
银行账户			
金额	人民币（大写）		¥＿＿＿＿
总经理	部门经理	验收人	经办人

3. 报销——各部门签字（验收—主管—总经理）

嘉兴闪驰进出口有限公司

付款单

部门：跟单部   2021 年　月　日

收款单位		付款内容：	
开户银行			
银行账户			
金额	人民币（大写）		¥＿＿＿＿
总经理	部门经理	验收人	经办人

任务 7. 采购岗位职业素养案例分析

维修手机让"黑幕"见光

2011 年以来，王某一直在义乌某外贸公司工作，担任韩语和日语翻译与采购负责人。平常，她负责跟国外的客户对接，再到义乌市场寻找客户需要的产品。从业 10 多年来，王某出色的工作能力深得公司的赏识。

2021 年 4 月某天公司老板无意中发现某口罩供应商给王某一笔 5 万元的转账。鉴于公司刚刚采购了该供货商 100 多万元口罩，公司初步判定王某接受供货商"回扣"贿赂，并责令王某交出 5 万元"回扣"、退回前一年度 35 万元年终奖并责令主动辞职。后来公司陆续发现她与其他数十名市场供货商存在"吃回扣"等行为，公司遂向义乌市公安局经侦大队报案。警方侦查发现，从 2017 年以来王某收受"回扣"的金额过百万元。王某被抓获归案后对自己收受商户"回扣"的违法事实供认不讳，王某将面临法律的严惩。

（资料来源：王贵溪，海峡导报）

思考与讨论：

1. 请结合案例分析，采购工作需要具备哪些素养？

2. 请结合案例讨论："有人说业务员拿回扣是潜规则，没什么大不了"这句话是否正确？

3. 请结合案例谈谈职业操守在职业发展中的重要性。

岗位工作模块五：管控辅料

▶ 工作目标

工作绩效目标 》

KPI 考核目标：

根据订单中原材料的要求，及时完成原料采购、检验、入库等工作。

KPI 考核指标：

（1）采购品种、数量、品种准确率 100%

（2）采购时间、地点准确率 100%

（3）入库信息正确率 100%

（4）入库产品检验率 100%

工作能力目标 》

知识目标：

● 掌握原材料的内涵、包装材料的分类和成分

技能目标：

● 能够根据合同，合理计算原材料的使用数量，选择合适质量和价格的原材料

● 能够根据业务需要，选择包装材料，检验确认包装唛头，检验包装质量

● 能够根据集装箱装载需要，合理安排码货数量和堆码方式

素养目标：

● 通过原材料采购跟进，养成质量、成本从源头抓起的思维和跟单无小事的工作态度

● 通过审核唛头等工作，养成严谨细致、一丝不苟的工作作风

师傅讲工作

介绍工作情境》

师傅接到工厂电话，要求我方在大货生产前提供符合订单要求的产品内外包装辅料。师傅根据订单的要求，完成包装辅料采购、采购进度跟进、包装质量检验等工作，保障了工厂生产的顺利进行。

讲核心知识》

本模块主要围绕包工不包料式定制加工模式进行跟单工作。在包工不包料式定制加工模式下，委托方（商贸型跨境卖家）需要自行寻找原材料供货商进行原材料采购并将原材料运往工厂进行加工生产。这种模式下，跟单工作变得更加复杂，需要考虑原材料质量、交货期、交货数量等，否则将影响产品生产。

一、原材料（辅料）内涵及跟单目的

根据外贸合同或跨境平台销售产品采购要求，在包工不包料式定制加工模式下，跟单人员要负责采购待加工产品所需的原材料及辅料，以满足工厂生产。原材料是指企业在生产过程中经加工改变其形态或性质并构成产品主要实体的各种原料及主要材料。原料（Raw Material）一般指来自矿业和农业、林业、牧业、渔业的产品；材料（Processed Material）一般指经过一些加工的原料。对产品生产起辅助作用的材料为辅助材料，即辅料。服装、鞋、包、帽子等产品除主面料以外的其他所需起到连接、装饰、功能等作用的材料，一般均称为辅料，如拉链、纽扣等。

原材料采购跟单的目的在于满足对外合同执行中对原材料的需求，即在规定的期限，获得必需的原材料，保证产品质量的稳定和生产的顺利进行。要保证原材料符合合同要求并按时供应，跟单员需做大量工作。在原材料采购跟单工作中，跟单员要事先预计可能会发生的问题，其关键环节主要在原材料供应商、采购方企业等控制方面。原材料供应商可能由于管理、生产、技术等多方原因导致未能按期提供原材料。采购方企业也有可能由于供应商选择不当或自己工作不到位等原因使供应商未能及时提供原材料。

二、原材料采购跟进要求

原材料采购跟单的基本要求是：适当的交货时间（Right Time）、适当的交货质量（Right Quality）、适当的交货数量（Right Quantity）、适当的交货地点（Right Place）和适当的交货价格（Right Price），简称5R。

1. 适当的交货时间

生产企业在大货生产前及时完成原材料采购工作。这要求原材料采购时要合理确定原材料供货商的交货时间，这是原材料采购跟单工作的首要要求。原材料交货时间直接影响大货的生产开工时间，交货时间过早或过晚都不利于企业的经营运作。过早，则会造成不必要的库存压力、库存成本和采购资金占用；过晚，则会造成无法按时开工、迟滞生产甚至延误交货期。原

材料跟单工作就是使所采购的原材料在规定的时间获得有效的供应。

2. 适当的交货质量

适当的交货质量，是指供应商所提供的原材料能够满足订单及生产要求。采购原材料的质量高于订单要求，虽可以保证产品质量，但常常造成成本过高，订单利润受到侵蚀，甚至亏损。采购原材料的质量低于订单要求，则所生产的产品质量将达不到外方订单要求，并会造成一系列严重后果：①会导致企业内部相关人员花费大量的时间与精力去处理，增加大量的管理费用；②会导致企业在重检、挑选上花费额外的时间与精力，造成检验费用增加；③会导致生产线返工增多，降低生产效率；④会导致生产计划推迟，不能按承诺的时间向客户交货，会降低客户对企业的信任度；⑤会引起客户退货，导致企业蒙受严重损失，严重的会丢失客户。

3. 适当的交货数量

适当的交货数量是指每次采购的批量能够满足订单需要。如果企业财务条件允许，最好一次性采购足够量的原材料，避免因多次采购造成每批次原材料质量差异或色差过大而影响总体交货质量。对于质量稳定、通用性强的原材料可综合考虑企业财务能力、原材料市场现状、库存成本和生产消耗等因素，进行批量订货。供货时一般由 2～3 家供货商供货。这样供货商之间有一个竞争关系，利于供货商提高服务水平，同时可以避免某家供货商因种种原因而无法顺利供应原材料时导致的被动局面。如果出现类似情况，则可以通过协商增加其他供货商订单进行解决。需要额外提及的是，外贸成品采购时，如果采购产品数量较大，也需要采取类似方法，将订单分解到 2～3 家企业进行生产，尽量避免将大额订单委托给 1 家企业生产的情况发生。

4. 适当的交货地点

为了减少企业的运输与装卸费用，跟单员在进行原材料跟单时应要求供应商在适当的地点交货，因此跟单员应重点选择那些离企业近、交通方便的供应商。交货地点不当，会增加原材料的运输、装卸和保管成本。

制作面辅料样卡

5. 适当的交货价格

交货价格与交货品质、交期、数量和付款方式直接相关。一个合适的交货价格，一般要经过询价（报价）、比价、议价和定价四个环节。一般而言，跟单员采购原材料时常常选择三家以上供应商进行询价，通过"货比三家"最终确定符合企业要求的适当的交货价格。

三、原材料采购流程

原材料采购的流程为：制作采购单—内部报批—采购单跟踪、原材料检验与原材料进仓。

面料单耗预算

（一）企业内部流转

跟单员开展采购工作时，首先需要填写《采购原材料辅料申请单》（样单见"采购任务"），报部门负责人审批。跟单员在制作采购单时应注意以下要点：①明确合规的采购申请人，采购需求只有需用部门最为清楚；②以书面方式提出原材料的采购申请；③确定原材料具体要求，包括原材料的数量、成分、尺寸、形状、强度、精密度、耗损率、合格率、色泽、操作方式、维护等及售后服务的速度、次数、地点等；④对需求部门或业务员的原材料采购量进行复核，如发现错误，跟单员应及时提出并进行弥补。

《采购原材料辅料申请单》得到确认后，填制采购单，并以 Fax 或 E-mail 形式将采购订单发送到原材料供应商处，如有必要则需要电话确认对方收妥采购订单。采购单主要内容有：原材料名称、确认的价格及付款条件、确认的质量标准、确认的采购量、确认的交货地点等，另附有必要的图纸、技术规范、标准等。另外，在采购单的背面，多会有附加条款的规定，也是采购单的一部分，其主要内容包括：①交货方式；②验收方式；③处罚条款；④履约保证；⑤品质保证（保修或保修期限，无偿或有偿换修等规定）；⑥仲裁或诉讼；⑦其他。

至于申请单样式，各个单位使用的格式不尽相同，大部分公司都购买印制的《采购单》（一式多联），个别公司会自行设计并委托印刷公司印制带有公司抬头的单据，也可用打印机自行打印使用。

（二）协调收货

1. 协调送货

送货时间需要跟单员与供应商沟通协调确定。供应商在没有得到采购方许可的情况下送货，或跟单员在没有和供应商协调确定的情况下要求送货，都会引起混乱。

2. 协调接收

在供应商送货前，跟单员一定要协调好仓库部门的接收工作，否则会出现供应商送货人员及运输车辆需要等待较长时间的情况要求送货，甚至会出现原材料被拉回供应商所在地的情况。

3. 通知进货

跟单员在完成以上两项工作后，即可通知供应商送货，供应商在得到送货通知后，应立即组织专职人员进行处理，将原材料送至指定仓库。

（三）原材料（辅料）检验

1. 确定检验日期

跟单员应与供应商商定检验日期及地点，以保证较高的检验效率。

2. 通知检验人员

跟单员应主动联系质量检验专业人员一同前往检验地点进行原材料、零部件的检验。安排检验时要注意原材料、零部件的轻重缓急，对紧急原材料、零部件要优先检验。

3. 实施检验

实施检验即进行原材料检验。对一般原材料，采用正常的检验程序；对重要原材料，或供应商在此原材料供应上存在质量不稳定问题的，则要严加检验；对不重要的原材料，或者供应商在此原材料供应上质量稳定性一直保持较好的，则可放宽检验。原材料检验的结果分为两种情况：合格、不合格。不合格材料的缺陷分为致命缺陷、严重缺陷、轻微缺陷。检验的结果应以数据检测及相关记录描述为准。

4. 处理质量检验问题

针对原材料缺陷程度的不同，跟单员可以采取相应的措施，如要求供应商换货，以及扣款、质量整改、降级使用、取消供应商资格等。

（四）原材料（辅料）入库（工厂）

1. 原材料的库房接收过程

接收过程：①检查即将送达的货物清单信息是否完整（包括原材料的采购单、型号、数量等）；②接收原材料，对照采购单进行核查；③检查送货单据及装箱单据；④检查包装与外观，注意原材料检验合格后才能卸货；⑤卸货；⑥清点原材料；⑦搬运入库；⑧填写"原材料入库单据"，注意原材料检验合格后才能填写原材料入库单；⑨将原材料入库信息录入存储信息系统中。

2. 处理原材料（零部件）接收问题

由于供应商或者跟单员方面的原因，原材料（零部件）在接收环节上可能会出现以下问题：①原材料（零部件）型号与采购单中的要求不一致；②未按照采购单中指定的原材料数量送货；③交货日期不对；④原材料的包装质量不符合要求等。此类问题跟单员需与有关领导一同协调解决。

四、原材料采购跟进方法

跟单员需要在预定的交货期开始前数天提醒供货商，一方面给供货商适当的压力；另一方面可及时掌握供货商能否按期交货或能否交够所需数量等情况的第一手资料，从而尽快采取相应措施。跟单工作中，一般把督促称为催单，催促的目的是使供货商在规定时间内送达所采购的原材料（零部件），以保证工厂生产。

（一）催单的工作要点

跟单员要进行有效的催单，必须要做好交货管理的事前规划、事中执行与事后考核，具体如下：

大货面辅料跟单

1. 事前规划

具体包括：①确定交货日期及数量；②了解供应商生产设备利用率；③供应商提供生产计划表或交货日程表；④提高供应商的原材料及生产管理；⑤准备替代来源。

2. 事中执行

事中执行在于过程管理。如果需要原材料供货商加工定制的材料和辅料，那么跟单人员可以跟踪原材料供货商的生产加工工艺，跟踪核实原材料供货商生产工艺、技术指标等是否符合基本规范和生产要求，确保原材料和辅料质量。一些信誉无法确保的供货商更需要加强跟进，不能存在马虎心理，防止发生以次充好、交货延误等情况。有时需要密切关注、跟踪供货商生产、加工过程。不同原材料的生产加工过程是有区别的，为了保证原材料的交货期、质量，跟单员需要对原材料加工过程进行监控、督促。对于需要多个零部件组装而成的产品，需要跟踪组装总测，对供货商组装过程进行检测、查看等监督跟进，防止原材料出现严重的隐形质量缺陷。对于重要的原材料、零部件，跟单员还应去供货商的仓库查看产品包装、存储等情况。

3. 事后考核

具体包括：①对交货迟延的原因进行分析并想好对策，做好准备；②分析是否需要更换供货商；③执行对供货商的奖惩办法；④完成采购单后收回及处理余料、模具、图纸等。

（二）催单的方法

催单的方法主要有按采购单跟催和定期跟催两种。

1. 按采购单跟催

按采购单预定的进料日期提前若干时间进行跟催。跟催时，有一个良好的跟单工作习惯和工作方法，有助于工作的开展，可以更好地保证跟单员不因工作繁忙而遗漏重要事项。跟单员跟催时，常用的方法有：①联单法，将采购单按日期顺序排列好，做好跟催计划，按计划提前若干天时间进行跟催；②统计法，将采购单统计成电子表格或报表格式，按一定提前量进行跟催；③计算机提醒法，利用公司跟单软件系统或 ERP 信息管理系统软件，及时将工作输入系统并根据系统提示进行跟进、督促，提高跟单工作效率。

2. 定期跟催

定期跟催的特点就是定期，也就是制订好跟催计划，明确订单跟催具体时间，如每周跟催

2 次，周二下午电话督促和周五上午现场督促。这样按照工作计划，定时开展工作，可以使工作有条不紊地开展，防止业务纷杂时顾此失彼，遗忘重要事情，造成工作失误。

（三）催单的规划

1. 一般监控

倘若采购的原材料为一般性、非重要性的商品，则仅做一般的监控即可，通常仅需注意是否能按规定的期限收到检验报表，有时可电话查询实际进度。

2. 预定进度管理时间

对于较重大的业务，跟单员可在采购单或采购合同中明确规定，供应商应编制预定进程表。

3. 生产企业实地考察

对于重要原材料（零部件）的采购，除要求供货商按期递送进度表外，跟单员还可以实地前往供货商生产企业进行实地考察。此项考察，应在采购单内明确约定，必要时可派专人驻厂监督。

（四）业务操作步骤

1. "货比三家"，优选供货商，包括主面料和辅料

2. 根据小 B 订单要求和 5R 原则草拟加工合同（或采购合同）

3. 进行业务跟进

4. 协同工厂收货并进行原材料质检

五、包装辅料采购

（一）分析采购要求

跟单员在落实并执行包装采购时，需要对订单所涉及的包装材料种类、数量、质量及唛头等出口要求进行综合分析，力争做到采购质量心中有数、采购数量与采购次数合理、采购时间能够保障生产、采购成本可控和供货时间有保障等要求。采购分析的主要依据是合同（或订单）和进出口国市场对相关产品的技术性要求、法律规定及惯用做法。

（二）确定采购包装材料

根据包装所用的主要材料，产品包装分为纸质包装、塑料包装、金属包装、玻璃包装、陶瓷包装、木包装、纤维织品包装、复合材料包装和其他天然材料包装等。从包装物的作用看，产品包装可分销售包装和运输包装两大类。销售包装主要用于直接和产品接触，起到保护产品、美化产品和便于陈列等作用；运输包装的主要作用是便于运输及保护产品，防止产品在运输中被损坏。从国际贸易角度看，销售包装常简单称为内盒，运输包装则称为外箱。每种包装材质都有各自优缺点和主要适用场合。在国际运输中，使用最广泛的是用瓦楞纸板制作的纸箱，约占总使用量的 70%，尤其广泛用于集装箱运输中。在各国进出口政策或法律规定中，不同包装材料的管制范围、管制内容和管制方法都不同，熟悉这些内容对合理采购包装类原材料、顺利出货、减少买方风险及索赔至关重要。

（1）纸质包装材料。纸质包装具有易加工、成本低、适于印刷、重量轻、可折叠、无毒、无味、无污染等优点，但耐水性差，在潮湿时强度差。纸质包装材料可分为包装纸和纸板两大类。一般的包装用纸统称为纸质包装，纸板的制造原材料与纸基本相同，主要区别在于硬度、厚度，具有刚性强、易加工的特点，是销售包装的主要用纸。跨境业务中最常用的纸质包装为纸盒和纸箱，其技术要求要符合相关标准。同时跨境销售具有运输距离远、运输方式复杂等特点，对纸箱和纸盒的质量要求更高。

对于跨境卖家而言，绝大多数业务均使用纸盒、纸箱、胶袋等常用包装材料和包装形式。

下面重点介绍纸板、纸箱包装选用时所需注意的质量要求。根据我国相关标准，纸板、纸箱质量规范及技术指标如表 5-1 和表 5-2 所示。一般而言，用双瓦楞纸板制作出口产品外箱，产品内盒则根据企业产品属性、运输、包装要求、促销等需要选择单瓦楞纸板、卡纸（白纸板）等包装材料。产品内衬则选用碎纸条、单瓦楞纸板、泡沫，甚至报纸等作为材料，以增加产品的抗压能力、降低产品震动造成的损坏等。

表 5-1　瓦楞纸箱及用料分类

种类	内装物最大质量（kg）	最大综合尺寸（mm）	瓦楞结构	代号					
				1 类		2 类		3 类	
				纸板	纸箱	纸板	纸箱	纸板	纸箱
单瓦楞纸箱	5	700	单瓦楞	S-1.1	BS-1.1	BS-2.1	BS-2.1	BS-3.1	BS-3.1
	10	1 000		S-1.2	BS-1.2	BS-2.2	BS-2.2	BS-3.2	BS-3.2
	20	1 400		S-1.3	BS-1.3	BS-2.3	BS-2.3	BS-3.3	BS-3.3
	30	1 750		S-1.4	BS-1.4	BS-2.4	BS-2.4	BS-3.4	BS-3.4
	40	2 000		S-1.5	BS-1.5	BS-2.5	BS-2.5	BS-3.5	BS-3.5
双瓦楞纸箱	15	1 000	双瓦楞	D-1.1	BD-1.1	BD-2.1	BD-2.1	BD-3.1	BD-3.1
	20	1 400		D-1.2	BD-1.2	BD-2.2	BD-2.2	BD-3.2	BD-3.2
	30	1 750		D-1.3	BD-1.3	BD-2.3	BD-2.3	BD-3.3	BD-3.3
	40	2 000		D-1.4	BD-1.4	BD-2.4	BD-2.4	BD-3.4	BD-3.4
	55	2 500		D-1.5	BD-1.5	BD-2.5	BD-2.5	BD-3.5	BD-3.5

表 5-2　各类纸箱对瓦楞纸板的技术要求

纸箱种类		纸板代号	耐破强度（kPa）	边压强度（N/m）	戳穿强度（kg/cm）	含水量（%）
单瓦楞	1 类	S-1.1	588	4 900	35	
		S-1.2	784	5 800	50	
		S-1.3	1 177	6 860	65	
		S-1.4	1 569	7 840	85	
		S-1.5	1 961	8 820	100	
	2 类	S-2.1	409	4 410	30	10±2
		S-2.2	686	5 390	45	
		S-2.3	980	6 370	60	
		S-2.4	1 373	7 350	70	
		S-2.5	1 764	8 330	80	
	3 类	S-3.1	392	3 920	30	
		S-3.2	588	4 900	45	
		S-3.3	784	5 880	60	
		S-3.4	1 177	6 860	70	
		S-3.5	1 569	7 840	80	
双瓦楞	1 类	D-1.1	786	6 860	75	10±2
		D-1.2	1 177	7 840	90	
		D-1.3	1 569	8 820	105	
		D-1.4	1 961	9 800	128	
		D-1.5	2 550	10 780	140	

（续表）

纸箱种类		纸板代号	耐破强度 （kPa）	边压强度 （N/m）	戳穿强度 （kg/cm）	含水量 （%）
双瓦楞	2类	D-2.1	686	6 370	85	10±2
		D-2.2	980	7 350	90	
		D-2.3	1 373	8 330	100	
		D-2.4	1 756	9310	110	
		D-2.5	2 158	10 290	130	
	3类	D-3.1	588	5 880	70	
		D-3.2	784	6 860	85	
		D-3.3	1 170	7 840	100	
		D-3.4	1 570	8 820	110	
		D-3.5	1 960	9 800	130	

（2）塑料材质。塑料是可塑性高分子材料的简称，具有质轻、美观、耐腐蚀、机械性能高、可塑性强、易于加工和着色等特点。塑料分多种类型，广泛用于各种产品包装。

塑料包装袋是一种以塑料为原材料，用于包装生产生活中各种用品的包装袋，广泛用于日常生活和工业生产中。常用的塑料包装袋多由聚乙烯薄膜制成，该薄膜无毒，故可用于盛装食品。还有一种薄膜由聚氯乙烯制成，聚氯乙烯本身也无毒性，但根据薄膜的用途所加入的添加剂往往是对人体有害的物质，具有一定的毒性，所以这类薄膜及由该薄膜做成的塑料袋均不宜用来盛装食品。

塑料包装袋按材质可分为OPP、CPP、PP、PE、PVA、复合袋、共挤袋等，它们各自的优势特点如表5-3所示。

表5-3 塑料材质的优势特点

塑料材质	优势特点
CPP	无毒，可复合，透明度比PE好，硬度稍差，质地柔软，有PP的透明度、PE的柔软性
PP	硬度次于OPP，可拉伸（双向拉抻），拉后呈三角形，常用于底封或边封
PE	有福尔马林，透明度稍差
PVA	质地柔软，透明度好，是一种新型环保材料，遇水溶化，原料均由日本进口，价格昂贵，在国外应用较为广泛
OPP	透明度好，硬度强
复合袋	封强度牢，可印刷，油墨不会脱落
共挤袋	透明度好，质地柔软，可印刷

（3）金属材质是四种主要包装材料之一。金属包装材料中产量和消耗量最多的是镀锡薄钢板，其次是铝合金薄板，镀铬薄钢板位居第三。金属包装广泛被应用于食品、饮料、化工、医药、建材、家电等行业，常用作食品罐头、饮料、糖果、饼干、茶叶、油墨、油漆、染料、化妆品、医药和日用品等的包装容器。

（4）木质包装。木质包装箱作为一种常用的运输包装容器，具有外观漂亮、坚固、结实耐用、内销出口都可用、取材方便、容易制作、重量轻、强度高、耐久性好、防潮、有一定的弹性、价格比较便宜等诸多优点，在很多领域被广泛应用。木质包装箱适用于物流、机械电子、陶瓷建材、五金电器、精密仪器仪表、易损货品及超大尺寸物品等行业产品的运输和外包装，尤其是大中型机械产品的包装，都离不开木质包装箱。一般跨境卖家所用包装不涉及此类包装材料。在使用实木质托盘包装时，需要对托盘进行无公害化处理。当然几个托盘的小批量出货业务，物流货代公司会提供托盘（需付费）。如果整柜出货到海外仓，则需要自行购买。此时跟单人员需要确认托盘是否符合相关规范，如不符合，则需要将托盘运往专业机构进行熏蒸处理。具体而言，用人工复合而成的木质材料，不用熏蒸。用木质材料作包装不得带有树皮，不能有直径大于 22mm 的虫蛀洞，必须对木质包装进行烘干处理。对美国、加拿大、欧盟国家、日本及澳大利亚出口使用的木质包装，要在出口前进行熏蒸处理，其中出口美国、加拿大等国时应出具"官方熏蒸证书"。目前，出口中东国家及某些亚洲国家的木质包装，不需要熏蒸处理。

木质托盘、木箱必须实施热处理或熏蒸处理，由检验检疫局出具"出境货物木质包装除害处理合格凭证"并加贴黑色标志。

（5）包装用辅助材料。包装货物除了常用包装容器外，还需一些包装用辅助材料。常见的辅助材料有黏合剂、黏合带、捆扎材料、衬垫材料、填充材料等。

（三）确定交货时间

必须在大货生产开始之前，将所有包装材料采购入库，以方便产品包装入库，否则将影响产品生产进度，出现停工待（辅）料的情况。这就需要跟单员合理规划采购周期，辅料（包装）供货企业设计周期、加工周期、送货周期等都要充分考量，并且这些时间总和不得晚于开工时间。一般还需要有提前量，即包装交货时间要早于大货生产若干天（比如 5 天），为包装物检验、入库、调用留出宽松的时间，否则大货生产中发现包装材料不符合要求，将造成返工、待料等非常严重的损失。所以签订采购合同时间要先于大货生产前，供货商交货时间要规划准确并且明确写入合同。因供货商延误导致大货生产延误所造成的损失，需要向原材料供货商索赔。

（四）确定交货质量

国别差异、国际运输风险等因素导致出口产品对包装质量的要求高于内销产品，所以确定适合的包装质量尤为重要。在与原材料供货商签订采购合同时，需要明确包装材料的图案、设计款式、印刷文字、尺寸等指标，还需要在供货商生产包装材料前打样确认，以防止出现差错。

（五）确定交货地点

签订采购合同时，需要明确交货地点。交货地点最好选在加工工厂，以便于后续业务操作。采购的包装材料直接送到加工工厂。与供货商确认送货信息后，跟单员需要亲自去工厂与工厂仓库部门、生产部门联合接收、检验该批包装材料。如果包装材料较多，需要安排叉车等作业，卸车和叉车运输过程中要避免跌落等造成货损情形的发生。

（六）确定交货数量

由于包装材料属于低值易耗品，实际损耗相对货物数量要大很多，所以采购时需要考虑使用损耗率，在实际生产货物数量基础上（净耗）多采购一部分。富余数量随工厂管理水平和工人技术水平呈负相关，不同工厂富余数量不同，这需要跟单人员根据经验进行判断。一般而言，大部分企业都会适当多备一些包装材料。包装材料交付时，跟单人员要做好接货准备工作。双方在工厂交接时，跟单人员需要根据采购单核对包装物品种、规格、数量等信息，确保交货数量达到标准和要求。

（七）确定交货价格

采购价格也是一个重要的考虑因素。虽然辅料单位价值不高，但是产品所需辅料型号多、消耗数量大，总体也是一项不可忽视的成本。所以根据质量、数量和交货期等因素，与供货商洽谈合适的价格也是非常重要的。

演示典型工作业务 》》

师傅说：根据采购原辅料是否需要定制加工，原材料采购涉及的工作任务有所差异。如果直接从工厂采购，无须定制化加工生产，则工作任务有确定供货商、签订采购合同、协调送货、质量检验、入库、调用。如果需要工厂定制化加工生产原辅料，则工作任务有确定供货商、签订采购合同、产前样确认、进度跟踪、质量监控、包装检验、协调送货、验收入库（工厂）、生产调用。这里的部分工作与成品采购和生产跟进业务有重合之处，相关工作就不再展开。

典型工作一：确认供货商

一、工作内容描述

师傅根据所获数据，对比三家供货商，从三家企业中选择一家作为本次包装物采购的供货商。

面辅料资料整理

二、工作过程与方法

业务资料：供货商信息对比决策表如表 5-4 所示。

表 5-4　供货商信息对比决策表

参考变量 公司	公司技术 水平	产能 （月·吨）	供货周期及 便利性	外单经验	经营年限	配合意识	采购成本
A	中	400	快、近	熟悉	5	好	5.6 元/pc
B	高	800	中、远	熟悉	9	中	6.6 元/pc
C	中	1000	快、中	不熟悉	7	差	5.1 元/pc

根据业务资料，对这三家工厂进行业务对比，优选确定供货商。根据公司不同业务要求，选择供货商的标准是不同的。如果：

供货周期优先则三家工厂优先顺序为 ACB。

成本优先则三家工厂优先顺序为 CAB。

质量优先则三家工厂优先顺序为 BCA。

产量优先则三家工厂优先顺序为 CBA。

配合意识优先则三家工厂优先顺序为 ABC。

海外业务经验优先则三家工厂优先顺序为 BAC。

典型工作二：原辅料跟进规划

一、工作内容描述

大货面料核算

公司已经和工厂确认了产前样，决定 10 天后进行大货生产。师傅需要合理规划该批产品所需辅料的生产、交付等时间安排，以保证工厂顺利开工。

包装条款二、工作过程与方法

业务：规划跟进进度。

甘特图

业务资料：
开工时间：15 日（今天 1 日）
辅料工厂：出图 1 天，打样 2 天，生产 7 天交货；辅料采购 2 天，大货交付运输 2 天。

师傅采取倒排法进行进度规划：

作业内容	1	2	3	4	5	6	7	8	9	10	11	12	13	14
出图	■													
打样		■	■											
辅料采购	■													
生产				■	■	■	■	■	■	■				
机动											■	■		
交付													■	■

典型工作三：确认包装要求

一、工作内容描述

师傅按照公司该批货物生产要求对产品所需包装进行选择、确认。

二、工作过程与方法

业务：确定内包装质量要求。

大货面料核算

业务资料：
业务需要参考"岗位工作模块五——采购产品"之"典型工作一：选择供货商"业务合同

7. Packing and package:

（1）Marks: Charles/GOODAY GARMENT ENTERPRISE/SILK TSHIRT/NO. N-M

（2）Packing: twenty-five Pieces into a Cartons

（3）Package Fitable: Size of poly bag and box should correspond to folding size of garchildrent

（4）Poly Bag Inquiry: should have a self-adhesive, non-permanent closing. And the poly bag should have small holes for ventilation.

（5）Box Weight Limited: The maximum weight of each filled carton must not extend 15 kg.

（6）Packing Method: Always pack solid style, solid colour and size per carton.

（7）Package Material: The carton board used to made the box must be adhere to the follow inquiry: Bursting strength 1100 kpa, edge compression strength 7400/m, puncture strength 100 kg/cm.

1.确定包装重量和数量

种类	规划	数量/实际采购量	要求
胶袋	30cm×35cm	1600/1680	符合美国要求 印刷防窒息警告标准、环保标准 气眼等
内衬（纸质）	20cm×20cm	1600/1632	无防腐剂、防霉剂、荧光剂等
纸箱（外包装）	50cm×50cm×45cm	64ctns，70个	质量符合外商要求

2.各项要求

种类	要求
胶袋	拉链袋、便于二次销售
纸箱	1. 唛头 2. 25pcs/ctn 3. 15kg 4. 不得混码 5. 材料强度

典型工作四：选择包装用料

一、工作内容描述

师傅根据这些要求选择纸箱型号，确保纸箱质量。

二、工作过程与方法

业务：根据外商要求，选择纸箱。

> 业务资料：
> 　　该批产品每箱要求装25件，每件500g，客户要求纸箱的耐破强度为1100kPa，边压强度7400N/m，戳穿强度为90kg/cm，纸箱尺寸为40cm×40cm×30cm。

根据各项指标确定纸箱质量，选择纸箱代号：

指标	分析过程	结论
出口	出口包装运输	2类
净重	单箱为12.5kg	双瓦楞纸板
综合尺寸	400+300+300=1000mm	符合15kg要求
耐破强度	1100kPa	D2.3以上
边压强度	7400N/m	D2.3～D2.5
戳穿强度	90kg/cm	D2.2～D2.5
最后结论	D2.3纸板生产的BD2.3纸箱确认为最终运输纸箱	

典型工作五：确认工厂包装样品

一、工作内容描述

师傅对工厂提供的包装纸箱图样进行确定，并检查纸箱的强度。

二、工作过程与方法

业务1： 请根据外商的唛头要求审核包装箱各类标志是否正确。

业务资料：
详见"岗位工作模块五——采购产品之典型工作一：选择供货商"业务合同

外商要求：
MARKS:CHARLES/GOODAY GARMENT ENTERPISES/NO.N-M
进口国法定要求：
无
纸箱厂发来的图样
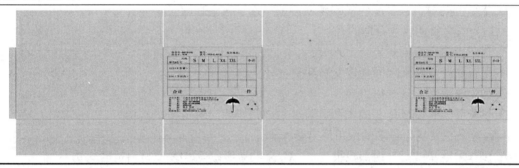

业务2： 纸箱质检——跌落试验。

业务资料：
为产品包装后模拟不同的棱、角、面于不同的高度跌落于地面时的情况，从而了解产品受损情况及评估产品包装组件在跌落时所能承受的坠落高度及耐冲击强度。师傅按照装箱要求封好纸箱后，按照下面要求进行模拟跌落试验。 　　针对跌落实验国家有专门的标准，跌落方式都是一角、三边、六面之自由落体，跌落的高度是根据产品的重量而定的。检验标准分为90cm、76cm、65cm几个等级。 　　包装货物重量（lbs）/（kg）　落下高度（inches）/（cm） 　　1～20.99 lbs（0.45~9.54 kg）　30 in /（76.20 cm） 　　21～40.99 lbs（9.55~18.63 kg）　24 in /（60.96 cm） 　　41～60.99 lbs（18.64~27.72 kg）　18 in /（45.72 cm） 　　61～100 lbs（27.73~45.45 kg）　12 in /（30.48 cm）

试验操作：学生选择纸箱试验材料，仿真做跌落试验，并做好记录
（1）跌落次数： （2）纸箱状态： （3）货物状态： 结论：

师傅下达工作任务

理论小测试

单项选择

1. （　　）不属于供应商因管理方面原因造成原材料供应不及时。

A. 质量管理不到位　　　　　　　　B. 对再转包管理不严

C. 交货期责任意识不强　　　　　　D. 超过产能接单

2. （　　）不属于原材料供应商在生产能力方面出现的问题。

A. 生产交货时间计算错误

B. 临时急单插入

C. 小批量订单需合起来生产

D. 需调度的材料、零配件采购延迟，生产量掌握不准确

3. 适当的交货期表述合理的是（　　）。

A. 供货商先于合同规定交货期交货

B. 供货商严重晚于合同规定交货期交货

C. 便于跨境企业安排出口

D. 供货商为了降低库存成本和风险，生产完毕即交付货物

4. 跟单员花费精力最多的跟单环节是（　　）。

A. 制作采购单　　B. 内部报批　　　C. 采购单跟踪　　　D. 原材料检验

5. 跟单员跟踪采购单的最后环节是（　　）。

A. 跟踪原材料供应商的生产加工工艺

B. 跟踪原材料备货

C. 跟踪产品加工过程

D. 跟踪包装入库

多项选择

1. 由于采购商原因造成原材料供应不及时的原因可能是（　　）。

A. 采购商对原材料供货商的生产能力或技术能力调查不深入

B. 采购商提供原材料不及时

C. 采购商下单价格过低

D. 采购商对供货商生产工艺等技术指导、图纸接洽、变更说明等不到位

2. 下列陈述中，属于原材料跟单基本要求的是（　　）。

A. 适当的交货周期　　　　　　　　B. 适当的交货质量

C. 适当的交货地点　　　　　　　　D. 适当的交货数量

3. 原材料延迟，会产生的影响有（　　）。

A. 出现生产待料空等，导致生产效率下降

B. 为追上生产进度，需要加班或增加员工，致使人工费用增加

C. 采用替代品或使用低品质的原材料，造成产品质量不符合要求，引起纠纷

D. 产品质量波动大

4. 跟单员在对供货商进行业务评估时应该重点考核（   ）。

A. 业务沟通、配合情况　　　　　　B. 产能提供和使用率

C. 生产任务执行情况　　　　　　　D. 产品质量、交货期保证情况

5. 属于跟单员对原材料（零部件）进仓应采取的步骤有（   ）。

A. 协调送货单　　　　　　　　　　B. 协调接收

C. 通知检验　　　　　　　　　　　D. 原材料（零部件）入库

下达工作任务

任务 1. 完成下面的基础性业务

总结跨境业务中经常使用的纸质包装和塑料包装出口欧盟的要求：

项目	出口要求
纸质	（详情见理论部分）
塑料	

任务 2. 准备亚马逊 FBA 货件（运输包装处理）

任务资料：（产品在欧盟国家销售——泛欧计划）

1. 假设某箱货毛重 20kg，而根据亚马逊要求，货物超过 45 磅（约 20kg）的，需要在外包装上粘贴如下警示性标志。

2. 亚马逊 FBA 货件（或海外仓）标签（入库接收货物用）。

3. 相关要求:

主唛印刷 FBA 标志

侧面内容:

     SKU:2020-CTON-WHALE

     GORSS WEIGHT:20KG

     COLOR:BLACK

4. 根据亚马逊要求,货物和货件显著位置均要有"Made in China"字样。

5. 外商发来信息,要求包装箱上印刷层数限制和朝上两种指示性标志:

纸箱的正面、侧面如下所示:

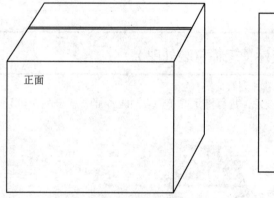

任务 3. 确定生产纸箱所用材料

任务资料:

某小 B 订单 40000pcs,要求 50pcs/箱,15kg/ctn,纸箱尺寸为 45cm×40cm×42cm,纸箱核心质量指标符合:
耐破强度为 1100kPa,边压强度为 7400N/m,戳穿强度为 90kg/cm。

1. 判断纸箱用材:

步骤内容	计算、判断过程	结论
净重		
综合尺寸		
确认戳穿强度		
确认边压强度		
确认耐破强度		
最终结论		

2. 选择集装箱并确定堆码，请填写表格：

项目	计算步骤	结果
发货数量		
发货重量		
发货总体积		
集装箱箱型初选		
堆码确认		
集装箱箱型选择		
如果纸箱尺寸为 45cm×40cm×42cm	请思考：如何堆码？	

任务 4. 安全生产案例分析

库存管理不善，遭受巨大火灾损失

　　2017 年年底，严某在常州从事市场营销推广工作，袁某当时正在深圳从事电商工作。他们商量之后，打算一起合作做电商，并在庐江租下了一间 20 多平方米的房子，买了两台计算机，在 2018 年 4 月份注册了公司，单子慢慢多起来，两人的生意很快有了起色，正式租用了办公场地。2022 年 8 月 1 日签订了新场地租赁协议。原先 20 多平方米的公司出租房，变成了 2600 平方米的新场地，最初的两人也扩充到将近 30 人。

　　但是没多久仓库着火，公司损失惨重。袁某介绍，火最初是从公司办公室区域烧起来的，然后波及存放小风扇、加湿器、取暖器等小电器以及配件的公司仓库。火灾被扑灭后，仓库里留下大片黑色的固体废墟，成堆的风扇被烧得只剩下空架子。根据火灾发生后的库存结余，估算出损失在 270 万元左右。

（资料来源：许佳，新安晚报）

思考与讨论：

1. 请结合案例分析，跟单员为什么要重视安全生产方面的问题？

2. 请结合案例讨论：跟单员应该如何在工作中落实安全生产责任？

3. 请结合案例分析：物料管理需要注意哪些问题？

岗位工作模块六：跟进生产

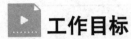 **工作目标**

工作绩效目标 》》

KPI 考核目标：

负责制订公司常规销售品种、研发新品等产品的生产计划，落实生产企业并跟进生产过程和生产质量，优质、足量、及时地完成产品备货，防止跨境平台断货，确保销售安全。

KPI 考核指标：

（1）订单生产正确率 98%

（2）断货率 5%及以下

（3）产品合格率 98%

工作能力目标 》》

知识目标：

● 掌握生产跟单、进度跟单、质量管理等概念的内涵、特点

● 掌握生产计划、产能、质量、检验等概念的内涵

技能目标：

● 能够根据业务中产品、质量、交货期等要求，草拟规范的加工合同

● 能够和工厂技术人员一同确认大货生产工序、工艺和其他生产标准，保障产品质量

● 能够对工厂、生产设备、加工流程、加工进度进行落实、核实、督促、指导、协调改进

● 能够在产品产前、产中、产后不同阶段选择不同的质量控制方法，进行质量控制

● 会利用多种方法，处理生产进度异常和质量异常；能够协调厂方、工人、公司三方人员的利益，化解矛盾，确保生产顺利进行，保质保量地完成订单跟进

● 根据订单、询盘等要求，独立完成协调打样、寄样、样品确认、封样等全流程业务

素养目标：

● 通过多与工厂等部门沟通，养成发现问题并及时协调处理问题的工作作风；通过工厂实

地蹲守、定期查看等方法，磨炼手勤、眼勤、脚勤的吃苦耐劳精神

- 通过严谨的质量监控、协调改进等工作，养成质量意识并不断提高企业管理能力
- 在沟通协调的工作中，养成目标导向和一竿子插到底的工作方式

师傅讲工作

介绍工作情境

在公司销售产品中，少部分产品可从市场直接采购①，大部分产品是根据目标海外市场需求单独定制开发的产品。为了备战圣诞季，公司产品研发部门根据美国男性需求设计了一款夹克，并委托工厂加工该产品。师傅需要确定加工工厂，为此师傅考察加工企业信誉、技术水平、产能、财务状况等信息，并综合判断该工厂型企业是否有足够的能力以确保公司订单的顺利完成。由于在采购业务中已经搜集了很多优质供货商，所以在本工作模块中师傅主要进行验厂、下达生产任务、跟进生产进度、跟踪产品质量、包装入库、检验和出货等工作。

讲核心知识

一、企业生产能力

了解并掌握潜在定制加工供货商的生产经营能力，对于选择相对稳定可行的供货商、保证对外出口产品按时按质交货、降低经营风险等具有积极作用。通过对企业生产、经营能力指标的调查，跟单人员可以基本了解企业的总体生产经营情况。调查企业信息是一个重要而困难的工作，可以通过企业实地调查、网络搜索、企业年度财务报表和口碑侧面调查等方法进行。其中，企业产能的调查和确认尤为重要。

（一）企业生产、经营能力指标

（1）本年生产量和产值（当年价格）。生产量指生产企业在一定时期内生产的符合产品质量要求的实物数量，包括产品量和自用量两部分。产值则是以货币形式表现的，生产企业在报告期内销售的本企业生产的工业产品或提供工业性劳务价值的总价值量。其内容包括销售成品价值、对外加工费收入。

（2）本年销售量和销售额。销售量指报告期内生产企业实际销售的由本企业生产（包括上期生产和本期生产）的工业产品的实物数量，不包括用订货者来料加工生产的成品（半成品）的实物量。销售额指企业在报告期内按各种价格销售同一种产品所得到的销售总金额，它是按不含增值税（销项税额）的价格计算的。

（3）产品库存量，指在某一时点上，企业产成品仓库中暂未售出的产品的实物数量。

（二）企业生产能力的核实

（1）核实企业生产设备。各类生产设备数量，包括生产用工模、夹具、机架数量，运输装

---

① 市场直接采购产品，需要关注供货商的产品升级动态。如果供货商更换图案、原材料甚至款型，需要第一时间与跨境平台运营人员沟通，合理实施优化修改 listing 等业务，以防止图片、描述等与货物不符导致买家退货、差评、投诉等负面事件的发生。

卸工具数量，使用及保养记录等。

（2）核实经营场地。经营场地主要包括总面积、建筑面积、生产厂房面积、仓库面积、其他辅助用房面积等。

（3）核实从业人员。从业人员指在本企业工作并取得劳动报酬的实有人员数，包括生产人员总数、非熟练工人数、熟练工人数、技术工人数等。

（三）生产能力的计算

跟单员应学会分析计算企业的生产能力，检查企业生产能否按期保质保量交货。

1. 理想产能计算

假定所有的机器设备完好，生产 24 小时连续运行（每周工作 7 天，每天工作 3 班，每班工作 8 小时），其间没有任何生产中断时间，这是生产设备满负荷运行的最理想状态，此时企业的生产能力即为理想生产能力。例如，某制造公司有 10 台小型自动化设备，每台设备每小时可生产成品 100 件，工人数量足够保证生产需要。请计算日理想产量、周理想产量，若订单为 10 万件，需加工多少天？

日理想产量=100 件/小时×24 小时×10 台=24000 件

周理想产量=日理想产能×7 天=168000 件

订单完成时间=订单总量/日理想产量=5 天内完成

2. 计划产能计算

企业实际上是无法保证每一天都按理想状态进行生产的，员工休息和吃饭、机器故障与检修、设备调整与清洁、原材料及水电供应中断等，都严重影响企业的生产能力。大多数企业都会按照生产计划组织生产，排定每天工作班组和工作时间、每周工作时间及每月生产日程。企业根据工作计划，按照每天工作时间和每周实际工作天数、排定的班次及每班次员工工作时间来确定的生产能力，即为计划产能。

例如，某企业工作模式为每周工作 6 天，每天工作 2 班，每班工作 10 小时，在原材料等供应正常情况下，请计算计划产能，并确定上述订单完工天数。

日计划产能=100 件×10 小时×2 班×10 台=20000 件

周计划产能=日计划产能×6 天=120000 件

订单完成时间=订单总量/日计划产能=5 天

3. 有效产能计算

在企业生产过程中，肯定会因多种原因导致停机、检修等，这会造成工时损失。所生产之成品中，因产品不合格率导致可避免和不可避免的报废品，这也会造成工时所耗。总之，企业生产并不能完全按照计划进行，会因多种原因影响生产计划的实施。生产性企业真正生产时间一般都小于计划生产时间，而且因为成品不合格率的问题，真正有效的生产工时会进一步缩水。所以，真正用于生产可交付订单之合格成品的生产能力只是计划产能的一部分，这就是有效产能。

例如，上述企业生产时，由于工人、机器等原因，有 10%计划产能无法用于生产，或者说有 90%的计划产能能够确保。根据以往生产经验，产品合格率为 90%。请计算有效产能及完工时间。

日计划产能=100 件×10 小时×2 班×10 台=20000 件

日有效产能=日计划产能×确保率×合格率=20000 件×90%×90%=16200 件

订单加工时间=订单数量/日有效产能=7 天，因为每周工作 6 天，所以如果 1 号开始生产，则实际完工时间是 8 号。

二、生产过程管理

（一）生产过程的内涵

生产过程是指从投料开始，经过一系列的加工，直至成品生产出来的全部过程。生产过程分为生产准备过程、基本生产过程、辅助生产过程和生产服务过程。这里主要介绍生产准备过程和基本生产过程。

1. 生产准备过程

生产准备过程是企业用货币资金购进原材料、固定资产等生产资料，形成必要的生产能力的阶段。跨境电商定制加工业务中，供货企业接订单后，根据订单要求准备原材料的过程，就是该订单的生产准备过程，为后续订单生产做好物资准备。如果供货企业设备需要调整，则设备调整工作也属于生产准备过程。外贸业务中，有些业务需要产前试样以确定大货生产工艺、物料消耗及其他技术指标并将产前样作为后续生产的标准，则使用大货原料和辅料按工艺要求进行的产前样生产过程，也属于生产准备阶段。产前样生产完毕，跟单人员会和外方确认质量是否符合要求，如果符合要求，则跟单人员会向供货企业下达生产通知，以明确产品进行大货生产货物的名称、规格型号、数量、包装、出货时间等要求。同时会同企业制订（或企业制订、跟单员审核）供货企业生产计划，包括生产、包装、检验和运输等全过程内容，并确定各工序的执行车间或部门。

2. 基本生产过程

基本生产过程可以划分为工艺过程、检验过程和运输过程，分别由各自的工序组成。工艺过程在外贸业务中一般称为大货生产过程。大货生产就是工厂按照加工合同和生产计划，完成全部货物生产任务的整个过程。大货生产是订单的主生产过程，是样品单打样和产前试样或试生产后实施的大批量订单货物的生产，所以外贸行业将这个过程称为大货生产。

检验过程分为首检、过程检验和完工检验三个阶段。一般而言，首检与产前样生产同时完成，即产前样生产完，对产前样的检验就算作生产工序的首检工作。外贸订单中的过程检验，一般包括线上半成品检验和中期成品检验，以确认生产是否符合工艺要求、是否与订单要求一致，以及核实工期、交货期是否达到要求等。当然完工检验也不得忽视。大货生产完毕后，供需双方（外贸企业和工厂）共同对整批成品进行检验。如果货物符合各项要求，则由跟单人员安排在工厂直接装运出货，运往海外客户。这期间可能会涉及提取样品送商业检验机构认证和送出入境检验检疫局报检取得产地证等业务。

运输过程即产品交付或装运出货完毕的整个过程。一般外贸公司将装运出口物流环节直接放在工厂完成。

（二）生产进度管控

生产过程管理可以简单分为生产进度管理和产品质量管理两个方面。对于跨境外贸业务跟单人员来说，跟进生产过程包括生产进度跟进和产品品质跟进两个方面。要更好地跟进生产进度，首先需要了解生产进度管理与控制。

1. 生产进度管控内涵

生产进度控制，又称生产作业控制，是在生产计划执行过程中，对有关产品生产的数量和期限的控制。其主要目的是保证完成生产作业计划所规定的产品产量和交货期限指标。生产进度控制是生产控制的基本方面，狭义的生产控制就是指生产进度控制。生产进度控制主要包括投入进度控制、工序进度控制和出产进度控制。生产进度控制贯穿整个生产过程，从生产技术准备开始到产成品入库为止的全部生产活动都与生产进度有关。

2. 生产进度管控的目标和管控关键点

跟单人员跟进生产进度要达到两个核心目标：一是按时交货，使生产进度与订单交货期相吻合，做到不提前、不推迟；二是按质交货，生产出来的产品符合订单的质量要求。

跟单员在生产过程中要控制生产进度，把握其重点，具体内容有：①生产计划执行情况；②机器设备运行情况；③原材料供应保障情况；④次品或不合格率情况；⑤临时任务或特急订单插入情况；⑥各道工序进展情况；⑦员工的工作状态等。

3. 生产进度异常

生产企业生产前会制订出一个科学、合理的生产进度计划，但在执行生产计划过程中，外部环境和条件的变化，可能造成实际进度与计划进度有偏差。如果不能及时发现这些偏差并加以纠正，那么生产进度目标的实现就一定会受到影响。影响生产进度计划执行的各种因素最终都会导致设备的有效作业时间不足，进而影响生产进度。例如，按计划设备应该正常运转9小时/班，现在因种种原因停产过多，运转时间不足9小时/班，就会造成生产进度滞后，即欠产。所以跟单人员需要对生产进度进行必要跟进，以确保生产任务及时完成。

4. 生产进度异常影响因素及对策

在生产过程中可能会出现各种异常现象，其将影响实际生产进度。为此，跟单员要及时跟踪，发现异常状况时要与生产加工企业的职能部门共同查找原因，采取有效对策。常见的生产进度异常和对策如表6-1所示。

表6-1　常见的生产进度异常和对策

生产进度异常现象	导致后果	原因	应对措施
未按计划排产	影响生产进度及交货	生产任务延期 无产能急于接单	告知相关部门交货期并及时列入排产计划
未按计划生产	影响生产进度及交货	产能不足 原材料未到位 设备不足 设备未调整到位 工厂故意推迟	通知相关部门尽快列出车间日生产计划，影响生产进度及交货时应向相关部门发出异常通知，并催查落实生产的情况
按计划进程延迟	影响整体交货	被插单 设备故障 辅助生产环节问题——停电等 工人流失 停产 质量波动过大 停工待料	发出异常通知，查清进程延迟的原因，采取按计划进程延迟影响交货进度加班加点的措施，督促生产落实情况
未按计划入库	影响整体交货	库容不足 仓库无法存放 等包装材料 人手不足 工序梗阻	发出异常通知，查清未入库原因，采取未按计划入库的应对措施
不合格产品增多	影响整体交货	设备故障 工人技术不足 工艺不合理 原材料质量缺陷 生产环境恶劣	通知相关部门检查设备性能、工艺是否符合，装配流程是否正确，并下达增补生产备料及加班指令

5.生产进度跟进的主要方法

常用的生产进度跟进的主要方法有以下四种：

（1）即时通信工具跟进法

即时通信工具跟进法，即跟单人员通过电话、微信、钉钉等即时通信工具定时、不定时向工厂生产负责人询问、咨询、查看工厂生产过程和生产进度的跟单方法。这种方法方便、快捷、时效性好。随着 4G、5G 技术的发展，视频交流越来越普及，通过这种方法进行在线视频跟进，大大提高了跟单效率和跟单效果，但是容易发生瞒报生产滞后、虚报产量等情况。

（2）报表跟进法

跟单人员要求工厂每日定时将工厂生产报表发到指定工作邮箱，跟单人员通过查看"生产日报表"数据并与"生产计划表"对照，了解成品的完成数量，掌握工厂生产进度。生产部门按计划生产，具体结果如何，一般会用企业规定格式的生产日报表进行总结并报告。因此，对于生产管理规范、生产技术稳定、合作绩效评价良好的工厂，查看生产日报表是一种效率非常高的跟单方法，可以在一定程度上避免谎报产量等情况。

（3）驻厂蹲点法

当上述两种方法无法达到跟进要求时，比如出现特殊情况，抑或跟进难度大、要求高的订单，仅通过上述两种方式跟进往往是不够的，因此根据生产任务的重要程度（质量要求高）、时间紧急程度（交货期短）或其他原因，跟单人员经常采用驻厂蹲点的方法跟进生产进度。在交货期比较短或者生产出现异常等情况下，生产现场跟踪也是对工厂生产的一种直接监督，可以现场即时督促工厂执行生产计划，及时发现生产进度或质量异常。所以驻厂蹲点显得非常有必要。为了有效地发挥现场蹲点的跟单工作效果，要求蹲点跟单员必须了解生产过程的流程次序（工序），了解生产流程中存在的"瓶颈"。到工厂后要取得厂方的配合和支持，在蹲点策略上一定要牢记不能妨碍生产人员作业；蹲点结束时要与现场管理者适当进行意见交流；同时对于蹲点过程中发现的问题要及时记录，便于跟上级领导汇报和沟通。

（4）飞行检查法

飞行检查法是指事先不通知工厂而实施的不定期现场检查。责任心很强的跟单人员经常会不定期到工厂查看产品质量、检查生产进度、督促落实生产计划。这种紧凑的跟进方法非常像认证行业采取的"飞行"检查的做法，故在此将这种跟单方法称为飞行检查法。这种方法对跟单人员来说，工作强度较大，但可以及时有效地发现违反生产计划的插单、临停等行为发生，跟单效果良好。

三、质量管理

费根堡姆（Armand V. Feigenbaum）认为，质量管理是"为了能够在最经济的水平上并考虑到充分满足顾客要求的条件下进行市场研究、设计、制造和售后服务，把企业内各部门的研制质量、维持质量和提高质量的活动构成一体的一种有效的体系"。为了更好地实施质量管控，跟进产品质量，首先要知晓产品质量及其属性。产品质量是指产品满足规定需要和潜在需要的特征与特性的总和，其具备三个重要属性。

（一）质量的三重属性

1.经济性

质量不仅从某些技术指标来考虑，还从制造成本、价格、使用价值和消耗等几方面来综合评价。在确定质量水平或目标时，不能脱离社会的条件和需要，不能单纯追求技术上的先进性，还应考虑使用上的经济合理性，使质量和价格达到合理的平衡。

2. 系统性

质量是一个受到设计、制造、安装、使用、维护等因素影响的复杂系统。费根堡姆认为，质量系统是指具有确定质量标准的产品和为交付使用所必需的管理上和技术上的步骤的网络。例如，汽车是一个复杂的机械系统，同时又是涉及道路、司机、乘客、货物、交通制度等特点的使用系统。产品的质量应该达到多维评价的目标。

3. 社会性

质量的好坏不仅从直接的用户，而且从整个社会的角度来评价，尤其关系到生产安全、环境污染、生态平衡等问题时更是如此。

（二）质量管理的一般要求

鉴于产品质量的内涵及属性，质量管理工作是一项复杂的综合性工作。

品质公差

1. 坚持按标准组织生产

质量管理的首要要求就是严格按照企业各项标准执行生产和管理工作，通过执行原材料辅助材料标准、工艺工装标准、半成品标准、产成品标准、包装标准、检验标准等技术标准和产品工艺规程、操作规程和经济责任制等各项管理规范，确保产品质量。落实、督促、确保工厂严格执行生产标准和管理标准，是跟单人员跟进质量管理的首要工作。跟单人员实施、跟进企业质量管理时，主要是跟进工厂的标准化工作运行情况，坚持让工厂按标准组织生产，确保产品质量。

2. 强化质量检验

质量检验在生产过程中发挥着把关的作用。规范的生产企业，都会设立健全的质量检验部门，配备能满足生产需要的质量检验人员和设备、设施及质量检验制度。质检部门从原材料进厂到产成品出厂都要实行层层把关，承担生产质量记录、质量追踪、指导生产、工人业务培训等职能。

质量检验在整个订单跟进工作中起到预防的作用。跟单人员通过质量检验获得信息和数据，发现显性质量问题，评估潜在质量问题，找出原因及时排除，预防或减少不合格产品的产生。跟单人员通过对不同生产阶段进行质量检验，通过对原材料、半成品和产品进行检验，保证不合格的原材料不投产、不合格的半成品不转入下道工序、不合格的产品不接受，督促工厂强化质量管理，确保产品质量。

3. 实行质量否决权

在生产型企业，质量检验部门具有权威性，往往由公司总经理或厂长直接领导，任何部门和人员都不能干预质检部门的工作。跟单人员拥有质检权和一定的质量否决权。当发现生产、产品质量问题时，工厂质检部门得出的质量结论具有权威性，对产品质量否定性判断具有质量否决权，即判断货物不符合合同规定的质量标准时，有权让工厂采取改进措施，确保产品质量。

4. 设置质量管理点或质量控制点

跟单人员进行质量管理不是对影响产品生产的每一个细枝末节都严格管控，而是抓住影响产品质量的关键因素。设置质量管理点或质量控制点是生产制造现场在一定时期、一定的条件下对需要重点控制的质量特性、关键部位、薄弱环节及主要因素等采取的特殊管理措施和办法，实行强化管理，使工厂处于很好的控制状态，保证规定的质量要求。加强这方面的管理，需要专业管理人员对企业整体做出系统分析，找出重点部位和薄弱环节并加以控制。

（三）常用质量识别、控制工具及使用步骤

1. 帕累托图（法）

（1）内涵

帕累托图（Pareto Chart）又叫排列图、主次图，是将出现的质量问题和质量改进项目按照重要程度依次排列而采用的一种图表，以意大利经济学家 V. Pareto 的名字而命名。排列图用双直角坐标系表示，左边纵坐标表示频数，右边纵坐标表示频率，分析线表示累积频率，横坐标表示影响质量的各项因素，按影响程度的大小（即出现频数多少）从左到右排列，通过对排列图的观察分析可以抓住影响质量的主要因素。从概念上说，帕累托图与帕累托法则一脉相承，该法则认为相对来说数量较少的因素往往造成绝大多数的问题或缺陷，即管理学中的二八原理。帕累托图能区分"微不足道的大多数"和"至关重要的极少数"，从而方便人们关注重要的类别。所以帕累托图可以用来分析质量问题，确定产生质量问题的主要因素，跟单人员发现质量问题时，需要优先采取措施纠正造成最多质量缺陷的问题。

（2）使用步骤

步骤 1：数据的收集。

对于发现的不良、灾害及错误等问题点收集数据，数据收集期间我们可以根据问题发生状况及性质来决定数据收集的周期，例如，以一个月、三个月（一年四次）为周期，也可以根据问题的具体情况每星期来收集。

步骤 2：将数据根据原因及内容进行分类。

其中，导致异常情况或现象的原因可按材料、机械、作业者、作业方法分类，并按照：项目、场所、时间进行分类。

帕累托方法演示

步骤 3：根据分类项目来整理数据，并制作成计算表。

分类项目按数据多少由大到小排列，"其他"项目不论多大都排在最后。

步骤 4：制作柱状图。

柱状图中"其他"项放置在最右端，各项目之间无间隔。"其他"项不论有多大，都应放在最右端作为最后一个项目，并且作为检讨的对象。

步骤 5：制作累积曲线。

累积的值在各个柱状图的右上部打点，然后用直线连接这些点，做出折线，折线的起始点为 0。折线即为帕累托图的累积曲线。

步骤 6：制作累积比率。

在帕累托图的右侧作纵轴，与左侧轴相应地建立右纵轴的起点（0）、终点（100%），将 0～100% 的长度进行等分，并记录刻度，例如，20% 可以五等分，10% 可以十等分。

步骤 7：记入必要事项。

如记入帕累托图表表题、数据的收集时间、数据的合计值等。

2. 鱼骨图（法）

（1）内涵

鱼骨图（又名因果图、石川图），指的是一种发现问题"根本原因"的分析方法，现代工商管理教育将其划分为问题型、原因型及对策型鱼骨图等几类。鱼骨图常用在生产中，用来形象地表示生产车间的流程。它看上去有些像鱼骨，问题或缺陷（即后果）标在"鱼头"处，在鱼骨上长出鱼刺，上面按出现机会多寡列出产生问题的可能原因，有助于说明各个原因是如何影响后果的。其中，对策型鱼骨图鱼头在左，特性值通常写提高/改善方法及建议。

（2）使用步骤

步骤 1：查找要解决的问题。

步骤 2：把问题写在鱼骨的头上。

步骤 3：召集同事共同讨论问题出现的可能原因，尽可能多地找出问题。

步骤 4：把相同的问题分组，在鱼骨上标出。

步骤 5：根据不同问题征求大家的意见，总结出正确的原因。

步骤 6：拿出任何一个问题，研究为什么会产生这样的问题。

步骤 7：针对问题的答案再问为什么，这样至少深入 5 个层次（连续问 5 个问题）。

步骤 8：当深入到第 5 个层次后，认为无法继续进行时，列出这些问题的原因，而后列出至少 20 个解决方法。

3. 5M1E 法

（1）内涵

5M1E 认为造成产品质量波动的原因主要有 6 个因素的总称，包括人（Man/Manpower），即操作者对质量的认识、技术熟练程度、身体状况等；机器（Machine），即机器设备、工夹具的精度和维护保养状况等；材料（Material），即材料的成分、物理性能和化学性能等；工艺方法（Method），包括加工工艺、工装选择、操作规程等；测量（Measurement），即测量时采取的方法是否标准、正确；环境（Environment），即工作地的温度、湿度、照明和清洁条件等。由于这 6 个因素的英文名称的第一个字母是 M 和 E，所以常简称为 5M1E。6 个因素只要有一个发生改变就必须重新计算。工序质量受 5M1E 即人、机、料、法、环、测六方面因素的影响，工作标准化就是要寻求 5M1E 的标准化。

（2）使用要点

● 操作人员。凡是操作人员起主导作用的工序所产生的缺陷，一般可以由操作人员控制，造成操作误差的主要原因有：质量意识差；操作时粗心大意；不遵守操作规程；操作技能低，技术不熟练，以及由于工作简单重复而产生厌烦情绪等。对于操作工人导致的质量问题，跟单人员需要与工厂沟通并与工厂共同进行如下处理：①加强工人质量意识教育，建立健全质量责任制；②编写明确详细的操作流程，加强工序专业培训，督促严格执行工序流程；③加强检验工作，适当增加检验的频次；④协调人员调整、消除操作人员的负面情绪等。以此改善由操作人员主观因素造成的产品质量和进度异常。

● 机器设备。生产设备是否有序运行对产品质量和生产进度影响非常大。如果出现由设备相关因素导致的生产质量和进度异常，跟单人员需要与工厂一同进行如下工作：①加强设备维护和保养，定期检测机器设备的关键精度和性能项目，并建立设备关键部位点日检制度，对工序质量控制点的设备进行重点控制；②采用首件检验，核实定位或定量装置的调整量；③尽可能培植定位数据的自动显示和自动记录装置，以减少对工人调整工作可靠性的依赖，保证产品质量和进度按计划进行。

● 材料。有时采购的原材料虽然初步检验合格，但生产过程中仍会有物料消耗过快、物料质量不稳定等情况发生，造成生产质量和进度异常。跟单人员不但要在原材料采购合同中明确规定质量要求，还要采取以下措施：①加强原材料的进厂检验和厂内自制零部件的工序和成品检验；②合理选择供货商（包括"外协厂"）；③搞好协作厂间的协作关系，督促、帮助供货商做好质量控制和质量保证工作等措施，以改进产品质量、确保生产进度。

● 工艺方法。工艺方法包括工艺流程的安排、工艺之间的衔接、工序加工手段的选择（加工环境条件的选择、工艺装备配置的选择、工艺参数的选择）和工序加工的指导文件的编制（如工艺卡、操作规程、作业指导书、工序质量分析表等）。工艺方法对工序质量的影响，主要来自两个方面：一是制定的加工方法、选择的工艺参数和工艺装备等的正确性和合理性；二是贯彻、执行工艺方法的严肃性。所以，跟单人员需要督促工厂管理人员，进而督促工人严格执行生产工艺。出现因工艺导致的质量和进度异常，需要跟单员与生产主管沟通，要求工人严肃工艺纪律，贯彻执行操作规程；同时加大巡察和监督力度，确保生产有序进行。

● 测量。产品各项规格尺寸的测量也非常重要，因测量工具、方法、执行等差错，导致产品质量问题，是非常不应该发生的生产事故。所以，跟单人员在产前、产中、产后有必要和生产主管共同开展以下工作：①确定测量任务及所要求的准确度；②检查、校准所使用的、具有要求准确度和精密度的测试设备；③发现测量和试验设备未处于校准状态时，立即评定以前的测量和试验结果的有效性，并记入有关文件。当然降低测量因素导致的产品质量问题还有很多其他方法，但共同的目的只有一个：保障生产的有序进行、确保产品质量。

● 环境。环境主要指生产现场的温度、湿度、噪音干扰、振动、照明、室内净化和现场污染程度等。除确保产品对环境条件的特殊要求外，跟单人员要监督、督促、协调改进生产环境，不断提高工人生产素养，倡导文明生产，为生产优质产品创造持久的环境条件。

（四）质量跟进的关键节点

在企业的生产加工过程中，跟单员应会同企业的质量管理部门对产品质量进行监控，保证产品的合格率。生产过程中的质量控制主要有以下三个方面的内容。

1. 工艺准备的质量控制

工艺准备是根据产品的设计要求和企业的生产规模确定生产的方法和程序，将操作人员、材料、设备、专业技术和生产设施等生产要素合理地组织起来，使产品质量符合设计标准的全部活动。工艺准备是生产技术准备工作的核心内容，是直接影响产品质量的主要因素。所以，跨境跟单员在接到订单时就要认真审核质量条款，深入了解条款要求，如果是国外订单，更要准确地将其翻译过来。跟单员要对所在企业的产品，尤其是产品规格、工艺流程有充分了解；要把了解透彻的质量要求转到"生产通知单"上，作为生产制造的标准及厂内检验及客商验货的标准。

2. 生产过程中的质量控制

生产过程中的质量控制范围是从原材料入库至成品的最终形成。生产过程中的质量控制职能是依据产品设计和工艺文件的规定及生产品质控制计划的要求，对各种影响生产质量的因素实施控制，以确保产品的质量。生产过程中的质量控制的主要内容有：加强工艺管理，建立工序质量控制点，执行工艺规定，运用工序质量控制方法，坚持均衡生产；应用统计技术和质量经济分析，掌握质量动态，严把质量关；强化过程检验，控制不合格品的产生。生产过程中的质量控制的基本任务是贯彻设计意图，执行技术标准，使生产过程中的各工序达到质量标准，建立起符合质量要求的生产系统。为了跟进产品质量，跨境跟单人员必须多去生产车间了解产品质量状况，通过生产巡视了解或监控质量状况，尤其要加强容易出质量问题的环节的监控。一般而言，生产现场巡视要注意以下几点：

（1）关注品质问题多发环节。在一个产品的生产过程中，或一家企业的若干生产工序中，一般都存在着一个或几个品质问题的多发环节。这些环节可能是某台设备经常出现问题或产生较大的加工误差，某一工艺技术一直不成熟，也可能是控制水平不过关或人为因素等，对这些问题多发环节，应该在巡视时多加注意。

（2）关注手工作业集中的工序。用设备加工比较容易控制品质，而手工作业就较难。因为每一个人的工作经验不同，理解力、反应能力、责任心等也不同，对产品的品质影响很大，所以这些地方都要在巡视时多花时间去观察和认真进行检查。

（3）关注关键工序。每一个产品生产都有一两个关键工序，它直接影响产品的质量，这也是巡视的重点。比如服装生产加工中，缝制这样的关键环节就要求外贸跟单员重点监控。

（4）关注新工艺、新材料。用到新工艺或新材料的工序，往往都会因为技术不成熟或经验不足而出现各种问题，跟单员巡视时要特别注意。

（5）关注新工人较多的工序。工作经验不足也是出现问题的原因之一，新工人较多的工序常常是问题多发工序、效率最低和管理较难的工序。外贸跟单员要特别关注这些工序。

（6）加强完工检验。完工检验又称最终检验。完工检验是确认工厂是否按质交货的重要环节，尤其在跨境公司跟单人员无法经常驻厂蹲点监督工厂生产的情况下，完工检验作用更加明显，因此要格外重视。如果自身检验能力受限，则通常交由第三方检测机构随厂检验。

3. 辅助服务过程的质量控制

辅助服务过程的质量控制是对辅助材料、公用设施和环境的控制，如对生产用的水、能源、温度、湿度和清洁度等进行控制，并定期进行验证，以确保生产过程中的外部质量。

四、产品检验

（一）产前样检验

产前样（Pre-production Sample）是大货生产前给客户批工艺的样品。以服装纺织品为例，一般来说在大货面料出来以后，为了保证大货的准确性，在裁剪前，做给客户看的样品，代表大货水平，也是客户对大货的检验。为了生产的方便，要求产前样必须符合客户对大货的一切要求，避免出现生产损失。产前样决定了大货生产的各项标准是否符合订单要求，如面料及辅料是否正确、规格是否准确、工艺是否合理、产品质量是否符合要求。如果产前样得到客户认可，即可以此为依据开始大货生产。同时产前样也是确认加工方案、核算工时、细化生产成本、完善管控要点等的重要依据。所以，对产前样进行成分检测、指标测试等工作是保证大货产品质量的重要环节。

（二）半成品检验

半成品检验方法主要有以下三种：

（1）设置半成品检验点检验。这种方法是指在生产的关键过程和特殊过程设置检验点，由操作员、跟单员分别进行检验。一般过程的检验，由生产班组长检验、跟单员抽检。

（2）半成品抽检。半成品抽检是在连续生产过程中进行的，可采用计数连续生产型抽检。基本做法是逐个检验每个产品，如果连续 1 个产品合格，则接下去采用区段抽验，即从相邻的 j 个产品中任意抽 1 个进行检验。只要没有不合格品出现，就继续抽验下去。一旦出现不合格品，立即恢复逐个检验。

（3）半成品全数检验。以下 5 种情况需全数检验：①数量少，但不合格品出厂会造成很大影响的；②若不进行全数检验就不能剔除不合格品，或由于制造工序不稳定，在成品中混入若干不合格品而不能保证成品率的；③全数检验容易且成本低的；④若混入不合格品会造成致命或重大损失的；⑤每件产品都必须是合格品的。

（三）工序检验

工序检验是指为防止不合格品流入下道工序，而对各道工序加工的产品及影响产品质量的主要工序要素进行的检验。其作用是根据检测结果对产品做出判定，即产品质量是否符合规格标准的要求；根据检测结果对工序做出判定，即工序要素是否处于正常的稳定状态，从而决定该工序是否能继续进行生产。因此，工序检验不仅要检验产品，还要鉴定影响产品质量的主要工序要素（如 5M1E）。工序检查通常有以下三种形式：

1. 首件检验

所谓首件，是指每个生产班次刚开始加工的第一个工件，或加工过程中因换人、换料、换活及换工装、调整设备等改变工序条件后加工的第一个工件。对大批量生产的产品而言，"首件"并不限于一件，而是要检验一定数量的样品。首件检验一般采用"三检制"的办法，即操作工人实行自检，班组长或质量员进行复检，检验员进行专检。首件检验后是否合格，应得到专职检验人员的认可，检验员对检验合格的首件产品，应打上规定的标记，并保持到本班或一批产品加工完了为止。

2. 巡回检验

巡回检验就是检验工人按一定的时间间隔和路线，依次到工作地或生产现场，用抽查的形式，检验刚加工出来的产品是否符合图纸、工艺或检验指导书中所规定的要求。在大批量生产时，巡回检验一般与使用工序控制图相结合，是对生产过程发生异常状态实行报警、防止成批出现废品的重要措施。当巡回检验发现工序有问题时，应进行两项工作：一是寻找工序不正常的原因，并采取有效的纠正措施，以恢复其正常状态；二是对上次巡检后到本次巡检前所生产的产品，全部进行重检和筛选，以防不合格品流入下道工序（或交给客户）。巡回检验是按生产过程的时间顺序进行的，因此有利于判断工序生产状态随时间发生的变化，这对保证整批加工产品的质量是极为有利的。

3. 末件检验

末件检验是指靠模具或装置来保证质量的零件加工场合，当批量加工完成后，对最后加工的一件或几件工件进行检查验证的活动。末件检验的主要目的是为下批生产做好生产技术准备，保证下批生产时能有较好的生产技术状态。

（四）三检制

所谓三检制，就是实行操作者的自检、工人之间的互检和专职检验人员的专检相结合的一种检验制度。这种三结合的检验制度是我国企业长期检验工作的经验总结，是行之有效的。

自检就是操作者对自己加工的产品，根据工序质量控制的技术标准自行进行检验，并做出是否合格的判断。自检最显著的特点是检验工作基本上和生产加工过程同步进行。因此，通过自检，操作者可以真正及时地了解自己加工的产品的质量问题及工序所处的质量状态，当出现问题时，可及时寻找原因并采取改进措施。自检制度是工人参与质量管理和落实质量责任制度的重要形式，也是产品质量检查能取得实际效果的基础。

互检就是生产工人相互之间进行检验。互检主要有：下道工序对上道工序流转过来的产品进行抽检；同一工作组轮班交接时进行的相互检验；班组质量员或班组长对本小组工人加工出来的产品进行抽检等。互检是对自检的补充和监督，同时也有利于工人之间协调关系和交流技术。

专检就是由专业检验人员进行的检验。专业检验人员熟悉产品技术要求、工艺知识，并且经验丰富、检验技能熟练、效率较高、所用检测仪器相对正规和精密，因此，专检的检验结果比较准确可靠。而且因为专业检验人员受职责约束，和受检对象的质量无直接利害关系，其检验过程和结果比较客观公正，所以必须以专业检验为主导。

（五）成品检验

大货生产完毕，要对整批货进行抽样检验。如果检验条件不具备，则委托第三方专业检测机构实施检验，并形成检验报告。检验报告最后一般要做出正常出货、返工、待确认、担保走货等情况的判断，以便于采取进一步弥补措施。如果需要法定检验及报检货物，则需要填写报检申请书并取样送检。检验发现的产品质量问题跟单员要做好记录。

质量检验

五、基本检验方法

（一）全数与抽样检验

根据产品检验全面性和覆盖率，检验分为全数检验和抽样检验。全数检验就是对待检产品100％地逐一进行检验，又称全面检验或100％检验。这种质量检验方法虽然适用于生产批量很少的大型机电设备产品，但对大多数生产批量较大的产品，如电子元器件产品等就很不适用。抽样检验是从一批交验的产品（总体）中，随机抽取适量的产品样本进行质量检验，然后把检验结果与判定标准进行比较，从而确定该产品是否合格或需再进行抽检后裁决的一种质量检验方法。过去一般采用百分比抽样检验方法，但这种抽样检验方法已被逐步淘汰。

（二）计数与计量检验

根据检验指标的数据特征的测量特性，检验分计数检验和计量检验。计数检验的计数值质量数据不能连续取值，如检验某盒产品内含有数量是否符合包装标称数量，就采取计数检验方式。它一般适用于产品不合格数、疵点数、缺陷数等方面的检验。计量检验的计量值质量数据可以连续取值，如长度、容积、质量、浓度、温度、强度和成分等。

（三）理化与感官检验

根据检验的手段复杂程度和精确性，检验分理化检验和感官检验。理化检验是应用物理或化学的方法，依靠量具、仪器及设备装置等对受检物进行检验。理化检验通常测得检验项目的具体数值，精度高、人为误差小。理化检验是各种检验方式的主体，特别受到人们的关注。感官检验就是依靠人的感觉器官对质量特性或特征做出评价和判断，如对产品的形状、颜色、气味、伤痕、污损、锈蚀和老化程度等，往往要靠人的感觉器官来进行检查和评价。因此，感官检验的结果往往依赖于检验人员的经验，并有较大的波动性。虽然如此，但由于目前理化检验技术发展的局限性及质量检验问题的多样性，感官检验在某些场合仍然是质量检验方式的一种选择或补充。

（四）破坏性与非破坏性检验

根据实施检验对产品功能和质量造成的损伤程度，检验分破坏性检验和非破坏性检验。如电器等产品的使用寿命检验、金属或塑料构件的抗压能力检验、玻璃的强度检验、材料的耐火性检验等均需要对相关产品进行破坏性检验，施检后，产品将遭受损坏甚至报废。有些项目，如产品质量长度等指标的检验、产出效率性能的检验、耗电功率的检验等基本不会破坏产品本身，这样的检验为非破坏性检验。对采取破坏性检验的项目，只能采取抽样检验方法进行。

（五）固定与流动检验

根据检验场所的变动性，检验分固定检验和流动检验。固定检验就是集中检验，是指在生产企业内设立固定的检验站，各工作现场的产品加工以后送到检验站集中检验。由检验人员直接去工作现场检验就是流动检验。

（六）验收与监控检验

根据检验的目的，检验分验收检验和监控检验。验收检验广泛存在于生产全过程，如原材料、外购件、外协件及配套件的进货检验和半成品的入库检验，以及产成品的出厂检验等。验收检验的目的是判断受检对象是否合格，从而做出接收或拒收的决定。监控检验也叫过程检验，目的是检验生产过程是否处于受控状态，以预防由于系统性质量因素的出现而导致不合格品的大量出现，如生产过程质量控制中的各种抽样检验就是监控检验。

（七）抽样检验

抽样检验又称抽样检查，是从一批产品中随机抽取少量产品（样本）进行检验，据以判断该批产品是否合格的统计方法和理论。它与全面检验的不同之处，在于后者需对整批产品逐个进行检验，把其中的不合格品拣出来，而抽样检验则根据样本中产品的检验结果来推断整批产品的质量。如果推断结果认为该批产品符合预先规定的合格标准，就予以接收，否则就拒收。

六、抽样检验

抽样检验是外贸出口商品质量检验中使用最多的形式，包括确定抽检方案和施检两个阶段。检验时会面临两类风险 α 和 β：因抽样检验的随机性，具体实施时可能会将本来合格的批，误判为拒收，这对生产（或采购的供货方）方是不利的，因此称这类风险为第 I 类风险或生产方风险，以 α 表示；而本来不合格的批，也有可能误判为可接受，这将对使用方产生不利，这类风险称为第 II 类风险或使用方风险，以 β 表示。国家标准化协会制定了一系列关于抽检标准的规范性文件，对企业抽样检验与国家行业的质量抽样检验方法做出明确的规定，在实际跟单过程中需要了解掌握。

（一）抽样检查中的基本术语

（1）批：相同条件下制造出来的一定数量的产品，称为"批"。在 5M1E（即人、机、料、法、测、环）基本相同的生产过程中连续生产的一系列批称为连续批；不能定为连续批的批称为孤立批。

（2）单位产品：为实施抽样检查的需要而划分的基本单位称为单位产品。

（3）批量和样本大小：批量是指批中包含的单位产品个数，以 N 表示。样本大小是指随机抽取的样本中单位产品个数，以 n 表示。

（4）样本和样本单位：从检查批中抽取用于检查的单位产品称为样本单位，而样本单位的全体则称为样本。样本大小则指样本中所包含的样本单位数量。

（5）合格质量水平（AQL）和不合格质量水平（RQL）：在抽样检查中，认为可以接受的连续提交检查批的过程平均上限值，称为合格质量水平。而过程平均是指一系列初次提交检查批的平均质量，它用每百单位产品不合格品数表示；具体数值由产需双方协商确定，一般用 AQL 符号表示。在抽样检查中，认为不可接受的批质量下限值，称为不合格质量水平，用 RQL 符号表示。

（6）检查和检查水平（IL）：用测量、试验或其他方法，把单位产品与技术要求对比的过程称为检查。检查有正常检查、加严检查和放宽检查等。一般而言，检验方法调整遵循以下思路。

①常规检验：没有特别规定，首先采用一般检验水平。

②考虑检验成本。若单个样品的检验费用为 a，判批不合格时，处理一个样品的费用为 b，检验水平选择应遵循：$a>b$，选择检验水平 I；$a=b$，选择检验水平 II；$a<b$，选择检验水平 III。检查费用（包括人力、物力、时间等）较低时，选用高的检验水平。

③产品品质：产品质量要求高时，选用高的检验水平；质量不稳定，波动大时，选用高的检验水平；产品质量稳定，选用低的检验水平。

④检验手段：破坏性检验或严重降低产品性能的检验，选用低的检验水平；其他检验手段下，可以采取较高检验水平。

（二）抽样方案

样本大小或样本大小系列和判定数组结合在一起，称为抽样方案，包括抽样方法、抽样数量和样本判断准则等。而判定数组是指由合格判定数（或系列）和不合格判定数（或系列）结合在一起构成的数组。所以由样本大小 n 和判定数组（Ac，Re）构成了抽样方案，常用（n，Re）表示。常用的抽样方案有一次、二次和五次抽样方案。一次抽样方案仅从待检批中按确定好的抽样方案抽取一次待检样本，如（100，3）即为在待检批中抽取 100 个样本，如果样本中不合格品数 $d<3$，则判断该批货物可接受（或称为合格），否则拒绝。判定待检批是否合格时，样本中所含不合格品（d）的最大数称为合格判定数，又称接收数（$d<$Ac）。Re 为不合格判定数，是判定批不合格时，样本中所含不合格品的最小数，又称拒收数（$d\geq$Re）。二次抽样方案是指由第一样本数 n_1、第二样本数 n_2，和判定数组（Ac_1，Re_1）、（Ac_2，Re_2）结合在一起组成的抽样方案，如（100，100；4，7）意为当第一次抽取 100 样本检验后发现不合格数是 d_1=5 个时（大于 Ac_1=4 但假如小于 Re_1=6），则需要再次抽取 100 个样本进行检验；如果第二次抽取样本有 d_2=3 个不合格品，则 d_1+d_2=5+3=8$\geq Ac_2$=7。五次抽样方案和二次抽样方案类似。

（三）GB/T 2828.1—2012 抽检常用表单

在进行抽样检验时，一般商贸企业常用工厂检验、公司抽样复检的方式进行。复检时，常采用一次抽样方案，经常使用的抽样检验用表有《批量范围、检验水平与样本量字码关系表》（见表 6-2）和《GB/T 2828.1—2012 正常检验一次抽样方案》（见表 6-3）。有些公司会根据业务情况，单独使用一个简表，如表 6-4 所示，即《嘉兴闪驰进出口有限公司 AQL2.5/4.0 抽检表》。

表 6-2　批量范围、检验水平与样本量字码关系表

批量	特殊检验水平				一般检验水平		
	S-1	S-2	S-3	S-4	I	II	III
2～8	A	A	A	A	A	A	B
9～15	A	A	A	A	A	B	C
16～25	A	A	B	B	B	C	D
26～50	A	B	B	C	C	D	E
51～90	B	B	C	C	C	E	F
91～150	B	B	C	D	D	F	G
151～280	B	C	D	E	E	G	H
281～500	B	C	D	E	F	H	J
501～1200	C	C	E	F	G	J	K
1201～3200	C	D	E	G	H	K	L
3201～10000	C	D	F	G	J	L	M
10001～35000	D	D	F	H	K	M	N
35001～150000	D	E	G	J	L	N	P

表 6-3　GB/T 2828.1—2012 正常检验一次抽样方案

接受质量限

样本量字码	样本量	0.010	0.015	0.025	0.040	0.065	0.10	0.15	0.25	0.40	0.65	1.0	1.5	2.5	4.0	6.5	10	15	25	40	65	100	150	250	400	650
		Ac Re	Ac Re	Ac Re	Ac Re	Ac Re	Ac Re	Ac Re	Ac Re	Ac Re	Ac Re	Ac Re	Ac Re	Ac Re	Ac Re	Ac Re	Ac Re	Ac Re	Ac Re	Ac Re	Ac Re	Ac Re	Ac Re	Ac Re	Ac Re	Ac Re
A	2																	0 1	1 2	2 3	3 4	5 6	7 8	10 11	14 15	21 22
B	3																0 1	1 2	2 3	3 4	5 6	7 8	10 11	14 15	21 22	30 31
C	5															0 1	1 2	2 3	3 4	5 6	7 8	10 11	14 15	21 22	30 31	44 45
D	8														0 1	1 2	2 3	3 4	5 6	7 8	10 11	14 15	21 22	30 31	44 45	
E	13													0 1	1 2	2 3	3 4	5 6	7 8	10 11	14 15	21 22	30 31	44 45		
F	20												0 1	1 2	2 3	3 4	5 6	7 8	10 11	14 15	21 22	30 31	44 45			
G	32											0 1	1 2	2 3	3 4	5 6	7 8	10 11	14 15	21 22	30 31	44 45				
H	50										0 1	1 2	2 3	3 4	5 6	7 8	10 11	14 15	21 22	30 31	44 45					
J	80									0 1	1 2	2 3	3 4	5 6	7 8	10 11	14 15	21 22	30 31	44 45						
K	125								0 1	1 2	2 3	3 4	5 6	7 8	10 11	14 15	21 22	30 31	44 45							
L	200							0 1	1 2	2 3	3 4	5 6	7 8	10 11	14 15	21 22	30 31	44 45								
M	315						0 1	1 2	2 3	3 4	5 6	7 8	10 11	14 15	21 22	30 31	44 45									
N	500					0 1	1 2	2 3	3 4	5 6	7 8	10 11	14 15	21 22	30 31	44 45										
P	800				0 1	1 2	2 3	3 4	5 6	7 8	10 11	14 15	21 22	30 31	44 45											
Q	1250			0 1	1 2	2 3	3 4	5 6	7 8	10 11	14 15	21 22	30 31	44 45												
R	2000		0 1	1 2	2 3	3 4	5 6	7 8	10 11	14 15	21 22	30 31	44 45													

操作说明：

（1）选择批量范围；

（2）根据检验水平找出样本量字码；

（3）在样本量字码的右边找出样本量抽检数量；

（4）根据 AQL 检验找出 Ac 和 Re 的数量，并判断该批货物是否品质合格。

表6-4　嘉兴闪驰进出口有限公司 AQL2.5/4.0 抽检表

序号	订单数	抽检数	AQL2.5		AQL4.0	
			Ac	Re	Ac	Re
1	2～8	3	≤	≥	≤0	≥1
		5	≤0	≥1		
2	9～15	3	≤	≥	≤0	≥1
		5	≤0	≥1		
3	16～25	5	≤	≥	≤0	≥1
		13	≤0	≥1		
4	26～50	5	≤0	≥1		
		13			≤1	≥2
5	51～90	13			≤1	≥2
		20	≤1	≥2		
6	91～150	20	≤1	≥2	≤2	≥3
7	151～280	32	≤2	≥3	≤3	≥4
8	281～500	50	≤3	≥4	≤5	≥6
9	501～1200	80	≤5	≥6	≤7	≥8
10	1201～3200	125	≤7	≥8	≤10	≥11
11	3201～10000	200	≤10	≥11	≤14	≥15
12	10001～35000	315	≤14	≥15	≤21	≥22
13	35001～150000	315			≤21	≥22
		500	≤21	≥22		

说明：当订单数量≤抽查数时，将该订单数量看作抽查件数，抽样方案的判断组[Ac Re]保持不变。

Ac－Accept（合格判定数），Re－Reject（不合格判定数）。

举例一：有一批服装的订单数量是 3000 件。按照 AQL2.5 标准抽查 125 件，次品数≤7 件就 pass（通过），次品数≥8 件就 fail（不合格）。

举例二：订单数为 7 件，按照 AQL2.5 标准抽查 5 件，无次品数就 pass（通过），有一件次品数就 fail（不合格）。如果按照 AQL4.0 标准则抽查 3 件，无次品就 pass（通过）。

（四）抽检方法的调整

1. 抽检方法调整类型

抽检方法可以分为调整型与非调整型两大类。调整型是由几个不同的抽检方案与转移规则联系在一起，组成一个完整的抽检体系，然后根据各批产品质量变化情况，按转移规则更换抽检方案，即正常、加严或放宽抽检方案的转换。ISO2859、ISO3951 和 GB/T2828 抽样检验操作标准都属于这种类型。调整型抽检方法适用于各批质量有联系的连续批产品的质量检验。非调整型的单个抽样检查方案不考虑产品批的质量历史，使用中也没有转移规则，因此它比较容易为质检人员所掌握，但只对孤立批的质量检验较为适宜。

2. 抽检转移规则

（1）正常到加严

由正常转入加严检验的规则是：当正在采用正常检验时，只要初次检验中连续 5 批或少于 5 批中有 2 批是不可接收的，则转移到加严检验。

（2）加严到正常

当正在采用加严检验时，如果初次检验的接连 5 批已被认为是可接收的，则应恢复正常检验。如果在初次加严检验的一系列连续批中未接收批的累计数达到 5 批，则应暂时停止检验（累计达到 5 批停止，强制要求对产品要有改进措施，当得到措施有效的证据后，方可开始加严检验、恢复生产方的生产）。

（3）正常到放宽

当正在采用正常检验时，如果下列各条件均满足，则应转移到放宽检验：连续至少 15 批检验合格；生产稳定；负责部门认为放宽检验可取。

（4）放宽到正常

当正在执行放宽检验时，如果初次检验出现下列一情况，应恢复正常检验：一个批未被接收；生产不稳定或延时；认为恢复正常是正当的其他情况。

七、质量检验跟进与协调

（一）确定检验日期和检验人员

跟单员应与供货商商定检验日期及地点，以保证较高的检验效率。跟单员应提前通知检验专业人员检验时间和地点，并于当日主动联系质量检验专业人员，一同前往检验地点进行原材料、零部件的检验。安排检验要注意原材料、零部件的轻重缓急，对紧急原材料、零部件要优先检验。

（二）实施检验

实施检验即进行原材料检验。对一般原材料，采用正常的检验程序；对重要原材料，或供货商在此原材料供应上存在质量不稳定问题的，则要严加检验；对不重要的原材料，或者供货商在此原材料供应上质量稳定性一直保持较好的，则可放宽检验。原材料检验的结果分为两种情况：合格材料、不合格材料。不合格材料的缺陷种类有致命缺陷、严重缺陷、轻微缺陷。检验的结果应以数据检测及相关记录描述为准。

（三）质量异常的处理方法

1. 原材料质量异常

针对原材料缺陷程度的不同，跟单员可以采取相应的措施，如要求供货商换货，以及扣款、质量整改、让步降级使用、取消供货商资格等。

2. 半成品质量异常

生产跟进中发现半成品、不合格品过多时，通过 5M1E 等方法，加强对生产过程、生产设备、生产环节、操作人员的管理和控制，必要时需要停工检查设备、工艺、流程、原料等生产要素。跟单员可以与工厂技术人员共同利用 PDCA 方法持续地改进产品质量管理水平，降低生产过程中不合格品的发生概率。

3. 成品质量异常

成品质量异常主要表现为不合格品超过正常标准。不合格品是指企业生产的产品经检验和试验判定，产品质量特性不符合质量标准的产品，它包括废品、返修品和等外品三类产品。当跟单员通过感官、理化等方法检验成品，发现不合格品多于正常标准时，必须果断采取措施及时进行处理，以免造成国外买家拒收、索赔等后果。同时对不合格品的处置要快速及时，以免影响交货期。对不合格品的处置常采取的步骤为：

（1）不合格品的识别

在进货检验和生产过程中，检验员必须按规定的要求进行检验，鉴别产品的符合性，并正确做出合格或不合格的结论。

（2）不合格品的标示与记录

检验员已经发现并确认产品不合格时，应立即对不合格品做标记或填写"不合格品挂签"，挂在不合格品上，以防止合格与不合格产品混淆。当不合格品数量较多或不宜标记时，可用专用器具盛装，并统一标示。检验员按规定的工艺部位进行标示，不应有破坏性的标记。同时对发现的任何不合格品必须由检验员填写《不合格品报告书》记录不合格品的状态情况并向相关部门报告。

（3）不合格品的隔离

确认产品不合格，并按规定做好标示和记录后，检验员应将不合格品进行隔离，将其存放在指定的位置，如隔离库、隔离柜、隔离箱等。不合格品在隔离期间和不合格品报告未被批准前，由检验员负责保存，其他人无权动用。

（4）不合格品的处理

检验员将不合格品报告送交不合格品责任部门，由其负责人组织有关人员调查、分析明确不合格原因。负责人在外贸合同质量要求范围内对产品做出让步接收、返工、返修等处理结论，无法满足外贸合同质量要求时，征得外方同意后，做出让步接收、返工、返修等处理结论，需要返工、返修产品，则退回工厂。产品报废需要填写报废单，同时对不合格品进行标记、登记、单独存放。返工返修需要填写返工返修通知单，让步接收也需要填写让步接收通知单，与工厂明确责任，防止发生后续纠纷。

八、业务沟通

（一）业务沟通的内涵

业务沟通是在设定的目标下，把信息、思想和情感传递给沟通对象，并达成一致的过程。沟通分有效沟通和无效沟通。有效沟通的要素包括明确的目标、信息、思想和感情。

跟单员作为跨境电商企业中的重要职员之一，其工作性质和特点随企业的产品、运作流程等而有所区别，但跟单员必须要有良好的沟通与协调能力。跨境电商跟单员岗位招聘普遍要求"具备较强的沟通协调能力"。美国普林斯顿大学调查发现：在影响成功的因素中"智慧""专业技术"和"经验"的重要性只占25%，其余75%取决于良好的人际沟通。日常工作中，跟单员要负责与订单生产相关的全方位的工作，要与很多部门沟通联系，几乎涉及企业的每一个环节，更涉及为企业提供各项产品和服务的其他企业，这就要求跟单员具有高效的沟通技能。

（二）跟单沟通的作用

跟单员与工厂之间要就与订单的生产及交货相关的一切事宜进行沟通，包括对生产的安排、生产进度的跟踪、产品质量的控制、保证按时交货等。因此，跟单员要与工厂的仓库、技术部门、计划部门、生产部门、包装部门等打交道。跟单员与工厂之间并无直接的上下级领导关系，也没有直接的附属关系，跟单员的工作只是督促这些部门来完成订单。实际工作中有的跟单员无法直接给工厂的相关部门施加压力。跟单员的意见和工厂的意见有分歧，或者工厂的各部门之间有不同意见，不能及时有效地沟通解决，往往会影响客户订单的生产与交货。因此，跟单员的职位实际是责任大、权力小的职位，要想订单的生产可以顺利进行，并保证客户的订单可以正常交货，必须具备与工厂之间有效沟通和协商的能力，这样才能在工厂的各部门之间游刃有余，工作起来才能得心应手，得到工厂的配合。例如，服装样品跟单中，涉及的尺码样、产前样、船样和测试样，使用面料颜色、裁剪与版型的要求、成衣水洗的效果和印绣花的效果、商标位置及包装等信息，必须与工厂交接清楚。在与工厂电话或当面沟通之后，必须给工厂以详细清楚的文字资料。例如，给工厂的大货开裁通知，需附有文字材料。还要与工厂技术人员当面沟通，因为服装生产的面料一经裁剪就不可再恢复，所以应当在双方对生产工艺、尺寸、印绣花等细节全部沟通清楚，确认无误后才能开裁。再如安排出货环节，在工厂因为种种原因无法安排货物按时进舱的时候，不是一味地埋怨工厂，而是主动积极地和工厂一起想办法，与工厂和货代公司或船公司的相关部门沟通协商。

演示典型工作业务

业务背景：
为了备战今年的圣诞季，公司产品开发部拟在跨境电商平台欧洲站点推出新款产品——男士海蓝纯棉夹克。产品需要赶在 12 月 1 日前上架销售。公司大数据营销部预测，本款产品预期销量目标确定为 4000 件。为确保时间进度，公司让师傅将跟单工作安排得紧凑一些。时间紧、任务重，师傅加强了生产跟进力度，尤其是产品质量和生产进度等方面。

典型工作一：验厂

一、工作内容描述

在工厂型供货商中初选了若干家工厂作为备选加工方。师傅通过多种渠道确认工厂资质、产能、经营状态和诚信等情况，并亲自去工厂与厂长交流，查看厂区的生产环境、生产工艺、生产流程、工人工作状态等情况，以进一步确认加工方资质和完成订单的能力。

二、工作过程与方法

业务资料：
1. 产品开发部门产品信息
内部订单号：R&D-2021-MANCOAT-5，款号 ARTICLE5120，订单时间 20210905
品名：男士纯棉夹克（man's cotton jacket）
数量：1000pcs/size   size：S M L XL
时间要求：10 月 25 日交货，30 日海派发往欧洲海外仓
产品工艺单：

（续表）

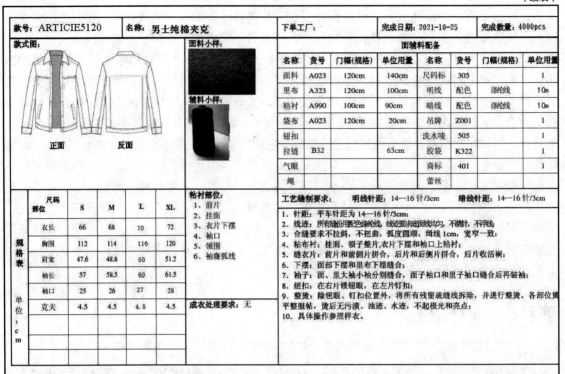

| 款号：ARTICIE5120 | | 名称：男士纯棉夹克 | | | 下单工厂： | | 完成日期：2021-10-25 | | 完成数量：4000pcs | |

面辅料配备

名称	货号	门幅(规格)	单位用量	名称	货号	门幅(规格)	单位用量
面料	A023	120cm	140cm	尺码标	305		1
里布	A323	120cm	100cm	明线	配色	涤纶线	10m
粘衬	A990	100cm	90cm	暗线	配色	涤纶线	10m
袋布	A023	120cm	20cm	吊牌	Z001		1
钮扣				洗水唛	505		1
拉链	B32		63cm	胶袋	K322		1
气眼				商标	401		1
绳				蕾丝			

粘衬部位：
1、前片
2、挂面
3、衣片下摆
4、袖口
5、领围
6、袖隆弧线

工艺缝制要求： 明线针距：14~16针/3cm 暗线针距：14~16针/3cm

1. 针距：平车针距为14~16针/3cm；
2. 线迹：所有缝份配色涤纶线，线迹要求面底线均匀，不跳针，不浮线；
3. 合缝要求不拉斜，不扭曲，弧度圆顺，缝线1cm，宽窄一致；
4. 粘布衬：挂面、领子整片，衣片下摆和袖口上粘衬；
5. 缝衣片：前片和前侧片拼合，后片和后侧片拼合，后片收活褶；
6. 下摆：面部下摆和里布下摆缝合；
7. 袖子：面、里大袖小袖分别缝合，面子袖口和里子袖口缝合后再装袖；
8. 钮扣：在右片锁钮眼，在左片钉扣；
9. 整烫：除钮眼、钉扣位置外，将所有残留疏缝线拆除，并进行整烫。各部位烫平整服帖，烫后无污渍、油迹、水迹，不起极光和亮点；
10. 具体操作参照样衣。

成衣处理要求： 无

规格表 单位：cm

尺码 部位	S	M	L	XL
衣长	66	68	70	72
胸围	112	114	116	120
肩宽	47.6	48.8	50	51.2
袖长	57	58.5	60	61.5
袖口	25	26	27	28
克夫	4.5	4.5	4.5	4.5

2. 根据供货商信息库，初选的供货商信息

供货商登记卡 编号：SUNQ190614

	名 称	嘉兴领尚纺织品有限公司				
公司基本情况	地 址	嘉兴市秀洲经济开发区大德路8888号				
	营业执照号	91331212AB12A12A1A		注册资本	1000万元	
	联系人	王一		部门、职务	总经理/厂长	
	电 话	0573-********		传 真	0573-********	
	E-mail	Jxlinkedinfashi@163.com		信用度	良好	

	产品名称	规格	价格	质量	工人数	月产能/件	设备数
产品情况	男士西裤	多种	25-170元/件	良好	80	30000	80台套
	男士外套	多种	65-370元/件	良好	70	10000	70台套

运输方式	汽运	运输时间	1天	运输费用	无
备注		其主要客户为加拿大外商，年出口总金额1000万美元。			

业务1：评估潜在供货商——验厂。

验 厂 报 告

时间：2021年9月6日	验厂人员： 刘星
项目名称：	

供应商：嘉兴领尚纺织品有限公司			
工厂地址：嘉兴市秀洲经济开发区大德路 8888 号			
法人代表：王一		厂长：赵刚	生产主管：周力
营业执照	913312345AAAA12A1A	☒查看	☒核实
主要产品	西装外套	夹克	
有效产能	27000/月	10000	
出口经验	欧美	跨境电商	1688
主要客户	国内某品牌	加拿大客户	美国客户
员工数：130 人	管理人员：5	工人：120	技术人员：5
设备情况	布局 ☒良好 不良	技术 ☒良好 不良	运行 ☒良好 不良
日工作时长	8 小时/天	劳动保护	有
国际认证	ISO14000、ISO9001	CE	OEKO-TEX®Standard 100
仓储条件	整洁	安全规范	防潮措施得当、不漏雨
其他	年出口总金额 1000 万美元		

业务 2：确认生产资质。

师傅根据欧盟服装类产品的各项要求，对企业质量管理、产品认证等项目进行核查。

标准	核查项目	情况描述	结论
ISO9001	1. 业务表格 2. 业务流程	生产流程、技术流程规范、执行到位，表格化管理规范、完整	OK
ISO14000	1. 消防安全 2. 各项环保措施	原材料物料堆放整齐、消防设备完好、各项环保措施完备、设备完好	OK
SA8000	1. 工资单 2. 劳动保护措施	工资单显示工人月加班时长人均为 70 小时；各项劳保措施、工具、设备规范、使用合理	NO。加班时间严重违反了 SA8000，每周不得超过 12 小时的规定
其他认证	1. CE 证书 2. OEKO-TEX 证书	核查证书原件	OK

业务 3：（获得企业数据后）核算企业产能。

业务背景资料：
通过调查，上述工厂的生产数据是：公司有生产自动设备 150 台套，每台套设备由 1 位工人操作，公司业务订单饱满时采取 2 班倒，每班 12 小时。平时每天工作 8 小时，周日休息一天。生产时间利用率 90%，产品合格率为 99%。由于用工紧张，今年公司雇用工人 120 人，每天工人中午休息 1 小时。经测算每件成品夹克耗工时 150 分钟。

操作步骤（计算出来）：

1. 理想产能

150 台套×24 小时=3600 工时

3600 工时×60 分钟/150 分钟=1440 件

该工厂 24 小时生产，可生产外套 1440 件/天

2. 计划产能

按 8 小时工作制（SA8000）

8 小时×120 套（实际运转）×60 分钟/150 分钟=384 件/天

3. 有效产能

8 小时×120 套（运转）×60 分钟×90%（利用率）×99%（合格率）/150 分钟=342.144 件/天=342 件。

业务 4：用甘特图预排了工期。

1. 初排加工周期

师傅与赵厂长沟通时，得知工厂正在生产其他订单，9 月 20 日后可接受 150～200 件/天的生产任务。

基本要求	时间要求：10 月 25 日完工，30 日装运
	数量要求：M L XL XXL 各 1000 件
可用加工时间	9.20—10.25，共 36 天
可用产能	150～200 件/天
初步判断	30 天内交货，扣除休息时间，实际生产时间预计 25 天
日加工量估算	4000/25=160 件
结论	加工周期和产能需求符合要求

2. 制作甘特图

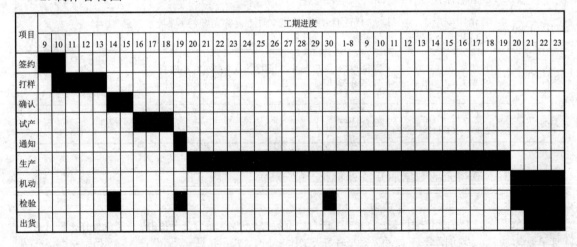

业务 5：签订加工合同。

确认供货商各项指标后，公司决定与该工厂签订加工合同，根据经验，加工量要多做 1%。

嘉兴闪驰进出口有限公司

加工合同

编号：R&D-2021-MANCOAT-5
日期： 2021 年 9 月 10 日

TO：　嘉兴领尚纺织品有限公司

根据协商一致之条件，特订立本合同。

型号	品名、规格	单位	数量/件	单价	金额
ARTICLE5120	男士纯棉夹克				
	M	件	1010	58 元/件	58580 元
	L	件	1010	60 元/件	60600 元
	XL	件	1010	62 元/件	62620 元
	XXL	件	1010	64 元/件	64640 元
合计			4040		246440 元

1. 交货日期：2021 年 10 月 25 日以前一次交付全部货物。

2. 交货地点：　嘉兴市桐乡大道 8008 号。

3. 包装条件：　一箱 12 件，单码包装，共计 337 箱，纸箱选用特硬出口纸箱，420g/m² ，侧面印刷：货号、尺码、质量、货物条码四个信息。产品销售包装用环保胶袋（自封）、正面印刷产品条形码，反面印刷窒息标志和环保标志并打 0.5cm 气孔。

4. 付款方式：　签收后凭增值税专票 15 天内付款。

5. 如因交货误期、规格不符、质量不符合要求造成本公司的损失，卖方负赔偿责任。

6. 如卖方未能按期交货，必须赔偿本公司因此蒙受的一切损失。

7. 其他：　因不可抗力导致生产延误，请第一时间告知甲方，其他未尽事宜协商解决。

8. 甲方公司名称：嘉兴闪驰进出口有限公司　　税号：91111111AB1B1BAB1B

联系人：刘星　　　　　　　　　　　　　联系电话：0573-********

9. 开户行：　中国建设银行秀洲支行　　　　账号：　1234 5678 9000

地址：　浙江嘉兴秀洲开发区大德路 8888 号　　联系人及电话：　赵刚　1836731****

甲方（采购单位）：（盖章）　　　　　　乙方（加工单位）：（盖章）

嘉兴闪驰进出口有限公司　　　　　　　　嘉兴领尚纺织品有限公司

孙途　　　　　　　　　　　　　　　　　王一

大货生产前期跟单

典型工作二：产前试样并确认生产工艺

一、工作内容描述

师傅通知工厂按照订单要求的面料、辅料和工艺要求进行试样。产前样品交给产品开发部进行品质检验。产品开发部检验认为样品符合其质量要求，则可以进行大货生产。

二、工作过程与方法

业务 1：下达打样（产前样）通知。

嘉兴闪驰进出口有限公司
打样通知单

编号：R&D-2021-MANCOAT-5-pps   通知日期：2021-09-11

工厂名称	嘉兴领尚纺织品有限公司		
尺码及数量	M 码　　2 件	完工日期：9 月 15 号	
面料	全棉 精梳 120*72　40*40	面料样品：见本单附页	
辅料	涤纶 120*72　63D*63D	辅料样品：见本单附页	

款式技术要求

款号：ARTICIE5120		名称：男士纯棉夹克	下单工厂：	完成日期：2021-10-25	完成数量：4000pcs

款式图：

正面　　　反面

面料小样：

辅料小样：

面辅料配备

名称	货号	门幅(规格)	单位用量	名称	货号	门幅(规格)	单位用量
面料	A023	120cm	140cm	尺码标	305		1
里布	A323	120cm	100cm	明线	配色	涤纶线	10m
粘衬	A990	100cm	90cm	暗线	配色	涤纶线	10m
袋布	A023	120cm	20cm	吊牌	Z001		1
纽扣				洗水唛	505		1
拉链	B32		63cm	胶袋	K322		1
气眼				商标	401		1
绳				蕾丝			

规格表

尺码 部位	S	M	L	XL
衣长	66	68	70	72
胸围	112	114	116	120
肩宽	47.6	48.8	50	51.2
袖长	57	58.5	60	61.5
袖口	25	26	27	28
克夫	4.5	4.5	4.5	4.5

单位：cm

粘衬部位：
1、前片
2、挂面
3、衣片下摆
4、袖口
5、领圈
6、袖窿弧线

成衣处理要求：无

工艺缝制要求： 明线针距：14—16 针/3cm　暗线针距：14—16 针/3cm

1. 针距：平车针距为 14—16 针/3cm；
2. 线迹：所有部位配色缝纫线，线迹要求圆顺均匀，不跳针，不浮线。
3. 合缝要求不拉斜，不扭曲，弧度圆顺，绱线 1cm，宽窄一致；
4. 粘衬：挂面、领子整片，衣片下摆和袖口上粘衬。
5. 绱衣片：前片和前侧片拼合，后片和后侧片拼合，后片收活褶。
6. 下摆：面部下摆和里布下摆缝合。
7. 袖子：面、里大袖小袖分别缝合，面子袖口和里子袖口缝合后再绱袖。
8. 纽扣：在右片锁钮眼，在左片钉扣。
9. 整烫：除钮眼、钉扣位置外，将所有残留疏缝线拆除，并进行整烫。各部位烫平整服帖，烫后无污渍、油迹、水迹，不起极光和亮点。
10. 具体操作参照样衣。

注意事项	

业务 2：产品开发部确认样衣质量。

9 月 14 日下午，师傅到工厂拿回样品，与产品开发部同事一同检验、分析样品。

样衣打样通知单

嘉兴闪驰进出口有限公司
样衣鉴定表

编号：R&D-2021-MANCOAT-5-INSP   确认日期：　2021-09-14

工厂名称	嘉兴领尚纺织品有限公司					
合同编号	R&D-2021-MANCOAT-5	通知单批号	R&D-2021-MANCOAT-5-PPS	型号系列	5120	
产品名称	男士纯棉夹克	试制数量	2	生产数量	4040	
试制车间	打样部	试制负责人	赵刚	包装方式	胶袋	
款式	☒接受　□不接受	颜色	☒接受　□不接受	原材料	☒接受　□不接受	
尺寸	☒接受　□不接受	工艺	☒接受　□不接受	质量	□接受　☒不接受	
存在问题	用针针距较大，落坑较多。					

处理意见	二次打样并确认后可作为大货生产依据。		
双方确认 （签章）	嘉兴领尚纺织品有限公司 确认章		嘉兴闪驰进出口有限公司 确认章
	王一　2021 年 9 月 15 日		刘星　2021 年 9 月 15 日

样衣检验

业务 3：确认返工后的样品。

经过工厂返工，改进了做工。师傅与产品开发部共同检查了新样品，认为符合设计要求，确认其可以作为后续生产的产前样并填好《样衣确认表》。

嘉兴闪驰进出口有限公司
样衣确认表（产前样）

编号：R&D-2021-MANCOAT-5- comf　　　　　　　　　　　确认日期：　2021-09-17

订货客户	产品开发部						
合同编号	R&D-2021-MANCOAT-5		通知单批号	R&D-2021-MANCOAT-5-S		型号系列	5120
产品名称	男士纯棉夹克		试制数量	2		生产数量	4040
试制车间 （小组）	打样部		试制负责人	赵刚		包装方式	胶袋
款式	☒接受　□不接受	颜色	☒接受　□不接受	原材料	☒接受　□不接受		
尺寸	☒接受　□不接受	工艺	☒接受　□不接受	质量	☒接受　□不接受		
双方确认 （签章）	嘉兴领尚纺织品有限公司 确认章			嘉兴闪驰进出口有限公司 确认章			
	王一　2021 年 9 月 15 日			刘星　2021 年 9 月 15 日			

业务 4：封样。

1. 填写封样单

产前样确认后，己方预留产前样并封样保存，以备后续业务需要。根据封样单填写要求填写了如下单据。

封样单

嘉兴闪驰进出口有限公司
封样单

编号：R&D-2021-MANCOAT-5-R　　　　　　　　　　　确认日期：　2021-09-17

产品名称	男士纯棉休闲夹克	合同号	R&D-2021-MANCOAT-5
销往地区	欧洲	商标	TALER
规格尺寸	M	生产数量	4000 件
封样记录	Style：5201，2 件。 工艺单 1 份。		

（续表）

封样结论	经与嘉兴领尚纺织品有限公司确认，本样品作为 PP 样及大货生产依据 签名：刘星 2021 年 9 月 17 日

填写要求：封样的目的主要是为日后大货生产或发生争议时提供依据；按封样单中的规格尺寸填写试样的尺寸，"封样记录"填技术资料的名称和份数；"封样结论"要明确表示其性质或作用。注：R 代表留样。

2. 检查核对信息，避免错误

师傅检查封样记录时，发现封样单存在一些错误，并予以改正。

（1）错误：男士纯棉休闲夹克　　　　应该为：　男士纯棉夹克

（2）错误：款式 5201　　　　　　　应该为：　5120

（3）错误：数量 4000　　　　　　　应该为：　4040

典型工作三：下达生产任务

一、工作内容描述

师傅向工厂下达生产通知单，通知工厂进行大货生产。

二、工作过程与方法

业务 1：下达生产通知。

服装数量确认

业务资料：

9 月 18 日师傅要求工厂小批量生产 10 件。工厂完工后，师傅去工厂对生产工艺、工序等产前准备做最后确认。师傅与厂方车间主任联合确认了工艺单，并叮嘱工厂严格按照工艺单执行生产要求，确保生产质量（工艺单见上略）。

嘉兴领尚纺织品有限公司
产前小批量生产确认单

编号：R&D-2021-MANCOAT-5-PP　　　　　　　　　　日期：　2021-09-18

承担任务车间：	一、二车间		负责人：周力	
原材料备货：	面料：☒充足☒正确	辅料：☒充足☒正确		包装：☒充足☒正确
基本技术指标：	尺寸：M L XL XXL	款式：5120		工期：30 天
工序 1：工时：0.15	工序 2：工时：0.85	工序 3：工时：0.45		工序 4：工时：0.05
工艺执行准备：	文件：☒齐备　□缺失	难度：□难　☒正常		应急措施：☒有 □无
设备准备：	主设备：☒充足　☒良好	工人：☒充足　☒良好		环境：☒整洁 ☒规范
样板制作：	☒完成　　□未完成（原因：　　　　　　　　）☒精良　　□尚可			
小批量生产情况：产品质量良好，工序符合要求，进度无异常，工时核算准确。				

---

1. 填写生产通知单

填写生产通知单并发给工厂。

生产通知单

编号：R&D-2021-MANCOAT-5-P   日期：2021-09-19

加工单位	嘉兴领尚纺织品有限公司	加工合同编号	R&D-2021-MANCOAT-5	生产周期	30 天
产品名称	男士纯棉夹克	生产数量	4 040 件	完工日期	10 月 20 日
规格型号	art.5120			交货期限	10 月 21 日
工艺要求	与产前样一致				
质检要求	按照 GB/T 2828.1—2012 正常检验一次标准执行				
包装要求	每 24 件装一箱（齐码），环保胶袋，内外标签、唛头正确				

使 用 材 料

序号	料号	品名	规格	单位	单机用量	标准用量	损耗率%
1	A023	面料-棉布	120×72	米	按需执行	按需执行	-
2	A323	里布-涤纶	120×72	米	按需执行	按需执行	-
3	A990	耗材	不指定	米	按需执行	按需执行	-
4	A023	袋布	120×72	个	按需执行	按需执行	-
5	B32	拉链	8#	个	按需执行	按需执行	-

生产方法	粘衬部位：前片、挂面、下摆、袖口领围。 缝纫要求：针距 14～16 针/3cm，线迹底面线均匀、不跳针、不浮线、不落坑，合缝要求不拉斜、不扭曲、弧度圆顺、宽窄一致。 缝制工艺：缝衣片之前片和前侧片拼合，后片与后侧片拼合；下摆面部与里布缝合；里、面大袖小袖分别缝合，面子袖口和里子袖口缝合后再装袖。 整烫：除纽眼、钉扣位置外，将残留疏缝线拆除后进行整烫。各部位熨烫服帖，烫后无污渍、油迹。具体参照样衣。

主尺寸（inch）	尺码	20	21	22	23	公差
	胸围	60	62	64	66	0.5
	下摆	60	62	64	66	0.5
	领宽	22	23	24	25	0.5
	肩宽	48	50	52	54	0.5
	袖笼	18	19	20	21	0.5
	前中长	80	80	81	81	0.5
	袖长	20	20	20	20	0.5

其他生产要求	请严格按照本通知单要求组织生产，生产需完全符合产前样所有要求。

2.（师傅收到工厂发来的生产计划表）核实生产计划

嘉兴领尚纺织品有限公司

生产计划表

工作天数：25 天 　　 合同号：R&D-2021-MANCOAT-5 　　 日期： <u>2021 年 9 月 19 日</u>

序号	产品名称	型号	数量/件	制造单位	生产日期		预定出货日期	备注
					开工	完工		
1	男士纯棉夹克	M	1010	件	9 月 20 号	10 月 20 号	10 月 21 号	40PCS/d
		L	1010	件	9 月 20 号	10 月 20 号	10 月 21 号	40PCS/d
		XL	1010	件	9 月 20 号	10 月 20 号	10 月 21 号	40PCS/d
		XXL	1010	件	9 月 20 号	10 月 20 号	10 月 21 号	40PCS/d

业务经理：赵刚 　　　　　　　　　　　 生产主管： 周力

生产日计划

生产部门：1 车间 　　 机台数：10 　　 填表人：周力 　　　　 日期： 2021 年 9 月 19 日

尺码	裁剪		车缝		后道		包装	
	当天	累计	当天	累计	当天	累计	当天	累计
M	40	40	40	40	40	40	40	40
L	40	40	40	40	40	40	40	40
XL	40	40	40	40	40	40	40	40
XXL	40	40	40	40	40	40	40	40
小计	160	160	160	160	160	160	160	160

典型工作四：进度管控

一、工作内容描述

师傅按照工厂的生产计划进行生产跟进，每日跟踪产量报表，汇总业务进度，协调解决进度异常。

二、工作过程与方法

业务 1：每日接收并查看工厂发来的生产日报表。

生产日报表（9 月 22 日—24 日与此相同）

生产部门：1 车间 　　　　 机台数：11 　　　　 合同号：R&D-2021-MANCOAT-5
填表人：周力 　　　　　　　　　　　　　　　　　　　 日期：2021 年 9 月 21 日

尺码	对比	裁剪		车缝		后道		包装	
		当天	累计	当天	累计	当天	累计	当天	累计
M	计划	40	40	40	40	40	40	40	40
	实际	40	40	40	40	40	40	40	40

（续表）

尺码	对比	裁剪		车缝		后道		包装	
		当天	累计	当天	累计	当天	累计	当天	累计
L	计划	40	40	40	40	40	40	40	40
	实际	40	40	40	40	40	40	40	40
XL	计划	40	40	40	40	40	40	40	40
	实际	40	40	40	40	40	40	40	40
XXL	计划	40	40	40	40	40	40	40	40
	实际	40	40	40	40	40	40	40	40
小计		160	160	160	160	160	160	160	160

生产日报表

生产部门：1 车间　　　　　　机台数：11　　　　　　合同号：R&D-2021-MANCOAT-5

填表人：**周力**　　　　　　　　　　　　　　　　　日期：2021 年 9 月 25 日

尺码	对比	裁剪		车缝		后道		包装	
		当天	累计	当天	累计	当天	累计	当天	累计
M	计划	30	30	30	30	30	30	30	30
	实际	30	30	30	30	30	30	30	30
L	计划	30	30	30	30	30	30	30	30
	实际	30	30	30	30	30	30	30	30
XL	计划	30	30	30	30	30	30	30	30
	实际	30	30	30	30	30	30	30	30
XXL	计划	30	30	30	30	30	30	30	30
	实际	30	30	30	30	30	30	30	30
小计		120	120	120	120	120	120	120	120

生产日报表

生产部门：1 车间　　　　　　机台数：11　　　　　　合同号：R&D-2021-MANCOAT-5

填表人：**周力**　　　　　　　　　　　　　　　　　日期：2021 年 9 月 27 日

尺码	对比	裁剪		车缝		后道		包装	
		当天	累计	当天	累计	当天	累计	当天	累计
M	计划	45	45	45	45	45	45	45	45
	实际	45	45	45	45	45	45	45	45
L	计划	45	45	45	45	45	45	45	45
	实际	45	45	45	45	45	45	45	45

尺码	对比	裁剪		车缝		后道		包装	
		当天	累计	当天	累计	当天	累计	当天	累计
XL	计划	45	45	45	45	45	45	45	45
	实际	45	45	45	45	45	45	45	45
XXL	计划	45	45	45	45	45	45	45	45
	实际	45	45	45	45	45	45	45	45
小计		180	180	180	180	180	180	180	180

生产日报表

生产部门：1 车间　　　　机台数：11　　　　　　　合同号：R&D-2021-MANCOAT-5

填表人：**周力**　　　　　　　　　　　　　　　　日期：2021 年 9 月 28 日

尺码	对比	裁剪		车缝		后道		包装	
		当天	累计	当天	累计	当天	累计	当天	累计
M	计划	45	45	45	45	45	45	45	45
	实际	45	45	45	45	45	45	45	45
L	计划	45	45	45	45	45	45	45	45
	实际	45	45	45	45	45	45	45	45
XL	计划	45	45	45	45	45	45	45	45
	实际	45	45	45	45	45	45	45	45
XXL	计划	45	45	45	45	45	45	45	45
	实际	45	45	45	45	45	45	45	45
小计		180	180	180	180	180	180	180	180

生产日报表（9 月 30 日—10 月 15 日与此相同）

生产部门：1 车间　　　　机台数：11　　　　　　　合同号：R&D-2021-MANCOAT-5

填表人：**周力**　　　　　　　　　　　　　　　　日期：2021 年 9 月 29 日

尺码	对比	裁剪		车缝		后道		包装	
		当天	累计	当天	累计	当天	累计	当天	累计
M	计划	40	40	40	40	40	40	40	40
	实际	40	40	40	40	40	40	40	40
L	计划	40	40	40	40	40	40	40	40
	实际	40	40	40	40	40	40	40	40
XL	计划	40	40	40	40	40	40	40	40
	实际	40	40	40	40	40	40	40	40
XXL	计划	40	40	40	40	40	40	40	40
	实际	40	40	40	40	40	40	40	40
小计		160	160	160	160	160	160	160	160

生产日报表

生产部门：1 车间 &2 车间 　　　　机台数：11 　　　　合同号：R&D-2021-MANCOAT-5

填表人：周力 　　　　　　　　　　　　　　　　　　　　日期：2021 年 10 月 16 日

尺码	对比	裁剪		车缝		后道		包装	
		当天	累计	当天	累计	当天	累计	当天	累计
M	计划	80	80	80	80	80	80	80	80
	实际	80	80	80	80	80	80	80	80
L	计划	80	80	80	80	80	80	80	80
	实际	80	80	80	80	80	80	80	80
XL	计划	80	80	80	80	80	80	80	80
	实际	80	80	80	80	80	80	80	80
XXL	计划	80	80	80	80	80	80	80	80
	实际	80	80	80	80	80	80	80	80
小计		320	320	320	320	320	320	320	320

生产日报表

生产部门：1 车间 &2 车间 　　　　机台数：11 　　　　合同号：R&D-2021-MANCOAT-5

填表人：周力 　　　　　　　　　　　　　　　　　　　　日期：2021 年 10 月 18 日

尺码	对比	裁剪		车缝		后道		包装	
		当天	累计	当天	累计	当天	累计	当天	累计
M	计划	90	90	90	90	90	90	90	90
	实际	90	90	90	90	90	90	90	90
L	计划	90	90	90	90	90	90	90	90
	实际	90	90	90	90	90	90	90	90
XL	计划	90	90	90	90	90	90	90	90
	实际	90	90	90	90	90	90	90	90
XXL	计划	90	90	90	90	90	90	90	90
	实际	90	90	90	90	90	90	90	90
小计		360	360	360	360	360	360	360	360

业务 2：报表汇总（按周执行）

生产周汇总表

编号：R&D-2021-MANCOAT-5 　　　　　　　　　　　　　　　　　　跟单员：刘星

加工合同号	R&D-2021-MANCOAT-5	规格	生产日期	生产数量	累计数量	计划差数	统计日期
品名	男士纯棉夹克						
状态	延误，已督促	M	9.20—9.26	190 件	190 件	-50	9.27
		L	9.20—9.26	190 件	190 件	-50	9.27

（续表）

加工合同号	R&D-2021-MANCOAT-5	规格	生产日期	生产数量	累计数量	计划差数	统计日期
品名	男士纯棉夹克						
状态	延误，已督促	XL	9.20—9.26	190件	190件	-50	9.27
		XXL	9.20—9.26	190件	190件	-50	9.27
	本周按计划执行+赶工10件	M	9.27—10.3	250件	440件	-40	10.4
		L	9.27—10.3	250件	440件	-40	10.4
		XL	9.27—10.3	250件	440件	-40	10.4
		XXL	9.27—10.3	250件	440件	-40	10.4
	本周按计划执行，未赶工	M	10.3—10.10	240件	680件	-40	10.11
		L	10.3—10.10	240件	680件	-40	10.11
		XL	10.3—10.10	240件	680件	-40	10.11
		XXL	10.3—10.10	240件	680件	-40	10.11
	本周按计划执行+未赶工	M	10.11—10.17	265件	945件	-15	10.18
		L	10.11—10.17	265件	945件	-15	10.18
		XL	10.11—10.17	265件	945件	-15	10.18
		XXL	10.11—10.17	265件	945件	-15	10.18
	本周按计划执行+未赶工	M	10.18	65件	1010件	0	10.19
		L	10.18	65件	1010件	0	10.19
		XL	10.18	65件	1010件	0	10.19
		XXL	10.18	65件	1010件	0	10.19
合计：					4040件	0	

业务3：处理进度异常。

异常1：按合同规定9月20日正式开工生产，但是当天师傅没收到工厂生产负责人周力发来的生产日报表。

跟进方法：电话询问未发报表的原因，发现工厂停电，未开工。师傅督促周力明天按时生产，要求其做好赶工计划和安排。同时师傅决定第二天去工厂，采取蹲厂驻守的策略，实地督促跟进。

异常2：由于9月15日师傅有事没去工厂，下班前工厂发来报表。师傅发现当天未完成生产计划。

跟进方法：电话询问未完成生产计划的原因，得知是因为一名工人生病请假后，师傅督促生产负责人周力要按照生产计划执行，明天做好人员统筹安排。因为本周生产延误情况比较严重，师傅建议其下周采取适度加班等方法，将延误的工期赶回来，并做好记录。

异常3：10月11日师傅发现工期过半，但产量延误情况没有得到缓解。

跟进方法：师傅亲自去工厂与厂长沟通，询问能否启用刚刚富余出的生产车间2，进行赶工。沟通后厂长同意师傅的建议，决定最后两天启用生产车间2。

生产进度异常跟进总结与反思：生产进度异常，是跟单工作中影响深远并非常棘手的工作，需要跟单员具有临危不乱的定力、口齿伶俐的沟通能力和化解危机的协调能力。所以，跟单员要经常对跟单业务进行总结和反思，积累好的做法和技巧，总结不足并在日后工作中尽量避免。比如遇到未按计划排产的生产进度异常时，需要及时与工厂负责人、车间主任、班组长等进行充分沟通、交流，找到未排产的原因，协商讨论并形成一致认可的解决方案。如果是停工待料方面的原因，则协调采购部门紧急采购原材料、辅料；如果是设备、技术方面的原因，则协调技术部门尽快检修设备，改善工艺并尽快对工人进行紧急培训；如果是人员问题，则协调人事部门，对个别影响进度的工人进行谈话督促；如果人数不足，则招聘临时工或抽调人员增加工人数量。对于滞后的工作量，协调生产主管采取加班等方式赶工。

典型工作五：产品检验及品控

一、工作内容描述

在跟进产品质量时，需要对首件（首批）产品、产中半成品和产后成品进行多阶段质量监控、跟进和督促。

（1）师傅对订单的生产全过程进行认真细致的跟进。严格按照执行工序检验制度，确保产品质量。首先亲自与生产主管一起选取首批 160 件产品中的 10 件，对夹克面料、做工等方面进行全面检验，并将检验表交公司产品研发部确认。

（2）师傅定期与车间主管周力沟通，对生产全过程进行认真细致的跟进。在工厂蹲点期间，采取多种检验方法对半成品质量进行监控。对于重要项目，如面料成分，必要时需要剪取样品送第三方专业检测机构进行检测。

（3）跟进产品质量要求，选择适合的检验标准，对成衣进行抽样检验。师傅按照 GB/T 2828.1—2012 规则进行抽检，确认产品质量。

二、工作过程与方法

业务 1：检验并确认首批产品质量。

首批产品质量检验报告

初期☒　　　中期☐　　　尾期☐

客　户：_产品开发部_　工　厂：_嘉兴领尚纺织品有限公司_　合　同：_R&D-2021-MANCOAT-5_　数量：_4040_
款　号：_ART5120_　款　式：_男士纯棉夹克_　布　料：_机织蓝色棉布_　货期：_9.20-10.19_

生产进度：	样办	裁剪	车缝	洗水	后整	包装	正在进行中工序/情况
完成数量：	10	10	10	10	10	10	良好
用时		5min/PC	50min/PC	25min/PC	25min/PC	5min/PC	

物　料	无	对	错	做工品质	良好	一般	不合格	包　装	无	对	错
面料		√		款式/做法	√			主唛		√	
里布/袋布		√		洗水效果	√			洗水唛		√	
拉链		√		裁剪	√			尺码/产地唛		√	
缝制		√		缝制手工	√			旗唛/贴缝/商标	√		
衬朴		√		辅料/装缝	√			其他	√		
拼/贴		√		钮门/打枣		√		挂牌/贴纸		√	

物　料	无	对	错	做工品质	良好	一般	不合格	包　装	无	对	错
绣花/印花	✓			钮/扣/钉/鸡眼装配			✓	胶袋/印刷		✓	
章/牌				线头/修整			✓	纸箱/箱唛/尺寸	✓		
线/扣/钉/鸡眼	✓			整理效果外观	✓			包装分配	✓		
				尺寸规格	✓			包装方法	✓		
				色差处理	✓						

操作问题	轻微	严重	处理意见
钮扣不平伏	✓		加强工人技术指导
线头多且长	✓		需加强后道作业人员培训、督促
面料疵点	✓		加强面料检查，必要时重新采购

尺码：	M		出货数：	2　　　　件
抽查箱号：			AQL：	1.5
抽查件数：			量度结果：□合格　☒不合格	
颜色：			接受出货/　☒翻工整改/　扣查待决	
跟单QC：＿刘星＿	产品开发部：＿李力＿		工厂负责人：＿周力＿	

业务2：多种方式对半成品进行检验。

在蹲厂期间，师傅跟进生产过程时，采取多种方式对半成品进行了检验。

1. 根据业务经验，师傅用手仔细认真地触摸布匹　　　　（感官）
2. 师傅点燃了一段样布，看了看燃烧灰，闻闻气味　　（化学）
3. 师傅用手在布匹上不断摩擦确认布匹色牢度　　　　（物理）
4. 师傅用肉眼查看面料色差　　　　　　　　　　　　（感官）
5. 师傅对每个标签上的图案、文字排版等进行细致检查（全检-辅料）
6. 师傅随机抽取若干吊牌进行检验　　　　　　　　　（抽样）
7. 师傅计数了取样上每平方英寸里瑕疵的个数　　　　（计数）
8. 师傅剪取样布，送第三方机构检测成分含量　　　　（计量）

业务3：实施成品检验。

业务背景和资料：
本订单属于公司跨境平台自主销售产品，孙主管对该批产品的品质要求非常熟悉，其让师傅根据 GB/T 2828.1—2012 抽检标准和一般要求对该批货物进行抽样检验,确定抽样方案：本次待检产品总数量为4040件，按照 AQL2.5 的接受水平对多个质量要素进行一般检验（Ⅱ），以确定产品质量。具体要求为：

1. 检验批量为：4040 件
2. 检验水平为：GB/T 2828.1—2012 标准、一般检验水平。经与孙主管协商确定为 II 级
3. 采取一次抽样确定样品的方法
4. 合格质量水平（AQL）：按 GB/T 2828.1—2012 标准执行
5. 抽检方案的宽严度：正常检验
6. 10 月 20 日会同工厂生产主管周力对该批货物进行检验

1. 实施步骤

（1）根据批量和检验水平确定代码。

查表 6-2 可知待检产品数量 4040 件，在正常检验（一般）检验 II 条件下，检验代码为 L。

（2）根据 L 确定抽样数量为 200 件，取样方法为：

尺码	箱数	抽箱数量	取样数量
M	42	5	10
L	42	5	10
XL	42	5	10
XXL	42	5	10
合计：200pcs			

（3）对样品相关技术指标进行检验，统计并记录不合格数量。

仅需检验产品"熨烫是否平整"指标，即在确定产品质量的前提下，根据经验确定 AQL 为 2.5，检验发现 5 件产品熨烫不平整。

如果需要检验的项目较多，而且项目分主要项目（major—接受质量限要求高——AQL 值小，如 1.5）和次要项目（minor—接受质量限要求低——AQL 值大，如 4.0），那么两项指标都接受方可判定合格。如需要检验产品"面料色牢度"（AQL 为 1.5）和"条形码牢固度"（AQL 为 4.0），则两项指标必须均达标才能判定合格。在确定产品质量的前提下，通过仪器检验发现有 7 件衣服色牢度不达标，感官检验发现有 16 件产品条码粘贴不牢固。

（4）根据 AQL 确定接受限，即（−∞，Ac]和[Re，+∞），查找到对应（Ac Re）为：

①单变量：（10，11）。

②多变量：major 项为（7，8）；minor 项为（14，15）。

（5）判定：样品中不合格数量≤Ac，判定该批合格；样品中不合格数量≥Re，则不合格。

①单变量：5<10，该批货物合格。

②多变量：major 项目，7≤7，本项目合格；minor 项目，16>15，则本项目不合格。

2. 填写产品检验报告

嘉兴闪驰进出口有限公司

成品检验单

跟单员：刘星   日期：2021.10.20

加工合同号	R&D-2021-MANCOAT-5	货物数量	4040	颜色	蓝色
货物名称	男士纯棉夹克	抽样项目	12 个	抽样总数	200
加工单位	嘉兴领尚纺织品有限公司				

（续表）

检验项目	接受	不接受	检验项目	接受	不接受
1. 款式	×		1. 熨烫工序	×	
2. 色彩	×		2. 商标	×	
3. 车缝手工艺	×		3. 纽扣位置	×	
4. 后整理颜色	×		4. 吊牌	×	
5. 后整理手感	×		5. 包装		×
6. 整洁度	×		6. 外箱标签	×	
7. 其他			7. 其他		
次品名称	次品数	是否接受	次品名称	次品数量	是否接受
整洁度不良	7 件	接受	产品条码粘贴	16	不接受
检查评语	产品主要项目做工良好，质量符合订单要求，但产品条码标签粘贴存在不牢固、起皱无法识别等问题				
检查结果	包装工序返工，二次检验合格后可以出运				

典型工作六：质量异常处理

一、工作内容描述

在订单跟进过程中，师傅遇到诸多关于生产进度滞后、产品质量波动、辅料损耗过快等情况。师傅采取措施处理、解决了影响产品质量的生产异常情况。

二、工作过程与方法

PDCA 法解决生产
异常

业务 1：生产过程中的品控管理。

> 业务资料：
> 采取电话沟通、实地驻点、现场督促等方法落实生产任务，跟进生产过程，督促生产质量，获得信息如下：
> 1. 缝制工序未完工的半成品原材料积压过多。询问后得知，有 2 位同事今天请假，造成本道工序人手不足，车间主任正在着手调配人员。
> 2. 查看了工艺单执行情况，询问员工是否了解本批产品大致工艺情况，个别工人反映没有集中讲解介绍。
> 3. 工艺单已经落实成看板管理，主要流程工艺已经填写到生产看板上，但熨烫工序填写有遗漏项。
> 4. 服装吊牌比较随意地散放在工作台上下。
> 5. 有 2 个工人操作不熟练，进一步询问得知他们是刚入职 3 天的员工。
> 6. 在角落里发现吃剩下的早饭包装袋。
> 7. 个人水杯随意摆放在操作台上，甚至水杯盖都没有盖好。
> 8. 各道工序半成品感官检验未发现问题。
> 9. 原材料出入库管理规范、各种表单签署规范，原材料感官检验符合要求。查看了原材料检验单，签署规范、字迹工整，无不良评注和注意事项。仓库原材料、成品布局合理，堆放符合规范，未发现蜘蛛网等不良情况。
> 10. 重点查看了生产的四道工序，即裁剪、缝制、熨烫、整理，设备整洁、布局合理，运行正常。
> 11. 发现昨天生产的一箱成品没有及时入库，询问后得知承担该生产任务的工人昨天晚上加班较晚，现回家休息，委托其他同事帮忙送交仓储部门。
> 12. 车间内声音嘈杂，闷热，很多风扇未正常运行，询问得知这种情况已经持续若干天了。

13. 车间消防设施状态良好，消防通道防火门关闭且上锁。
14. 工人考勤记录正常，但因上月工资迟迟未发，所以工人工作情绪低落。
15. 生产过程中发现有非本次生产所用原材料混入半成品中。
16. 工厂生产主管请假，连续 3 天都由班组长负责生产管理。

序号	解决方法
1	协调安排工人顶岗，或梗阻工序加班
2	协调，让工厂加强员工技术指导，必要时安排集中培训
3	加强看板业务管理、强调看板管理的重要性，严格执行相关规章制度
4	加强物料管理和督促检查力度，必要时列入工人绩效管理并进行业务培训
5	加强新员工培训，完善业务培训制度
6	加强生产管理，定点饮食，进入车间做好物品监管，定点存放
7	加强生产安全管理，个人物品、油渍、水渍、雨伞等定点有序摆放
8	无
9	无
10	无
11	加强员工责任心管理，提高产品质量意识。加强 5S 管理培训，严格执行成品当日入库规范
12	协调降噪、降温工作，若条件允许则紧急采购相关设备
13	协调要求工厂加强消防安全管理，畅通消防通道
14	协调、询问工资发放问题。必要时可以预先结算本次部分加工费，提高工人生产积极性
15	加强仓库管理，包括存储、出入库管理，减少原料误领误用情况
16	加强员工管理和生产管理重要性培训，调配生产技术人员顶岗

业务 2：对严重异常情况，填写发送《生产异常通知书》要求工厂整改。

生产异常通知书

发文时间：20211009　　　　　　　　　　编号：嘉兴闪驰 00001

发文部门	嘉兴闪驰进出口有限公司	发文人签名	刘星
收文部门	嘉兴领尚纺织品有限公司	收文人签名	王一
要求反馈时间	10.10	实际反馈时间	10.10

生产异常现象具体说明：
在生产车间发现个人物品、饮食剩余物等

签名：　刘星　　　　　　　　　　　2021 年 10 月 9 日

应急措施：
召开会议强调生产卫生、安全纪律，要求工人个人物品定点存放

签名：　刘星　　　　　　　　　　　2021 年 10 月 10 日

（续表）

防止再发生措施： 安排个人物品指定摆放位置 加强巡查		
签名： 周力	2021 年 10 月 10 日	
发文部门改善效果跟踪： 已解决。		
责任人签名： 刘星	2021 年 10 月 12 日	

典型工作七：成品收货

一、工作内容描述

师傅接到工厂安排明天送货的电话通知。师傅着手安排货物交接工作，并电话通知仓库准备明天接货。

二、工作过程与方法

业务 1：接收货物，核对送货单和实际货物数量并查看质量。

持工厂邮件发来的交货单在仓库现场接收货物

嘉兴领尚纺织品有限公司

服装成品送货单

电话：0573-****　　　　　　　　　　　　　　　　编号： JXSQ-012

传真：0573-****　　　　　　　　　　　　　　　　日期： 20211023

交货地点：嘉兴桐乡大道 8008 号

客户： 嘉兴闪驰进出口有限公司　　　　　　　合同号： R&D-2021-MANCOAT-5

货号	品名	件数	箱数	每箱件数	备 注
JXSQ-012	男士纯棉夹克	4032	336	12	
		8	1	8	尾箱
合计：		4040	337		

乙方签章： 嘉兴领尚纺织品有限公司 发货专用章 周力	甲方签章： 嘉兴闪驰进出口有限公司 出库专用章 刘星
日期：	日期：

业务 2：填写入库单，入库。

嘉兴闪驰进出口有限公司
服装成品入库单

电话：0573-****　　　　　　　　　　　　　　　　　　　　　　　　　编号：5210-211023

货号	产品名称	规格	颜色	件数	箱数	每箱件数	备注
5120	男士纯棉夹克	M	蓝色	1008	84	12	
		L	蓝色	1008	84		
		XL	蓝色	1008	84		
		XXL	蓝色	1008	84		
		混码	蓝色	8	1	8	2 件/size
合计：				4040	337		

跟单员：刘星　　　　　　　仓库管理员：李亿　　　　　　　日期：20211023

师傅下达工作任务

理论小测试 》》

单项选择

1. 不属于供货商因管理方面原因造成生产进度延误的是（　　）。

A. 质量管理不到位　　　　　　　　　　B. 对再转包管理不严

C. 交货期责任意识不强　　　　　　　　D. 超过产能接单

2. 不属于供货商因生产能力方面出现问题的是（　　）。

A. 生产交货时间计算错误

B. 临时急单插入

C. 生产量掌握不正确

D. 需调度的材料、零配件采购延迟

3. （　　）是生产企业诚信守则的基本要求。

A. 按时交货　　　　　B. 按时生产　　　　　C. 延迟交货　　　　　D. 提前交货

4. 跟单员花费精力最多的跟单环节是（　　）。

A. 样品跟单　　　　　B. 成品采购跟单　　　　　C. 订单跟进　　　　　D. 生产跟单

5. 跟单员跟踪采购单的最后环节是（　　）。

A. 跟踪原材料供应商的生产加工工艺

B. 跟踪原材料

C. 跟踪加工过程

D. 跟踪包装入库

6. 跟单员实施生产进度控制最重要的书面依据是（　　）。

A. 生产日报表　　　　　　　　　　　B. 生产异常通知书

C. 周生产计划表　　　　　　　　　　D. 月生产计划表

7. 企业生产工作安排的依据是（　　）。

A. 客户订单　　　　　　　　　　　　B. 生产计划

C. 生产通知单　　　　　　　　　　　D. 月生产计划表

8. 周生产计划是根据月生产计划或（　　）制订的，是具体生产安排及物料控制的依据。

A. 年生产计划　　　　　　　　　　　B. 生产通知单

C. 紧急订单　　　　　　　　　　　　D. 月生产计划表

9. 跟单员通过生产管理部门每日的（　　）统计，调查每天的成品数量及累计完成数量。

A. 生产日报表　　　　　　　　　　　B. 生产异常对策表

C. 生产通知单　　　　　　　　　　　D. 日生产计划表

10. 客户对订单临时变更一般有两种情况：数量变更和（　　）。

A. 质量变更　　　　B. 价格变更　　　　C. 包装变更　　　　D. 交货期变更

11. 月生产计划是由（　　）转化而来的，是生产安排的依据，也是原材料采购计划制订的依据。

A. 生产计划　　　　B. 周生产计划　　　C. 紧急订单　　　D. 运输合同的证明

12. 生产进度跟单的基本要求是（　　）。

A. 使生产企业能按订单及时交货　　　B. 尽量提前交货

C. 延迟交货　　　　　　　　　　　　D. 保证生产顺利进行

13. 跟单员可对每日实际生产的数量同（　　）进行比较，看是否有差异，以追踪记录每日的生产量。

A. 预定生产数量　　B. 计划生产数量　　C. 期望生产数量　　D. 同行比较

14. 属于生产进度跟单控制重点的是（　　）。

A. 产品质量情况　　　　　　　　　　B. 机器设备运行情况

C. 生产计划执行情况　　　　　　　　D. 按时交货情况

多项选择

1. 属于生产跟单基本要求的是（　　）。

A. 准确落实生产任务　　　　　　　　B. 及时跟进生产异常

C. 蹲守驻点跟进　　　　　　　　　　D. 确保产品质量、交付数量并及时交货

2. 生产跟单中按时交货的要点是（　　）。

A. 加强与生产管理人员的联系，明确生产、交货的权责

B. 减少或消除临时、随意的变更，规范设计、技术变更要求

C. 掌握生产进度，督促生产企业按进度生产

D. 加强产品质量、不合格产品、外协产品的管理，妥善处理生产异常事务等

3. 生产计划制订的主要依据是（　　）。

A. 订单要求　　　　B. 前期生产记录　　C. 生产经验　　　D. 产能分析

4. 具体生产安排及物料控制的依据是（　　）。

A. 周生产计划   B. 月生产计划   C. 紧急计划   D. 工作的管理性

5. 跟单员质量跟进工作涉及的内容有（   ）。

A. 严格执行"三检制度"   B. 合理制订质量检验方案，规范施检

C. 熟悉产品属性和生产工艺   D. 原材料、辅料质量确认

6. 跨境电商跟单人员在生产跟单时需要掌握的知识包括（   ）。

A. 商品学知识   B. 管理学知识

C. 外贸业务知识   D. 电子商务知识

7. 属于生产企业不能按时交货的主要原因有（   ）。

A. 企业内部管理不当   B. 计划安排不合理或漏排

C. 产品质量控制不好   D. 产能不足

8. 跟单人员在跟进生产进度时，需要跟进（   ）。

A. 计划落实执行   B. 机器设备运行情况

C. 产品不合格情况   D. 员工工作情绪

9. 客户对订单临时变更主要包括（   ）。

A. 数量变更   B. 交货期变更   C. 质量变更   D. 价格变更

10. 跟单员在分析生产企业产能时，要考虑的产能包括（   ）。

A. 理想产能   B. 计划产能   C. 设备产能   D. 有效产能

下达工作任务

10 月 30 日，师傅从阿里巴巴国际站业务员那里拿到与外国客户签订的形式发票，要求按照订单要求，落实生产企业并跟进生产进度，监控产品质量，确保产品顺利出货。

任务资料：

嘉兴闪驰进出口有限公司
Jiaxing Sunq Import & Export limited company
8008 Tongxiang Road Jiaxing Zhejiang China

PROFORMA INVOICE

To：GOODAY GARchildrenT DESIGN ENTERPRISE   No：20211029-B2B

161 SIXTH STREET,MANHANTON NEW YORK   Date：29 Otc.,2021

NY 10012,TLE: 212***1212

The Buyer agrees to buy and the Seller agrees to sell the following goods on terms and conditions as set forth below:

Description of Goods	Size and Style	Quantity	Unit Price	Amount
ARTICLE2340 children's silk pajamas			DDP NEW YORK	
	M(酒红，海蓝，银灰，桃粉)	200pcs	USD60.00/PC	USD12,000.00
	L(酒红，海蓝，银灰，桃粉)	200pcs	USD62.00/PC	USD12,400.00
	XL(酒红，海蓝，银灰，桃粉)	200pcs	USD65.00/PC	USD13,000.00
	XXL(酒红，海蓝，银灰，桃粉)	200pcs	USD70.00/PC	USD14,000.00
TOTAL:		800pcs		USD51,400.00

Total amount in words：SAY U.S.DOLLARS FIFTY ONE THOUSAND FOUR HUNDRED ONLY.

OTHER TERMS:

1. Packing: 16pcs in one exportation carton.The products is resorted by size and color and exactly equal per carton.

2. Marks: gooday garmentt enterprise/silk pajama/NO.N-M.

3. Shipment: Not Later than 30th Nov., 2021. Point of destination is New York

4. Payment: 70% T/T in advance and 30% T/T to collect by bill of thansportation.

5. Bank information:

Beneficiary Bank: BANK OF CHINA CO.,LTD
SWIFT BIC: BKCHCNBJ51A
Beneficiary: Jiaxing SUNQ import and export CO.,LIMITED
Account Number: NRA33080020201000020056
Company Name: Jiaxing SUNQ import and export CO.,LIMITED
Address: Room 8008, Tongxiang road,Jiaxing,Zhejiang,China
Tel:0086-573-8*******

任务 1. 验厂

任务资料：
师傅要求利用节假日走访调研一个服装工厂并完成表格信息
开放式题目。无标准答案
任务评价标准：企业真实、信息全面。

验 厂 报 告

时间：_____　　　验厂人员：_____

项目名称			
供应商			
工厂地址			
法人代表		厂长	生产主管
营业执照	□查看	组织机构代码	□核实
主要产品			
产能			
出口经验			
主要客户			
员工数	管理人员	工人	技术人员
日工作时长		劳动保护	
设备情况	布局	技术	运行
国际认证			
仓储条件			
其他			

任务 2. 签订加工合同

任务资料：

1. 工厂产能情况

公司决定让交货期最短的嘉兴威尔丝绸服饰有限公司来完成本次订单生产任务。该工厂有生产自动设备 50 台套，每台套设备由 1 位工人操作，公司业务订单饱满时采取 3 班倒，每班 8 小时。正常情况下工人每天工作 12 小时，周日休息一天。生产时间利用率 90%，产品合格率为 99%。公司有工人 40 人，每天工人中午、晚上各有 1 小时吃饭休息时间。经测算每件成品耗工时 120 分钟。

2. 嘉兴威尔丝绸服饰有限公司产品报价为：

规格尺寸	数量	单价
M(酒红，海蓝，银灰，桃粉)	200pcs	158 元/件
L(酒红，海蓝，银灰，桃粉)	200pcs	160 元/件
XL(酒红，海蓝，银灰，桃粉)	200pcs	170 元/件
XXL(酒红，海蓝，银灰，桃粉)	200pcs	180 元/件

3. 其他信息

加工合同编号为：20211029-B2B-STU

签订日期为：2021 年 11 月 2 日

包装要求不变。

公司拟在加工厂仓库直接发货。

工厂信息：开户行：中国工商银行桐乡支行，账号：1234 5678 9018，地址：浙江桐乡世纪大道 10000 号，联系人及电话：李卫民　1835731****

1. 产能计算

项目	计算过程和结果
理想产能	
计划产能	
有效产能	

2. 签订加工合同

嘉兴闪驰进出口有限公司

加工合同

编号：20211029-B2B-STU

日期：2021 年 11 月 10 日

TO：嘉兴威尔丝绸服饰有限公司

根据协商一致之条件，特订立本合同。

型号	品名、规格	数量及单位	单价	金额
合计				

1. 交货日期：2021 年　　月　　日以前一次交付全部货物。

2. 交货地点：_____

3. 包装条件：_____

_____

_____

_____

4. 付款方式：　签收后凭增值税专票 15 天内付款。

5. 如因交货误期、规格不符、质量不符合要求造成本公司的损失，卖方负赔偿责任。

6. 如卖方未能按期交货，必须赔偿本公司因此蒙受的一切损失。

7. 其他：　因不可抗力导致生产延误，请第一时间告知甲方，其他未尽事宜协商解决。

8. 甲方公司名称：_____　　税号：_____

联系人：_____　　联系电话：_____

9. 开户行：_____　　账号：_____

地址：_____　　联系人及电话：_____

甲方（采购单位）：（盖章）　　　　　　乙方（加工单位）：（盖章）

任务 3. 下达生产任务

任务资料：

1. 工艺单和工艺要求

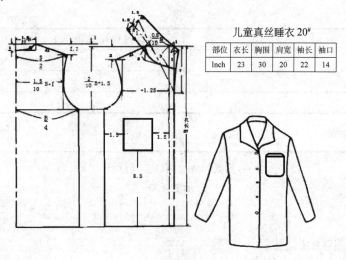

儿童真丝睡衣 20#

部位	衣长	胸围	肩宽	袖长	袖口
Inch	23	30	20	22	14

工艺技术指标略。

2. 工厂排产计划

	Jiaxing Whale Garment Co.LTD. **Merchandising Schedule Chart**				
PO No.订单	20211029-B2B-stu	Item 项号	ART2340	Qty	800
MO No.生产单	无	Fty 工厂	车间 1	日产量	80
Styl. No.款式	儿童真丝睡衣	Fabric 面料	桑蚕丝	Accessory 辅料	精梳棉布

进度时间安排	
Fit Sample 试穿样	11.5 前
Pre-production Sample 产前样	7 日前
Initial Inspection 初检	14 日前
In-Line Inspection 线检	20 日前
Final Inspection 终检	25 日截止
Ex Fty 出货时间	26 日
Final Ex Fty 最后出货时间	30 日

Prepared By: 李卫东   Approved By: 刘星
Date: 11.4   Date: 11.5

3. 工厂生产计划表

生产计划表

加工方：嘉兴威尔丝绸服饰有限公司

产品：儿童真丝睡衣   订单数量：800pcs   完工日：11.24

日期	产量	累计产量/件	剩余产量/件	剩余工作日
11.5	80	80	740	9
11.6	80	160	650	8
11.7	80	240	560	7
11.8	80	320	480	6
11.9	80	400	400	5
11.20	80	480	320	4
11.21	80	560	240	3
11.22	80	640	160	2
11.23	80	720	80	1
11.24	80	800	0	0

4. 其他信息

产品工艺要求与工艺单及 pps 一致

检验标准按照 GB/T 2828.1—2012 执行

1. 填写生产通知单并发给工厂

生产通知单

编号： 20211029-B2B-STU   日期：2021105

加工单位					
产品名称		生产数量		完工日期	
加工合同编号		生产周期		交货期限	
规格型号					
工艺要求					

抽检要求								
包装要求								

使用材料								
序号	料号	品名	规格	单位	单机用量	标准用量	损耗率%
1					厂定	厂定	厂定
2					厂定	厂定	厂定
3					厂定	厂定	厂定
4		工厂提供样品		个		6颗/件	

生产要求

按工艺单要求，工艺单见附件

儿童真丝睡衣 20#

部位	衣长	胸围	肩宽	袖长	袖口
Inch	23	30	20	22	14

工艺技术指标略。

尺寸

尺码	8	12	16	20	公差
胸围	27	30	33 1/2	35 1/2	1
下摆	28	30	32	35	1
领宽	12	13	14	15	0.5
肩宽	18	20	22	23	1
袖口	13	14	15	16	0.5
前中长	21 1/2	23	24 1/2	27	1
袖长	20	22	23	24 1/2	1

备注	请严格按照本通知单要求组织生产，生产需完全符合产前样所有要求

任务 4. 生产前准备

1. 确认面辅料规格、数量、质量（工作方式同岗位工作模块五，略）

2. （如果需要自行）采购面辅料（工作方式同岗位工作模块四，略）

3. 样品确认（工作方式同岗位工作模块三，略）

经过几天的工作，面辅料、生产工艺和产前样均得到外方的认可，公司通知工厂大货生产。

任务 5. 跟踪生产进度

业务资料：工厂定期发来每天的生产日报表

生产日报表（11 月 15 日—16 日相同）

生产部门：1 车间　　　　　　　机台数：10　　　　　　　合同号：20211029-B2B

填表人：王菲　　　　　　　　　　　　　　　　　　　日期：2021 年 11 月 15 日

尺码	对比	裁剪		车缝		后道		包装	
		当天	累计	当天	累计	当天	累计	当天	累计
M	计划	20	20	20	20	20	20	20	20
	实际	20	20	20	20	20	20	20	20
L	计划	20	20	20	20	20	20	20	20
	实际	20	20	20	20	20	20	20	20
XL	计划	20	20	20	20	20	20	20	20
	实际	20	20	20	20	20	20	20	20
XXL	计划	20	20	20	20	20	20	20	20
	实际	20	20	20	20	20	20	20	20
小计		80	80	80	80	80	80	80	80

生产日报表

生产部门：1 车间　　　　　　　机台数：10　　　　　　　合同号：20211029-B2B

填表人：王菲　　　　　　　　　　　　　　　　　　　日期：2021 年 11 月 17 日

尺码	对比	裁剪		车缝		后道		包装	
		当天	累计	当天	累计	当天	累计	当天	累计
M	计划	20	20	20	20	20	20	20	20
	实际	10	10	10	10	10	10	10	10
L	计划	20	20	20	20	20	20	20	20
	实际	10	10	10	10	10	10	10	10
XL	计划	20	20	20	20	20	20	20	20
	实际	10	10	10	10	10	10	10	10
XXL	计划	20	20	20	20	20	20	20	20
	实际	10	10	10	10	10	10	10	10
小计		40	40	40	40	40	40	40	40

生产日报表（11 月 18 日报表见任务要求）

生产部门：1 车间　　　　　　　机台数：10　　　　　　　合同号：20211029-B2B

填表人：王菲　　　　　　　　　　　　　　　　　　　日期：2021 年 11 月 19 日

尺码	对比	裁剪		车缝		后道		包装	
		当天	累计	当天	累计	当天	累计	当天	累计
M	计划	20	20	20	20	20	20	20	20
	实际	20	20	20	20	20	20	20	20

（续表）

尺码	对比	裁剪		车缝		后道		包装	
		当天	累计	当天	累计	当天	累计	当天	累计
L	计划	20	20	20	20	20	20	20	20
	实际	20	20	20	20	20	20	20	20
XL	计划	20	20	20	20	20	20	20	20
	实际	20	20	20	20	20	20	20	20
XXL	计划	20	20	20	20	20	20	20	20
	实际	20	20	20	20	20	20	20	20
小计		80	80	80	80	80	80	80	80

生产日报表

生产部门：1 车间　　　　　　　　机台数：10　　　　　　　　合同号：20211029-B2B

填表人：王菲　　　　　　　　　　　　　　　　　　　　　　日期：2021 年 11 月 20 日

尺码	对比	裁剪		车缝		后道		包装	
		当天	累计	当天	累计	当天	累计	当天	累计
M	计划	20	20	20	20	20	20	0	0
	实际	20	20	20	20	20	20	0	0
L	计划	20	20	20	20	20	20	0	0
	实际	20	20	20	20	20	20	0	0
XL	计划	20	20	20	20	20	20	0	0
	实际	20	20	20	20	20	20	0	0
XXL	计划	20	20	20	20	20	20	0	0
	实际	20	20	20	20	20	20	0	0
小计		80	80	80	80	80	80	0	0

生产日报表

生产部门：1 车间　　　　　　　　机台数：10　　　　　　　　合同号：20211029-B2B

填表人：王菲　　　　　　　　　　　　　　　　　　　　　　日期：2021 年 11 月 21 日

尺码	对比	裁剪		车缝		后道		包装	
		当天	累计	当天	累计	当天	累计	当天	累计
M	计划	20	20	20	20	20	20	40	40
	实际	20	20	20	20	20	20	40	40
L	计划	20	20	20	20	20	20	40	40
	实际	20	20	20	20	20	20	40	40
XL	计划	20	20	20	20	20	20	40	40
	实际	20	20	20	20	20	20	40	40
XXL	计划	20	20	20	20	20	20	40	40
	实际	20	20	20	20	20	20	40	40
小计		80	80	80	80	80	80	160	160

生产日报表（11 月 22 日—24 日相同）

生产部门：1 车间　　　　　　机台数：10　　　　　　合同号：20211029-B2B

填表人：王菲　　　　　　　　　　　　　　　　　　日期：2021 年 11 月 23 日

尺码	对比	裁剪		车缝		后道		包装	
		当天	累计	当天	累计	当天	累计	当天	累计
M	计划	20	20	20	20	20	20	20	20
	实绩	20	20	20	20	20	20	20	20
L	计划	20	20	20	20	20	20	20	20
	实绩	20	20	20	20	20	20	20	20
XL	计划	20	20	20	20	20	20	20	20
	实绩	20	20	20	20	20	20	20	20
XXL	计划	20	20	20	20	20	20	20	20
	实绩	20	20	20	20	20	20	20	20
小计		80	80	80	80	80	80	80	80

1. 进行产量汇总

跟单进度汇总表

编号：STU-001　　　　　　　　　　　　　　　　　　跟单员：学生姓名

加工合同号	品名	规格	生产日期	生产数量/件	累计数量/件	计划差数	统计日期
	儿童真丝睡衣	M L XL XXL	15	80	80	0	16
			16	80	160	0	17
			17	40	200	-40	18
			18	120	320	0	19
			19	80	400	0	20
			20	80	480	0	21
			21	80	560	0	22
			22	80	640	0	23
			23	80	720	0	24
			24	80	800	0	25
合计：							

2. 分析异常，猜测可能，并提出对策

异常日期	异常种类	分析异常产生的可能原因	异常对策
11.18			
11.20			

3. 假设电话询问进度异常时，工厂反馈信息为"被拉闸限电"了。你与工厂负责人王菲沟通后，其同意第二天将进度赶回来。请填写 11 月 18 日生产日报表。

生产日报表

生产部门：1 车间　　　　　　机台数：10　　　　　　合同号：

填表人：王菲　　　　　　　　　　　　　　　　　　　日期：2021 年　　　月　　　日

尺码	对比	裁剪		车缝		后道		包装	
		当天	累计	当天	累计	当天	累计	当天	累计
M	计划								
	实际								
L	计划								
	实际								
XL	计划								
	实际								
XXL	计划								
	实际								
小计									

任务 6. 进度异常的诊断与改进

任务资料：案例分析

　　公司另一个跟单员小李上半年的一个项目，跟进过程中以电话、现场蹲点等形式与工厂进行了沟通，其获得信息如下：

　　工厂生产安排为每天工作时间为 10 小时，10 个工人，每周休息 1 天。计划每天生产 100 件，完成总订单 3000 件需要 30 个工作日。

　　6 月 15 日大货生产正式开始。

　　6 月 18 日小李发现从 15 日开始生产日报表均与生产计划有明显出入。小李与工厂生产主管沟通后，仔细核对了一遍《生产通知单》《生产计划》和《日生产计划》，发现三者数据存在差异。经核查工厂使用的《日生产计划》是初排的日产 80 件的生产计划，最终版本日产 100 件的生产计划没有给工厂。为此小李采取了紧急措施，将正确的日生产计划发给工厂。

　　6 月 19 日小李亲自到工厂，当天工厂停电 3 小时。

　　6 月 20 日在小李的催促下，工厂加班完成了滞后的生产任务。

　　6 月 23 日小李去厂里发现，工厂调整生产计划，仅部分时间生产本公司产品，临时为其他公司生产产品。

　　6 月 26 日小李上午去厂里看到工厂设备在检修，停工了。因为还有其他事情，小李去了其他工厂。

　　6 月 29 日，开发部要求小李追加 1000 件订单，并要求加单必须与原单同时装运。小李立刻与工厂负责人沟通。工厂提出临时加单非常困难。最后在提高加工费 20% 的代价下，工厂同意加单。小李与工厂一起重新核算并调整了《日生产计划》。由于加单难度较大，工厂要求从 7 月 1 日开始不休息连续作业，配合完成主工序生产，但后道熨烫和包装环节需要外包给其他生产能力、生产水平、合作关系良好的工厂。小李请示领导，领导同意后道和包装两个工序外包。因为外包增加了业务风险，小李决定驻外包工厂现场跟进。

　　当天，工厂原材料只能保障 3 天的生产，要求小李紧急采购原材料。小李找到最快入库的供货单位，2 天后原材料入库，确保了生产，但是本次采购成本比以往高 25%。

　　经过一个月的紧张工作，顺利完成 4000 件货物的生产，并按时运往海外仓。

1. 根据材料，请分析 6 月 15—29 日期间的生产异常状态

异常类别	异常现象	对策
计划异常		
生产延误		
调整计划		
排产未产		
辅助生产环节异常		
临时插单		
临时外包		
潜在原材料供应延误		

任务 7. 跟踪货物质量

对工厂送交成衣进行抽检，确认产品质量。

业务资料：
师傅要求 11 月 20 日按照 GB/T 2828.1—2012 标准对 14000pcs，1000 箱产品进行质检。假设公司要求采用 AQL1.0/4.0、检验水平Ⅱ，对色差 major 和纽扣钉装 minor 两个项目采用一次检验方案进行抽检。
相关信息为：
加工工厂：嘉兴威尔丝绸服饰有限公司
订单号：R&D-20210920-2872
款式：男士精梳棉休闲衬衫，货号 2872
PPSAMPLE NO. R&D-2872-PPS

1. 确定抽检方案

抽检要求		
采用的抽检标准		
AQL		
检验水平		
待检数量		
抽取样本方法和数量		
请你设计随机抽箱并抽取样品方案（自行填写合理即可）	箱号	抽取数量

2. 根据检验单信息，判断产品质量情况

业务资料：检验单

Inspection Report
（ ）Intermediate （×）Final （ ）Re-Inspection

FTY： 嘉兴威尔丝绸服饰有限公司	P.O.： R&D-20210920-2872

Name of cmdt.： 男士精梳棉休闲衬衫	Style： 2872	QTY.： 14000pcs

SMPL.： R&D-2872-PPS   Date： 2021120   Time： 10.20

AQL： 色差 MAJOR1.0 和纽扣钉装 MINOR4.0

Note： Inspection Method is relative to Production Order QC Manual

Check Points	Right	Wrong	Check Points	Right	Wrong
A. Label	×		F. Fabric Color		×
B. Style/ Color	×		G. Belt Color	×	
C. Shipping / Side Marks	×		H. Thread Color	×	
D. Hangtag Description	×		I. Zipper Color	×	
E. Folding & Packing	×		J. Button Color		×
Defects	Major	Minor	Defects	Major	Minor
01. Material Defect			10. Closures		
02. Shading Problem			11. Damage		
03. Dyeing Problem	5		12. Threads		
04. Printing Problem			13. Handicraft		
05. Cleanliness			14. Fit & Balance		
06. Component & Assembly			15. Creased Marks		
07. Seam & Stitching		22	16. Finishing & Hand		
08. Pressing			17. Packaging		
09. Measurement			Total Defective Pieces： 27		

Inspected： 315 PCS.   From Carton No.： **/***/*

Detailing	%	Suggestion & Remarks
A.色差		可接受
B.纽扣不齐整		需要返工
C.		

（ ）Good （ ）Satisfactory （ ）Fair
（×）Unacceptable （ ）L/G （担保出货）

Inspector： 王某某（学生）
Packing In-charge： ___
QC Manager： 刘星

判断该批货物质量情况：

项目		判断步骤	判断结论
色差	样本量代码		
	样本量		
	AQL		
	实际检出		
纽扣装钉	样本量代码		
	样本量		
	AQL		
	实际检出		
总结论	不可接受		

3. 师傅告知该订单中除了常规的质量要求外，还要求 "Products with Azo-colors and nickel accessories is Strictly forbidden" 要求完成下面表格：

项目	内容
翻译该条款	
使用要求	
限制原因	
涉及检验项目	

任务 8. 师傅从工厂跟单回来后，用 5M1E 法获得生产中的一手数据资料，要求用帕累托图（仅统计各项目频次并排序）和鱼骨法，分析生产情况

任务资料：

工厂各业务环节发现问题计数统计表

业务环节	裁剪	缝纫	后道	包装	仓库
工人	0	1	1	1	0
机器	1	2	1	0	0
材料	1	1	3	1	0
方法	0	1	1	0	2
测量	1	0	0	0	1
环境	2	2	3	1	3

具体问题是：

1. 发现缝纫、后道和包装工序工人业务不熟练，质量波动大
2. 发现裁剪、缝纫和后道有部分设备老旧，经常出现小故障，需要经常调试
3. 发现裁剪后的面料毛糙，影响缝纫效率，造成缝纫工序业务积压，后道工作难度加大，实际工时过多，业务略积压
4. 因为手动裁剪，发现开裁面料各片尺寸与工艺单有略微出入
5. 缝纫、后道和仓库工人操作流程和方法不顺畅，有待改进
6. 裁剪、缝纫和后道半成品放置散乱，部分部件没有入篮直接堆在地面；包装部门没有空调，太热影响工作效率；仓库潮湿闷热，霉味较重、消防设施标志不明显，叉车车速过快

1. 制作帕累托图，直观展示问题（堆积柱状图）

2. 完成下面鱼骨图，并提出解决对策

（1）鱼骨图

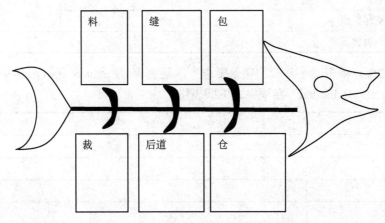

（2）对策建议

项号	对策建议
物料	
裁剪	
缝纫	
后道	
包装	
仓储	

任务 9. 判断下面检验项目的检验方法

商品及其检验	最优检验方式
测试某块防水手表水下最大承受压强指标	
测试该手表的计时精度	
检验该批手表的计时精度	
检验该批手表的表带舒适度	
检验该手表表盘的大小	
检验手表上的瑕疵数	

任务10：多线程任务规划（甘特图法）

任务资料：为了备战圣诞季，公司对圣诞用产品加大了采购力度。具体要求为：订购彩灯 5 万个，圣诞树 3000 棵，圣诞老人袜子 10000 只。跟单员小张和工厂联系后，考虑生产周期只有一个月，生产任务重，电话询问工厂时，甲乙丙三家工厂未来一个月内分别是 1—7 日、5—14 日和 10—23 日生产时间可以利用。公司决定由 3 家工厂同时开工生产，甲工厂每天可生产圣诞彩灯 500 个，圣诞老人袜子 2000 只，圣诞树 100 棵；乙工厂每天可生产圣诞彩灯 400 个，圣诞老人袜子 2500 个，圣诞树 150 棵；丙工厂每天可生产圣诞彩灯 600 个，圣诞老人袜子 2000 个，圣诞树 80 棵。工厂生产该批货物备料时间为 2 天。

1. 在没有优先权的情况下，先从甲工厂开始，利用甘特图法安排生产任务，完成下表。

甘特图法生产任务安排表

业务项目		生产日期																													
		1	2	3	4	5	6	7	8	9	10	11	12	13	14	15	16	17	18	19	20	21	22	23	24	25	26	27	28	29	30
彩灯	甲工厂																														
	乙工厂																														
	丙工厂																														
圣诞老人袜子	甲工厂																														
	乙工厂																														
	丙工厂																														
圣诞树	甲工厂																														
	乙工厂																														
	丙工厂																														
产量汇总																															
彩灯																															
圣诞老人袜子																															
圣诞树																															

2. 在乙工厂优先的情况下，利用甘特图法安排生产任务，完成下表。

甘特图法生产任务安排表

业务项目		生产日期																													
		1	2	3	4	5	6	7	8	9	10	11	12	13	14	15	16	17	18	19	20	21	22	23	24	25	26	27	28	29	30
彩灯	甲工厂																														
	乙工厂																														
	丙工厂																														
圣诞老人袜子	甲工厂																														
	乙工厂																														
	丙工厂																														
圣诞树	甲工厂																														
	乙工厂																														
	丙工厂																														

（续表）

产量汇总																															
彩灯																															
圣诞老人袜子																															
圣诞树																															

3. 在圣诞老人袜子需要最早完工的前提下，利用甘特图法安排生产任务，完成下表。

甘特图法生产任务安排表

业务项目		生产日期																												
		1	2	3	4	5	6	7	8	9	10	11	12	13	14	15	16	17	18	19	20	21	22	23	24	25	26	27	28	29	30
彩灯	甲工厂																														
	乙工厂																														
	丙工厂																														
圣诞老人袜子	甲工厂																														
	乙工厂																														
	丙工厂																														
圣诞树	甲工厂																														
	乙工厂																														
	丙工厂																														
产量汇总																															
彩灯																															
圣诞老人袜子																															
圣诞树																															

4. 要求用最短时间完成全部订单，利用甘特图法安排生产任务，完成下表。

甘特图法生产任务安排表

业务项目		生产日期																												
		1	2	3	4	5	6	7	8	9	10	11	12	13	14	15	16	17	18	19	20	21	22	23	24	25	26	27	28	29	30
彩灯	甲工厂																														
	乙工厂																														
	丙工厂																														
圣诞老人袜子	甲工厂																														
	乙工厂																														
	丙工厂																														
圣诞树	甲工厂																														
	乙工厂																														
	丙工厂																														
产量汇总																															
彩灯																															
圣诞老人袜子																															
圣诞树																															

任务 11. 产品质量无小事案例分析

未获得国内注册证的进口产品不符合我国质量规范

2022 年年初，厦门海关隶属东渡海关在对一批进口美容仪实施检验时发现，该批货物既无法提供医疗器械注册证，又无中文说明书和中文标签。根据我国相关规定，东渡海关依法对该批货物实施销毁处理。厦门海关人士表示，未获准入的进口医疗器械存在质量安全隐患。

除了美容仪，厦门海关隶属机场海关根据查验要求对一批申报品名为"轮椅"的进口货物进行人工查验时发现，该货物属于《医疗器械分类目录》中的第二类医疗器械，但进口企业无法提供我国医疗器械注册证。机场海关判定上述货物不合格，并依法实施退运处理。

同年厦门海关隶属海沧海关对一批进口刨冰机进行现场检验和实验室检测。结果显示，该产品电气强度试验期间出现击穿、运动部件缺乏必要的安全防护装置、产品稳定性不足、电源线及插头无 3C 标志且无法提供强制性产品认证证书，存在多项严重质量安全问题，且无法进行有效技术整改。海沧海关依法对该批货物实施退运处置。后来连续查获两批不同品牌刨冰机，同样存在电气安全、机械安全等严重质量安全不合格情形，东渡海关依法实施退运处理。

（资料来源：王贵溪，海峡导报）

思考与讨论：

1. 请结合案例分析，跟单员需要具备哪些质量观？

2. 请结合案例讨论：跟单员如何在工作中承担社会责任，维护人民健康？

3. 请结合案例辩论：中国质量标准是为企业服务还是为国民服务的？

任务 12. 体验产业升级对跟单业务利弊影响

中国共产党第二十次全国代表大会上的报告指出，坚持把发展经济的着力点放在实体经济上，推进新型工业化，加快建设制造强国、质量强国、航天强国、交通强国、网络强国、数字中国。实施产业基础再造工程和重大技术装备攻关工程，支持专精特新企业发展，推动制造业高端化、智能化、绿色化发展。巩固优势产业领先地位，在关系安全发展的领域加快补齐短板，提升战略性资源供应保障能力。推动战略性新兴产业融合集群发展，构建新一代信息技术、人工智能、生物技术、新能源、新材料、高端装备、绿色环保等一批新的增长引擎。构建优质高效的服务业新体系，推动现代服务业同先进制造业、现代农业深度融合。加快发展物联网，建设高效顺畅的流通体系，降低物流成本。加快发展数字经济，促进数字经济和实体经济深度融合，打造具有国际竞争力的数字产业集群。

思考与讨论：

1. 请结合材料并通过网络进行调研分析，中国"工业 4.0"对外贸跟单业务将产生哪些影响？

2. 请结合材料思考，数字经济背景下物流数字化对外贸出口物流跟单产生哪些积极影响？

3. 请结合材料分组讨论：外贸跟单人员需要提升哪些素养以应对工业智能化的未来？

岗位工作模块七：安排物流

▶ 工作目标

工作绩效目标 》

KPI 考核目标：

协调仓储部门及时完成零售小包、小 B 大包、FBA 物流、海外仓等业务的打包、装箱、贴标、发货等工作。

KPI 考核指标：

（1）物流正确率 98%

（2）断货率 5% 及以下

（3）物流成本控制水平 90 分以上

工作能力目标 》

知识能力：

● 了解国际物流技术和发展趋势

● 掌握国际物流主要方式、特点、作用和运费计算方法

技术技能：

● 会根据业务需要，选择适合的物流方式

● 会规范、准确地核算所选择物流方式的物流成本

● 能够配合物流、货代公司，制作订舱、报关、报检、产地证申请等单证

● 能够配合物流、货代公司，顺利完成各类货物的装运、发货

● 会及时地协调物流差错，完成索赔等业务

● 会跟踪物流信息，调整物流方案，保障平台销售平稳有序进行

职业素养：

● 通过合理规范物流方式、降低物流费用等工作，养成降本增效的成本思维

● 通过物流业务操作、处理特殊情况等工作，养成雷厉风行的工作作风

- 通过与货代等公司沟通的工作，养成有礼有节的礼仪习惯，不断积累沟通技巧
- 通过与海关、检验检疫局等涉外部门打交道，养成不偷税漏税、遵纪守法的法律意识，以及严守国门不从事非法出入境业务的国家安全意识和维护国家利益的底线意识

师傅讲工作

介绍工作情境

师傅根据产品销售进度、备货生产进度等，介绍跨境电商平台订单自主发货和海外仓补货等工作。他要求我们先认真学习下面的基础知识，为项目学习做好知识储备。

讲核心知识

在跨境电商出口业务中，卖家发货一般有多种形式可以选择，如国际商业快递、邮政包裹、海派空派、专线物流等。无论采用哪种物流方式，核心目标是低成本、及时发货。因为跨境电商业务订单呈现单件化、频次高、时效要求高等特点，所以跨境电商物流成本往往很高。合理选择物流方式对于降低物流成本，提高经营绩效至关重要。

一、新品开发、紧急发货、紧急补货等业务常用物流方式——国际商业快递

（一）内涵和特点

国际商业快递是指实现快速完成文件、物品或货物跨境交付的一种物流方式。其业务核心在于及时、准确、门到门送达。因此，国际商业快递成本费用较高。

国际商业快递运费一般按 0.5kg 为计费单位，执行浮动折扣费率。一般而言，运费分首重运费和续重运费及附加费三部分，计费公式为：国际快递运费=首重运费+续千克数×续重费率/0.5+附加费。附加费属于调节性费用，根据产品属性（如是否轻泡货）、季节（是否旺季）、国际运输状况（是否出现国际物流爆仓等情况），以及国际政治经济汇率等各种因素而调整。

（二）主要公司

1. FedEx

联邦快递（FedEx）是一家国际性速递集团，提供隔夜快递、地面快递、重型货物运送、文件复印及物流服务，总部设于美国田纳西州。

（1）优缺点

优点：适合走 21kg 以上的大件，到南美洲的价格较有竞争力；时效较快，一般 3～7 天可以到达；网站信息更新快，覆盖网络全，查询响应快。速卖通线上发货折扣非常优惠。

缺点：价格较贵；需要考虑货物体积重量，收偏远附加费。

（2）体积重量限制

体积重量限制：单件最长边不能超过 274cm，最长边加其他两边的长度的两倍不能超过330cm；一票多件（其中每件都不超过 68kg），单票的总重量（即质量的俗称）不能超过 300kg，超过 300kg 的请提前预约；单件或者一票多件包裹有超过 68kg 的，需提前预约。

（3）时效及追踪

FedEx IP 服务的配送正常时效为 2～5 个工作日（此时效为快件上网至收件人收到此快件），FedEx IE 服务的配送正常时效为 4～7 个工作日（此时效为快件上网至收件人收到此快件），最终配送时间须根据目的地海关通关速度来决定。物流追踪网址为 http: //www. fedex.com/cn/。

2. UPS

UPS（United Parcel Service，美国联合包裹运送服务公司）成立于 1907 年，总部设于美国佐治亚州亚特兰大市，是全球领先的物流企业，提供包裹和货物运输、国际贸易便利化、先进技术部署等多种旨在提高全球业务管理效率的解决方案。

（1）优缺点

优点：速度快，一般 2～4 日可以送达，特别是美国、加拿大、英国、日本等国家；运送范围广，可送达全球 200 多个国家和地区；查询网站信息更新快，遇到问题可及时解决。

缺点：运费较贵（但速卖通线上发货折扣较优惠）；有时会收偏远附加费和进口关税，增加买家负担；按体积重量计费。

（2）体积重量限制

UPS 国际快递小型包裹一般不递送超过重量和尺寸标准的包裹，若 UPS 国际快递接收该类货件，将对每个包裹收取超重超额附加费 378 元人民币。体积和重量标准：每个包裹最大长度为 270cm，每个包裹的最大尺寸为长度+周长=330cm，周长=2×（高度+宽度）；每个包裹最大重量为 70kg。

（3）时效及追踪

UPS 配送参考时间为 3～7 个工作日，如遇到海关查车等不可抗拒因素，则以海关放行时间为准。

3. TNT

TNT 快递公司（TNT Express），TNT 是 Thomas National Transport 的简称。TNT 是世界顶级的快递与物流公司，公司总部设在荷兰的阿姆斯特丹。

（1）优缺点

优点：速度快，通关能力强。

缺点：价格较高；按体积重量算，收偏远附加费。

（2）体积重量限制

单件包裹重量不能超过 70kg，三条边长度分别不能超过 2.40m×1.50m×1.20m。

（3）时效及追踪

全程时效一般在 3～7 个工作日；跟踪查询网址：http://www.tnt.com。

4. DHL

DHL 是全球著名的邮递和物流集团，是 Deutsche Post DHL 旗下公司。

（1）优缺点

优点：去西欧、北美有优势，适宜走小件，可送达国家网点比较多；时效快，一般 2～4 个工作日可送达；查询网站信息更新快，遇到问题解决速度快。

缺点：价格贵，适合发 5.5kg 以上或者 21～100kg 之间的货物；对托运货物的限制比较严格；物品描述需要填写实际品名和数量，不接受礼物或样品。

（2）体积重量限制

大部分国家的包裹要求为：单件包裹的重量不超过 70kg，单件包裹的最长边不超过 1.2m。

但是部分国家要求不同，具体以 DHL 官方网站公布为准。

（3）时效及追踪

DHL 配送时效为 3～7 个工作日（不包括清关，特殊情况除外）；可以全程跟踪信息，跟踪网站网址为 http://www.cn.dhl.com/。

5. EMS

EMS（即"Express Mail Service"）是邮政特快专递服务。它是由万国邮联管理下的国际邮件快递服务，在中国境内是由中国邮政提供的一种快递服务。

（1）优缺点

优点：国际 EMS 快递通关能力强，可发名牌产品、电池、手机等产品；货物不计体积，适合发体积大、重量小的货物；无燃油附加费及偏远附加费；时效较邮政大包快，原则上 3～15 天内到达全球各目的地；寄往俄罗斯等国家有优势。

缺点：EMS 相对于商业快递而言，速度会偏慢些；查询网站信息滞后，一旦出现问题，只能做书面查询，查询时间较长；不能一票多件，大货价格偏高。

（2）体积重量限制

EMS 的体积、重量限制参考网站：http://ww.ems.com.cn/。

（3）时效及追踪

EMS 的跟踪查询，卖家可以登录 EMS 快递官方网站查询。

二、速卖通、Wish、亚马逊自发货等订单的首选物流方式——邮政物流

登录邮政局官网可以查询运费等信息。

（一）中邮小包

1. 内涵和特点

中邮小包又称为"中邮航空小包、空邮小包、航空小包"，以及其他以收寄地市局命名的小包（如"上海小包""宁波小包"），包含挂号、平邮两种服务。中国邮政挂号小包（China Post Registered Air Mail）需要加挂号费每单 8 元，提供网上跟踪查询服务。

由于价格便宜、投寄方便，中国邮政小包也是当前中国跨境电商卖家首选的小包主要物流方式。

优点：运费经济、便宜，可以送达全球各个邮政网点；国内中邮货代服务发达，折扣优惠；走邮政包裹通道，可以最大程度避免关税。

缺点：运输时间长，12～60 天；丢包率高，丢包后赔偿响应慢，且赔偿成功概率不高。

2. 发货要求

（1）体积重量要求

中邮小包的体积和重量限制：包裹的重量在 2kg 以内（到阿富汗为 1kg 以内）。

体积大小：非圆筒形货物，长+宽+高≤90cm，单边长度≤60cm，长度≥14cm，宽度≥9cm；圆筒形货物，直径的两倍+长度≤104cm，单边长度≤90cm，直径的两倍+长度≥17cm，长度≥10cm。

（2）计费标准

中邮挂号小包运费=重量×单位价格×折扣率+挂号费。中邮平常小包运费=重量×单位价格×折扣率。注意中邮小包的最低收费重量为 50 克（即首重为 50 克），如果包裹重量轻于 50 克，则按 50 克计算。

3. 时效与追踪

中邮小包的时效为 15～60 天，到土耳其、新西兰、北欧等国家和地区较快（12～15 天）；到西班牙、加拿大、澳大利亚较慢（30～45 天）；到巴西等南美国家非常慢，发货高峰期配送时间甚至会超过 60 天。

平邮小包不受理查询；挂号小包大部分国家可全程跟踪，部分国家只能查询到签收信息，部分国家不提供信息跟踪服务，如寄到澳大利亚的包裹，只能查到中国境内的追踪信息。中邮挂号小包可至中国邮政官方网站查询，卖家也可登录一些社会网站进行查询，如一起跟踪网和赛兔网等。对于以上网站未能展示的信息，如境外邮政的接收、投递信息等，也可以尝试登录不同国家邮政的网站进行查询。

（二）中邮大包

1. 内涵和特点

中国邮政大包，又称中国邮政航空大包，即 China Post Air Parcel，俗称"航空大包"。事实上，中国邮政大包除了航空大包外，还包括水陆运输的大包。中邮大包可寄达全球 200 多个国家和地区，价格低廉，清关能力强，对时效性要求不高而重量稍重的货物，可选择使用此方式发货。

中邮大包的优点有：①成本低，尤其是该方式以首重 1kg、续重 1kg 的计费方式结算，价格比 EMS 低，且和 EMS 一样不计算体积重量，没有偏远附加费，较商业快递有绝对的价格优势；②通达国家多，中邮大包可通达全球大部分国家和地区，且清关能力强；③运单操作简单，中邮大包的运单简单，操作方便。但是其具有部分国家限重 10kg，最重也只能 30kg，妥投速度慢，查询信息更新慢等缺点。

2. 发货要求

（1）体积重量要求

中邮大包体积和重量的限制根据运输物品的重量及目的国家而有所不同。

（2）计费标准

中邮大包的运费计算。中邮大包以首重 1kg、续重 1kg 的计费方式结算。

3. 时效与追踪

时效与追踪与挂号邮政小包相同。

（三）E 邮宝（包括 E 特快、E 快递）

1. 内涵和特点

国际 E 邮宝，即 ePacket，隶属 EMS 业务下面，是中国邮政为适应国际电子商务寄递市场的需要，为中国电商卖家量身定制的一款全新经济型国际邮递产品，提供该服务的为中国邮政速递物流公司，是中国邮政集团公司直属全资公司，主要经营国际、国内 EMS 特快专递业务。国际 E 邮宝和香港国际小包一样，针对轻小件物品（限 2kg 以内）的空邮产品。

优点：时效快，适合到美国的 2kg 以内的货物，时间为 3～15 天，且费用便宜。

缺点：只适合 2kg 以内的货物；一些国家的挂号费较贵，因此，对重量特别轻的商品而言，运价不是很经济；不受理查单业务，不提供邮件丢失、延误赔偿。

2. 发货要求

（1）体积重量要求

国际 E 邮宝的重量和体积限制：大多数国家单件限重 2kg（英国限重 5kg、俄罗斯限重 3kg），单件的最大尺寸：长、宽、高合计≤90cm，最长一边≤60cm。圆卷邮件直径的两倍和长度合计≤104cm，长度≤90cm。单件最小尺寸：单件邮件长度≥14cm，宽度≥11cm。圆卷邮件：直径的两倍和长度合计≥17cm，长度≥11cm。

（2）计费标准

中国邮政不定期调整并公布不同邮路的资费标准。当前采取不计首重的计费方式收取邮费。具体计算公式为：E 邮宝运费=每件固定费用+每克运价×克数。

（3）时效与追踪

E 邮宝的时效为 15～60 天，到土耳其、新西兰、北欧等国家和地区较快（12～15 天）；到西班牙、加拿大、澳大利亚较慢（30～45 天）；到巴西等南美国家非常慢。

（四）其他国家邮政小包

邮政小包、大包是使用较多的一种国际物流方式，依托万国邮政联盟网点覆盖全球，其对于重量、体积、禁限寄物品要求等方面均存在很多的共同点，然而不同国家和地区的邮政所提供的邮政服务却或多或少存在一些差别，主要体现在不同区域会有不同的价格和时效标准，对于承运物品的限制也不同。

（1）香港邮政小包。香港小包的时效中等，价格适中，运费不分片区，全球统一，计算很容易。处理速度快，上网速度快。

（2）新加坡邮政小包。价格适中，服务质量高于邮政小包一般水平，并且是目前常见的手机、平板等含锂电池商品的运输渠道；适合运到柬埔寨等国家，价格便宜，时效快。

（3）瑞士邮政小包。欧洲线路时效较快，但价格较高，欧洲通关能力强，欧洲申根国家免报关。

三、小 B 订单、海外仓库补货的首选物流方式——海派、空派

这种物流方式是在传统国际贸易物流方式下演变出来的一种物流方式。其核心特点是包含目的国配送业务。该物流方式适合国际贸易术语中的到货成交方式，尤其是 DDP（Delivered Duty Paid，税后交货）这个贸易术语。

（一）海派

海派是跨境电商业务中，货物从启运国到目标销售国仓库头程运输的一种最常用的运输方式。海派运输中，首程运输使用海运，到目的国港口清关拆柜后，用本地卡车等转运至目标仓库。我国跨境出口物流中，美国海派业务非常成熟，欧洲海派业务时效、计费、班次等都有显著滞后。

1. 上海美森快船

选择该班船的卖家，无论是在深圳还是在江浙、福建等地区发货，物流商最终都要把货运到上海装柜，然后通过上海美森快船公司运输，它号称"中国海派最快的一班船"，周一截仓周三开船，11 天到洛杉矶，在洛杉矶清关拆箱之后再进行快递配送。

它的时效是 19～23 天，也就是说，从周五截仓到交亚马逊仓库，货物到美西地区需要 19 天，到美东地区需要 23 天；它的速度最快，所以价格也最贵，平均 13 元/kg 左右。

美森快船最大的优势，除了航程最快之外，就是它在洛杉矶拥有自己的码头，其他船公司用的是公众码头，在海运旺季时靠港卸货时间长达一周左右，而美森快船靠港后一到两天就可以提柜，在旺季时优势非常明显。

2. 深圳快船

该班船的路线是从深圳盐田到洛杉矶，船开后大概需要 13～15 天到达洛杉矶，拆箱后安排快递配送。这班船从周四截仓开始算起，到交亚马逊的仓库，正常的时效大概是 22～26 天，也就是 22 天到美西地区，26 天到美东地区；价格居于上海美森快船和海派慢船之间，平均 10 元/kg 左右。

3. 海派慢船

它的头程与深圳快船服务相同，唯一不同的是产品到达洛杉矶拆箱之后，会由卡车进行配送，所以时效性较慢。从截仓开始算，时效大概是 26～38 天。海派慢船的收费是按产品的立方计算的，而前面两种快船的收费按千克计算，所以慢船的价格也最便宜。

（二）空派

空派是指空运加配送的意思。首程运输采用空运，到达目的国清关后用本地卡车或本土快递配送运输到指定仓库。其具有时效快（7～15 工作日）、费用比商业快递便宜、全程可追踪等特点。

四、专门物流

随着国际物流业竞争越来越激烈，部分企业单独承揽跨境电商物流中的某项物流业务，形成以个性化、专线运输等为特征的物流方式，常见的有专线物流和亚马逊物流。

（一）专线物流

专线物流是针对某个指定国家的一种专线递送方式。它的特点是货物送达时间基本固定，如到英国、法国、德国要 5～6 个工作日，到俄罗斯要 15～20 工作日，运输费用较传统国际快递便宜，同时保证清关便利。

速卖通平台上的专线物流，有中东专线、中俄专线和其他专线。如到俄罗斯的专线有速优宝芬兰邮政小包（Poati Finland）、中俄航空（Ruston air）、中俄快递（-SPSR），到西班牙的有中外运—西邮经济小包（Correos Economy）等，这些专线的共同特点是运费比普通邮政包裹便宜，清关能力比普通邮政包裹强，运达速度快。因此，若有到目的国家的专线，可以首选物流专线。

（二）通过亚马逊物流补货

在亚马逊平台，亚马逊物流提供了自有的物流体系。卖家可以选择其作为亚马逊仓库发货、补货。其服务可以扩展至零库存下提前 3～5 天预售（亚马逊会计算货件入仓时间，如果短期内可以入仓，亚马逊将启动该产品的预售，即断货情况下也可以继续销售）等，服务体系也越来越完善。成熟、利润率较高的卖家可以选择亚马逊自营物流方式。

（三）通过虚拟海外仓物流发货

有一些专业的货代公司、物流公司可以提供国内揽收、国外配送的一体化物流业务，该业务一般被称为虚拟海外仓发货。该业务下，卖家在跨境店铺后台物流模板中将虚拟海外仓运营方告知的虚拟的海外仓地址填入"发货地址"栏目后，将打包好的订单集包发往货代或物流公司提供的国内收货地址，即完成发货。货代收到货物后再拼箱发往海外虚拟的海外仓地址，然后拆箱分发配送到买家手中。这种方式对国外买家而言，获得了本土发货时效快的体验，达到发货面单意义上的本土发货。对于卖家而言，节省了物流费用、降低了海外仓滞销存仓风险。[①]

---

① 知乎作者-蛋壳: https://www.zhihu.com/question/21058434/answer/27423108

（四）跨境平台国内仓库收货

最近几年，以虾皮为代表的跨境电商平台发展迅速。其提供上海、厦门、深圳等国内收货仓库。卖家将打包好的订单就近发往这些仓库，即完成发货。其优点是为卖家节省了订单处理时间、降低了货物追踪要求、节省了物流费用，但是这种物流模式目前还仅限于个别跨境电商平台。

五、海外仓仓储费用及海外配送费用

当前很多跨境电商卖家都使用海外仓存储货物，实现平台下单、站外本土配送，提高订单送达时效，增强客户购买体验。对于采取这种模式运营的跨境电商企业（包括亚马逊 FBA 卖家）来说，核算产品海外存储和配送成本是一项影响跨境电商店铺整体绩效的重要工作。实质上，无论是亚马逊仓库、速卖通官方合作仓库还是第三方仓库，对货物存储费、配送费计费标准和计费方式大同小异。

海外配送货物尺寸标准及计费方式

1. 货物分类

按照尺寸和重量两个指标，将货物分为标准尺寸货物和大件货物两类，且各自细分为若干子类，具体如表 7-1 所示。

表 7-1　货物尺寸对照表

商品尺寸			重量限制	尺寸（inch）			
				最长边	中长边	最短边	综合尺寸
标准尺寸	小标准尺寸	小号	12oz	15	12	0.75	N/A
	大标准尺寸	大号	1 同表 7-3、用 lb 表示	18	14	8	N/A
		大号	1lb＜重量≤2lb	18	14	8	N/A
		大号	2lb＜重量≤20lb	18	14	8	N/A
超标准尺寸	小超	小号	70lb	60	30	N/A	130
	中超	中号	150lb	108	N/A	N/A	130
	大超	大号	150lb	108	N/A	N/A	165
	特超	特殊	＞150lb	＞108	N/A	N/A	＞165

注：综合尺寸为长宽高之和，如果是圆筒形货物，则长+直径×2；1lb=16oz=0.454kg。

2. 配送费用计费标准

以亚马逊 FBA 配送为例，不同尺寸货物计费不同，根据货物尺寸和货物配送实际重量计算运费，包括货物本身重量和附加重量，具体如表 7-2 所示。

表 7-2　不同尺码货物派送费计收标准

商品尺寸			重量限制	亚马逊 FBA 收费方法
标准尺寸	小标准尺寸	小号	12oz	2.41 美元
	大标准尺寸	大号	1lb	3.19 美元
		大号	1lb＜重量≤2lb	4.17 美元
		大号	2lb＜重量≤20lb	4.17+0.38/磅（超出首重 2 磅的部分）

（续表）

商品尺寸		重量限制	亚马逊FBA收费方法
超标准尺寸	小超 小号	70lb	8.13+0.38/磅（超出首重2磅的部分）
	中超 中号	150lb	9.44+0.38/磅（超出首重2磅的部分）
	大超 大号	150lb	73.18+0.79/磅（超出首重90磅的部分）
	特超 特殊	>150lb	137.32+0.91/磅（超出首重90磅的部分）
服装类，每件商品加收0.4美元			

3. 附加重量

以亚马逊FBA为代表的仓库，配送前对产品进行二次包装，包装重量计入货物重量，与货物本身重量合并配送费用计费。对应包装重量如表7-3所示。

表7-3　不同尺码商品的出口配送重量

商品尺寸分段和类别	包装重量	出口配送重量
标准尺寸媒介类商品	2 oz（0.125lb）	商品重量+包装重量（向上取整到最接近的磅数）
标准尺寸非媒介类商品（1lb或更低）	4 oz（0.25lb）	商品重量+包装重量（向上取整到最接近的磅数）
标准尺寸非媒介类商品（大于1lb）	4 oz（0.25lb）	商品重量或体积重量中的较大者+包装重量（向上取整到最接近的磅数）
小号、中号和大号大件商品	16 oz（1.00lb）	商品重量或体积重量中的较大者+包装重量（向上取整到最接近的磅数）
特殊大件商品	16 oz（1.00lb）	商品重量+包装重量（向上取整到最接近的磅数）

4. 海外仓储费

无论是亚马逊物流还是海外仓，一般按淡季和旺季分段收费。以亚马逊为例，费用如表7-4所示。其他海外仓收费略低于亚马逊仓储费。

海外仓

表7-4　亚马逊仓储费用一览表

时间	标准尺寸商品	大件商品
1～9月	每立方英尺0.64美元	每立方英尺0.43美元
10～12月	每立方英尺2.35美元	每立方英尺1.15美元

5. 海外物流环节总费用

海外仓对接收处理入仓货物、出仓货物、打包业务及相关耗材等均计收费用。视不同海外仓收费标准不同，但是业务范围、计费项目大致相同。以全境通海外仓一件代发服务收费结构为例，海外仓总费用为：

总费用=入库费（计件）+SKU测量费（一次性）+出库费（计件）+一票多件分拣费（按件收取）+仓储费（按月均摊）+派送运费（按前述大致标准收费）

其中入库费、出库费和运费这三项基本是必定会产生的费用；SKU测量费是一次性费用，一个SKU仅收一次；一票多件分拣费仅在同一个订单有多件商品要拣货出库时收取；仓储费按月收取，卖家需要自行计算产品日均摊费用，以核算总成本。有些海外仓给予 30 天免仓储费的优惠。比如全境通海外仓，如果某跨境卖家每个批次入仓的货物都在 30 天内售罄，即把库存周期控制在一个月以内，那就一直都不必付海外仓仓储费。

当然，如果让第三方海外仓做亚马逊 FBA 货物换标等，则会产生贴标费、标签费、包装材料费等一系列费用。

演示典型业务 》》

典型工作一：设置跨境电商店铺后台物流模板

一、工作内容描述

师傅根据不同国家物流特点，设置不同的物流模板。

二、工作过程与方法

业务 1：速卖通运费模板设置。

速卖通运费模板

业务 2：阿里巴巴国际站运费模板设置。

新建运费模板

业务 3：亚马逊运费模板设置。

亚马逊运费模板设置

典型工作二：跨境店铺订单发货处理

一、工作内容描述

师傅每天完成 B2C 平台订单处理工作，速卖通平台用店小秘 ERP 软件进行处理，亚马逊平台用马帮 ERP 进行处理。有时后台直接发货，协助仓库部门完成当天的发货任务。

二、工作过程与方法

业务 1：速卖通订单后台直接发货。

业务资料：速卖通发货界面如图 7-1 所示。

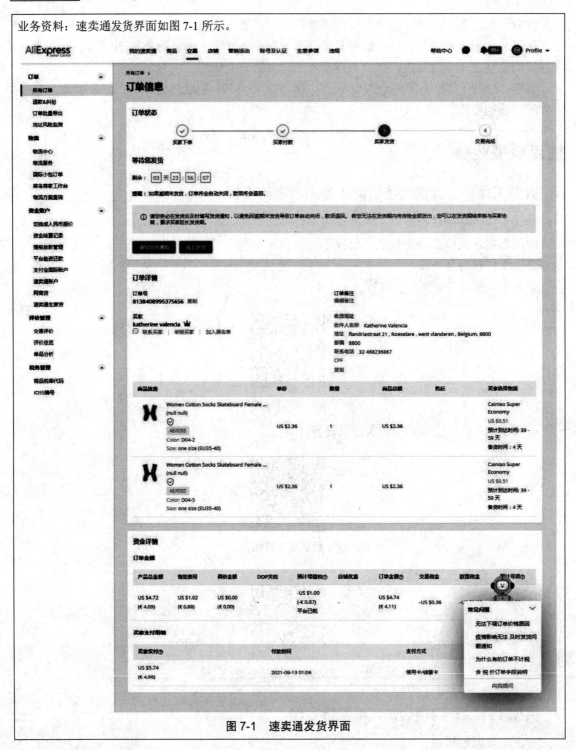

图 7-1　速卖通发货界面

1. 后台线上发货

步骤	操作名称	操作内容要点
1	查看待发货订单	交易—我的订单—订单列表，确认待操作订单
2	发货	进入发货界面

（续表）

步骤	操作名称	操作内容要点
3	线上发货	选择适合的物流方式
4	完善包裹信息	填写品名、申报信息等
5	确认买家收货信息	确认买家姓名、地址、电话等
6	打印发货标签	交易—物流（左边列）—选择订单—打印标签
7	发货	包裹送交物流公司（或物流公司上门取件）
8	通知买家	填写发货通知、物流单号、物流方式等

2. 线下发货

步骤	名称	内容
1	查看待发货订单	交易—我的订单—订单列表，获取待发货订单买家姓名、地址、电话等信息
2	线下发货	通过快递、货代邮政小包、E 邮宝等发货，获得订单号
3	填写发货信息	订单列表—（已交寄）订单—发货，填写发货信息，包括物流单号、物流方式等
4	完善包裹信息	填写品名、申报信息等
5	通知买家	填写发货通知、物流单号、物流方式等

3. 利用 ERP 软件（如店小秘）发跨境店铺（如速卖通）订单

公司速卖通跨境店铺都绑定了店小秘跨境电商 ERP，店铺订单信息直接导入店小秘软件。大部分订单发货都是通过店小秘完成的。个别订单需要手动在店小秘中添加订单进行发货。

步骤	绑定店铺直接发货	非绑定店铺手工订单发货
1	按规则选择待发货订单	订单—店铺—手工订单
2	发货	填写订单信息
3	选择物流方式，填写报关信息	审核订单：订单—待审核—（订单）审核
4	生成物流单号	填物流信息
5	打标贴标	生成物流单号
6	上门取货或送货到货代	打标贴标
7	跨境店铺后台通知买家	上门取货或送货到货代
8		跨境店铺后台通知买家

（1）店小秘 ERP 软件绑定店铺之订单处理

绑定跨境店铺的店小秘软件，可以自动将跨境平台订单业务导入到店小秘软件。进入店小秘 ERP 软件后，在订单栏目中查看待发货订单（可以多变量选择需要处理的订单），然后单击"发货"按钮，进入物流信息填写界面，如图 7-2 所示。

利用店小秘 ERP
软件订单发货

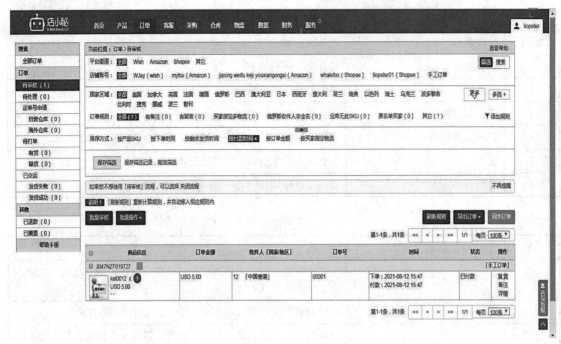

图 7-2　店小秘物流信息填写界面

在绑定物流方式的前提下，填写正确后，接下来要申请物流单号，如图 7-3 所示。

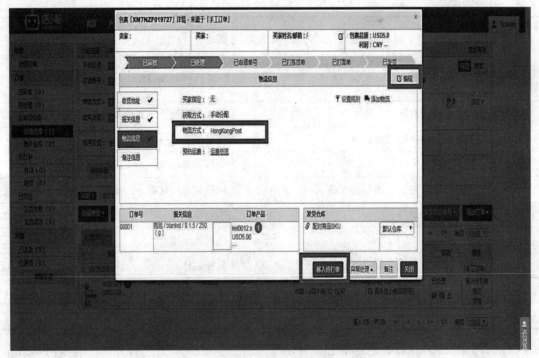

图 7-3　绑定店小秘及物流渠道订单

（2）在未绑定店铺的店小秘软件里手工处理订单

对于初创或业务量非常少的个别卖家，其自发货业务量不多，达不到与物流公司签订发货协议的基础条件，无法在店小秘中绑定物流方式。所以这类卖家不能通过店小秘自动申请发货单号。这样的卖家可以和有资质的卖家合作，通过合作方的店小秘进行发货。这种情况下，需要在"订单"栏目选择"手工订单"，然后填写订单信息，如图7-4所示。

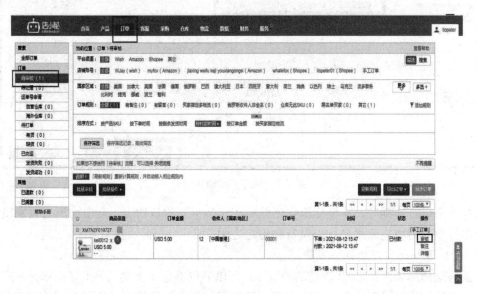

图 7-4 手工订单录入界面

保存后返回订单界面，单击"审核"链接审核该订单，进入物流信息填写界面，选择物流方式，填写物流信息，如图7-5所示。

图 7-5 物流信息填写界面

进入添加物流界面后，选择物流方式，填写物流信息，如图 7-6 所示。

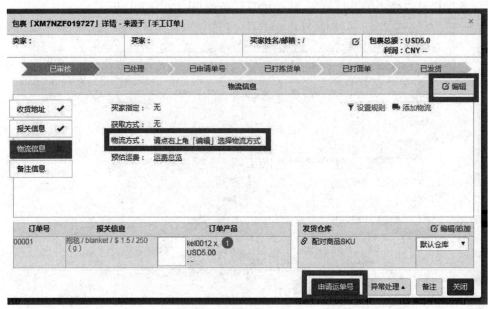

图 7-6　选择物流方式

保存并申请运单号，如图 7-7 所示。

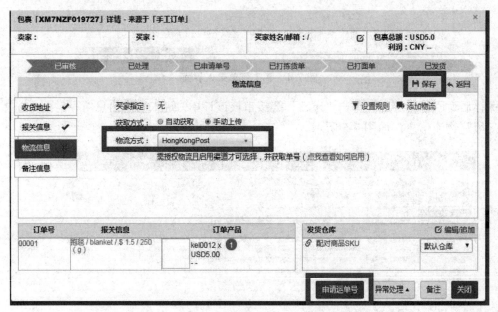

图 7-7　保存并申请运单号

这样就可以打印标签，并将标签凭证粘贴在包装牢固的货物上，交由物流公司发货了。同时将运单号填入跨境电商平台，以做货物追踪之用。

业务 2：亚马逊自发货订单发货。

在亚马逊店铺未绑定 ERP 软件的情况下，可以采取业务 1 里的"手工订单"的方式生成物流单号。获得物流单号后，将物流方式和物流单号填入亚马逊订单"发货"相应栏目即可。

2. 马帮 ERP 绑定亚马逊店铺发货

步骤	操作名称	操作内容要点
1		
2		
3		
4		

3. 师傅说，如果一个新卖家没有与物流公司签订合作协议，则无法通过 ERP 完成自主生成单号的业务。这种情况下，必须在处理好包裹后，将货物带到相应物流公司现场贴标、发货。将快递面单上的物流号，第一时间填入亚马逊后台。此时，需要注意必须在 48 小时工作日内完成发货（以下单时间和后台填入物流单号时间为准）。跟单员需要与物流公司业务人员协调好关系，最好能够先将订单信息制成表格并发给物流公司的单据处理人员，让其先生成面单（即物流单号）。跟单员将单号及时填入系统后，再将货件送往物流公司。另一种可行的方式是，找有签约物流公司的跨境店铺经营者由其代打单，这可能会涉及一些中间费用，但是往往比与物流公司合作效果更好。

（1）由其他跨境卖家代发

师傅说，公司部分产品货源直接来源于某速卖通卖家。公司亚马逊店铺产品规格、型号、款式等全部信息均符合该卖家店铺产品。这些产品出单后，直接与该速卖通卖家对接，由其直接负责发货。这些货可能从国内发往国外，也可能由该卖家的海外仓直接发货。这种发货要求准确、及时、安全。这种业务就是国内淘宝店铺或拼多多店铺"一件代发"的一种变形，实质是赚不同平台的差价。

马帮 ERP 发货——亚马逊平台

①师傅汇总了代发货订单信息，并将《发货清单表》发给对方客服。

发货清单表

序号	客户名称	数量	收货地址	联系方式	物流方式	物流单号
						空白
						空白

②根据对方回传的《发货清单表》，生成《已发货清单表》。

已发货清单表

序号	客户名称	数量	收货地址	联系方式	物流方式	物流单号
						***
						****

③将《已发货清单表》物流信息填入后台（或通过 ERP 软件批量导入）并给买家发出发货通知。

④后续业务追踪详见岗位工作模块一相关任务。

（2）由国内工厂代发（以虾皮为例）

①由国内工厂（如 1688 批发网上的店家）代发亚马逊、速卖通店铺订单方式方法和上述方式方法基本一致（略）。

第三方发货

②由国内工厂（如 1688 批发网上的店家）代发虾皮店铺订单，则只需要将发货清单传给 1688

店家，由店家直接发货即可，其物流信息自动导入店铺订单信息里。此时，发货清单的栏目与亚马逊或速卖通有所差异，如表 7-5 和表 7-6 所示。其中仓库地址信息，视 1688 店家经验，如果其非常熟悉，那么只写"上海仓"或其他仓即可，否则要具体写明仓库详细地址。1688 店家根据提供的信息打包、发往国内虾皮仓库，完成发货。发货后卖家在虾皮后台追踪物流信息即可。

表 7-5　虾皮待发货订单

客户名称	品名	金额-台币	数量	收货地址	联系方式
高树雄	铜制花洒	399	2	台湾高雄和平路 208-10	089-123456

表 7-6　虾皮发货

客户名称	品名	采购单价	数量	收货地址	面单标签	联系方式
高树雄	铜制花洒	35	2	台湾高雄和平路 208-10		089-123456

典型工作三：物流运费计算及发货渠道选择

物流查询

一、工作内容描述

师傅根据货物性质、店铺特点、买家要求等计算不同物流方式成本，并选择最优物流方式发货。

二、工作过程与方法

业务 1：样品单（顺丰）商业快递发货（货重 2kg 以内发商业快递）。

1. 月结协议客户

与商业快递公司有月结协议的客户，一般都可以享受一定的运费折扣，即在标准收费基础上打折收取运费，具体折扣视公司业务规模、议价能力和国际运输情况而不同。师傅说，公司享受 85 折优惠。假设公司有一个 1.25kg（size：20cm×30cm×25cm）样品单，时效要求 15 天以内。师傅用顺丰国际快递寄出本订单。

2. 顺丰国际收费查询

顺丰国际收费查询界面如图 7-8 所示。

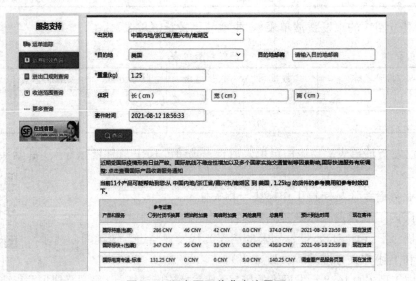

图 7-8　顺丰国际收费查询界面

3. 查看货件标准规定

发往美国的货件标准如图 7-9 所示。

		每18-15cm间距。
美国	一票一件，单件包裹最大重量 ≤30千克	1、最长边≤60cm，同时≥15cm 2、次长边（宽W）或第三长边（高H）≤40cm，同时≥10cm 3、任一边长超过单边尺寸限制均视为超尺寸货物，不接收超尺寸货件 4、周长≤213cm，周长=(长L+2*宽W+2*高H) 5、不接受外包装是圆柱形或者管子形状
		1、最长边（长L）≤ 60cm；

图 7-9　发往美国的货件标准

4. 业务操作步骤

步骤	工作过程
确定货物重量	1.25kg<30kg　可以发顺丰——国际电商专递（标准）
确定时效	查网址相关信息，7～12 工作日，符合规定
确认体积	不违反货件标准
结论	可以寄，收费 140.25 元 CNY，实收：140.25×0.85

5. 师傅刚要将货件寄出，收到国外客户信息。国外客户要求尽快收到产品，以决定是否下单。为此师傅改寄 FedEx，查询联邦国际快递，如图 7-10 所示，具体操作如下所示。

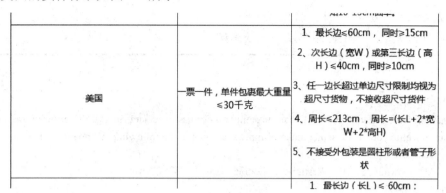

图 7-10　联邦国际快递查询

步骤	工作过程
确定货物质量	1.25kg
目的地	美国西部
确认体积	经查，货件不违反尺寸标准
填写面单	收货人姓名，地址，邮编 申报价值 80USD
结论	可以寄，收费 324CNY（已优惠）

6.结算时，公司支付 324CNY 和货物价值 20%（16×6.7CNY）关税。

业务 2：邮政渠道发货（货重 2kg 以内）。

次日，外方又下了一个样品单，订单信息如下：

业务资料：

1.业务邮件信息

Dear，MR. Liu

I'm very glad of receiving your message that the sample order has been sent. In order to ensuring the order under consideration，would you please send another sample according to the following information. Thanks.

Consignee：Jeny Booch

Address： 102 Downing Street Westminster Lodon British NW8 8AF

Tel：+44-121-2**0443

2.E 邮宝资费标准

E 邮宝资费标准（部分）

序号	路向	资费标准		起重	限重
		元/件	元/千克	克	克
1	德国	19	60	1	2000
2	美国	15	64	50	2000
3	希腊	25	60	1	2000
4	新加坡	25	40	1	2000
5	新西兰	9	70	50	2000
6	日本	15	40	50	2000
7	瑞典	19	60	1	2000
8	英国	25	45	500	1999

---

1. 师傅根据订单信息在店小秘 ERP 上填写订单信息后打印出 E 邮宝面单，并对面单进行了核对。然后核算运费、发货，并完善了跨境电商店铺的订单追踪信息。

E 邮宝面单	
步骤	
填写订单信息	Name: Address: Country Post code Tel:
核对面单信息	修改信息：地址***错误
计算运费	1.25kg=1250g，45/1000=0.045 元 25+（1250−500）×0.045=58.75 元 师傅说：如果寄到德国去，那么是没有起步重量的。因此运费=19+1250×0.045=75.25 元
寄出	获得运单号，填入后台

2. 师傅说邮政小包发货，业务操作流程和 E 邮宝差不多（略）。

业务 3：邮政大包发货（货重 2～20kg 之间）。

师傅说，货物重量在 20kg 以内，如果时效性要求一般，可以选择邮政大包或其他物流大包。一般而言小 B 卖家选择邮政大包，不选择商业快递发货，毕竟成本太高。

师傅查询邮政网站获知邮政大包资费表和尺寸要求，然后根据订单包裹计算邮费，操作方法与 E 邮宝基本相同。如果对方时效性要求高或愿意承担高额运费，则选择商业快递发货，业务流程与前面业务基本一致（略）。

利用邮政大包-虾皮
平台发货

典型工作四：亚马逊 FBA 发货规划及操作

业务 1：做发货规划。

1. 下载 B2C 店铺库存不足产品清单

2. 某几款产品突然大卖，请根据物流时效，确定补货方案

亚马逊货件计划
创建

| 产品 SKU | 预计日销售量 | 库存可售天数 | 头程天数 | | | 补货判断 |
			空派（7～15 天）	海派（25～30 天）	21kg 商业快递（5～7 天）	
00001	100	35		√		4000
00003	150	20	√	√		空派：2000 海派补货：5000
00004	60+	6	√	√	√	海派 1800 空派 15×60=900 商业快递 60×7=420

3. 规划发货计划

SKU	发货数量	重量	发货方式	预计到达天数	按时到达概率	断货概率
00004	1800	180kg	海派	25	95%	5%
00004	900	80kg	空派	15	90%	2%
00004	800	80kg	商业快递	5	80%	1%

业务 2：创建货件计划（后台填发货计划）。

创建计划步骤

步骤	步骤名称	主要操作内容
1		
2		
3		
4		
5		

（续表）

步骤	步骤名称	主要操作内容
6		

业务 3：SKU00004 的产品商业快递补货 420 件。

业务资料：各物流方式发货到上架周期与运费成本			
物流方式	正常天数	疫情下天数	运费
海派	20～25	25～30	15 元/kg（100kg+）
空派	7～15	20～25	45 元/kg（100kg+）
商业快递	3～5	7～10	65 元/kg（21kg+）
中欧班列	20～25	30～60	25 元/kg（100kg+）

这种紧急补货给公司造成非常大的成本压力。换个角度，其实质是公司物流安排出了严重问题。如果不是因为前面货件出现严重延迟、丢包等问题，那肯定是公司业务规划、销售预测等出现了问题。由于销售激增导致的问题相对乐观。本业务处理方式方法、操作流程等与 2kg 商业快递业务一致（略）。

业务 4：SKU00004 的产品空派补货 800 件。

因为海派物流方式一般都有起步重量 100kg 的要求，所以补仓货物重量在 21～100kg 之间时，一般采用空派物流方式。此时费用较高，但是时效比海派快。受目的国政治、经济、文化、卫生等影响，时效波动很大。师傅完成运费核算、发货，并完善了跨境电商店铺的订单追踪信息。

业务资料：空派报价单		
周五停止预报，周六停止收货		
国家/重量	100KG+	
美西(USW)（邮编8，9字头）	17	
美中(USM)（邮编4，5，6,7字头）	18	
美东(USE)（邮编0，1，2，3字头）	19	

自行打单，中班车截单12；30，当天提取

HK-DHL 欧洲大货防疫物资价

报价表含燃油附加费及一切附加费，体积除5000

国家	71-100KG	101-300KG
英国、法国、德国、安道尔、荷兰、西班牙、爱尔兰、意大利、瑞典、瑞士、挪威、波兰、奥地利、比利时、保加利亚、克罗地亚、塞浦路斯、捷克共和国、葡萄牙、丹麦、匈牙利、爱沙尼亚、芬兰、直布罗陀、希腊、格恩西几内、泽西、拉脱维亚、列支敦士登、立陶宛、卢森堡、马尔他、摩纳哥代表、罗马尼亚、圣马利诺、斯洛伐克、斯洛文尼亚、梵蒂冈城 （红色需要查邮编，有部分邮编暂停派送服务）	**63.0**	**63.0**
已含防疫物资附加费价格		

注意事项：
报价表含燃油附加费，体积除5000. 不含目的地关税。偏远费等各种杂费。目前300KG以上需分票，具体出货前需确认。

根据资料，确定工作步骤为：

步骤	内容
填写订单信息	见业务6
货物预处理	贴亚马逊条码、贴箱单等
计算运费	800件，ABE8仓位新泽西-美国东部 80kg×72=5760元
寄出	获得单号，填入后台

师傅说，5760元运费包括美国方面报关税收，即空派发往美国的一般是双清包税的。但是如果发往英国（包括商业快递、海派）则关税等通关费用是单独计算收取的。

业务5： SKU00004的产品海派补货1800件。

因为海派物流方式一般都有起步重量100kg的要求，所以补仓货物重量在超过100kg时，采用海派方式进行头程运输，相比其他运输方式，海派运费非常便宜，但时效性相对降低。海派同样受目的国政治、经济、文化、卫生等影响，时效波动也很大。师傅完成运费核算、发货，并完善了跨境电商店铺的订单追踪信息。

海派运费计算

业务资料：海派报价单

周五停止预报，周六停止收货

国家/重量	100KG+
美西(USW)（邮编8，9字头）	17
美中(USM)（邮编4，5，6.7字头）	18
美东(USE)（邮编0.1，2，3字头）	19

根据资料，确定工作步骤为：

步骤	内容
填写订单信息	见业务 6
货物预处理	贴亚马逊条码、贴箱单等
计算运费	1800 件，ABE8 仓位新泽西-美国东部 180kg×19=3420 元
寄出	获得单号，填入后台。

师傅说，3420 元运费包括美国方面报关税收，即海派发往美国的一般是双清包税的。

业务 6：填写报关信息和发票信息。

业务资料：公司信息及产品资料
公司名：嘉兴闪驰科技有限公司
收货公司及地址：Amazon.com Services，Inc.
401 Independence Road，Florence，NJ 08518-2200，US （ABE8）
亚马逊后台入库计划（FBA plan no.）：FBA32HYK54JF
物流跟踪号（Amazon reference ID）：5H5I1CS4M
产品名：毛毯；型号：2020-cton-dog；品牌：SUNQ
数量：1800pcs；体积：50pcs/CTN*20CTNS，30*40*40cm per carton，total:36CTNS
采购单价：25 人民币。平台销售 15.33 美元
毛重：180kg；用途：家用；材质：cotton
产品图片：   公司商标：SUNQ

师傅根据货代的要求，将下表填写完整后，将表格发给货代。仓库部门将所需货物按照亚马逊 FBA 的要求，封箱、贴标。因为货物数量较多，师傅与货代协调到公司提货时间。

FBA 专线出货资料模块

SHIP TO

收件公司：＿＿＿Amazon.com Services，Inc.＿＿＿　　　　　　出货单号：（请找我司索取）

收件人：＿Amazon.com Services，Inc.＿＿　　　　　　FBA 号：FBA32HYK54JF

收件地址：401 Independence Road，Florence，NJ 08518-2200，US（ABE8）　Amazon reference ID: 5H5I1CS4M

收件电话：＿＿＿＿＿＿＿＿＿＿＿＿＿＿＿＿＿＿＿＿

HS Code	Full Description of Goods 品名	产品图片	QTY/PCS	单价 USD	总价值 USD	材质	用途	品牌型号	箱数	总净重（KG）	总毛重（KG）	体积（CBM）
6301400000	blanket 2020-cton-dog		1800	4	7200	cotton	personal use	QUNQ	36		180	
Total:			1800		7200				36		180	0

公司名称：嘉兴闪驰科技有限公司　　　　　负责人：孙途　　　　　品牌：SUNQ

典型工作五：整柜海运发货（客户自提）

一、工作内容描述

师傅跟进的一个运动鞋的订单货物已经准备完毕，师傅跟进出货。因为公司没有进出口权，所以业务委托嘉兴拓美进出口有限公司进行出口。首先制作发票等单据，然后委托货代订舱、报关报检，协同货代拖货等。

二、工作过程与方法

业务资料1：合同

嘉兴闪驰科技有限公司
JIAXING SUNQ TECH. CO.，LTD.
NO.199 XIUYUAN ROAD，JIAXING CITY，ZHEJIANG ，CHINA
POST CODE：314000　FAX：（0573）8338**** TEL：（0573）8338****

售货确认书

S/C No：JX-5480
DATE：JUL. 31TH 2021

TO Messrs：ABM DISTRIBUTION， 28 RUE DES VIEILLES VIGNES
　　　　　77183 CROISSY HANBOURG， GERMAN

谨启者：兹确认售予你方下列货品，成交条款如下：

Dear Sirs，

　　We hereby confirm having sold to you，the Buyer， the following goods on terms and conditions as specified below：

唛　头 SHIPPING MARK	商品名称、规格及包装 NAME OF COMMODITY AND SPECIFICATIONS，PACKING	数　量 QUANTITY	单　价 UNIT PRICE	总　价 TOTAL AMOUNT
E. M. C. S/C JX-5480 ABM NO. 1—300	SPORTING SHOES Art. 4240 Art. 4241 Art. 4242 In cartons of 20 pairs each	3,000 PRS 1,500 PRS 1,500 PRS	USD10.00 USD12.50 USD14.80 TOTAL AMOUNT: CIF C5%	USD30,000.00 USD18,750.00 USD22,200.00 USD70,950.00 HAMBURGE

With 3% more or less at seller's option

TIME OF SHIPMENT：Shipment not later than September 15，2021.

LOADING PORT：Shanghai

DESTINATION OF PORT：Hamburge

TERMS OF PAYMENT：The buyer shall pay 30% deposit in advance by T/T not later than August 20th， balance will be paid within 5 days after receipt of the fax of original B/L .

INSURANCE：To be effected by the Seller for 110% of the CIF invoice value covering all risks and war risks only as per China Insurance Clauses.

TERMS OF SHIPMENT：To be governed by "INCOTERMS 2020". For transactions concluded on CIF terms，all surcharges including port congestion surcharges etc. levied by the shipping company， in addition to freight，should be for the Buyer's account.

Documentary：

（1）original GSP CO. in duplicate must be sent before shipment date.

（2）shipping advice must be sent immidiately after B/L issued.

CLAIM: Any claim by the Buyer concerning the goods shipped hereunder shall be filed within 30 days after the arrival of the goods at the port of destination and supported by a survey report by a surveyor approved by the Seller for the Seller's examination. In no event shall the Seller be liable for indirect or consequential damages. Claims in respect of matters within the scope of responsibility of the insurance company，shipping company，transportation organization and/or post office will not be entertained by the Seller.

买方：	卖方：
THE SELLER:	THE BUYER:
JacK Simon	Wu Ronglin
ABM DISTRIBUTION	JIAXING SUNQY TECH CO.，LTD

业务资料 2：完成业务所需相关资料

1. 发票开具日期：2021 年 9 月 1 日，发票编号：<u>JX-5480-INV</u>；发票签发人：吴**。

2. 实际装运日期：2021 年 9 月 5 日；装载船舶和航次：东风轮（DONGFENG），V.280；开航日期：2021 年 9 月 7 日 。

3. 提单出单日期：2021 年 9 月 5 日

4. 单据的提交日期：2021 年 9 月 10 日。

5. 装箱单签发日期：2021 年 9 月 5 日；装箱单签发人：吴**。

6. 包装情况：纸箱装，每箱装 20 双；纸箱外型尺码：50cm×60cm×120cm；纸箱体积：0.36m³；每纸箱净重：9.8kg，每纸箱毛重：10.8kg；装箱单出单日期：同发票开票日期。

7. 海运提单的收货人经进出口双方协商为凭卖方指示。

8. 保险单出单日期：2021 年 9 月 3 日；保险单编号：25886；保险赔付地点：同目的港；保险单授权签字人：王翔（Wang Xiang）。

9. "GSP 原产地证书格式 A"编号：JX-2021968；出口人申请出证日期：2021 年 8 月 31 日；出口人申请出证地点：嘉兴（JIAXING）；出证日期：2021 年 9 月 2 日；出证地点：嘉兴 （JIAXING）；出证机构：中国出入境检验检疫局（China Entry-Exit Inspection and Quarantine）；产品原产性质：完全原产于中国。

业务 1：确认订单出货跟单工作内容和要求。

项号	名称	判断依据	要求	计划开始时间
1	运输	CIF	Shanghai, not later than September 15，2021	September 1，2021
	投保	CIF		September 5，2021
2	报检、报关	CIF	not later than September 5，2021	September 3，2021
3	产地证	GSP	before shipping	September 5，2021
4				

业务 2：缮制发票和装箱单。

1. 商业发票：

嘉兴拓美进出口有限公司

JIAXING SUNQ IMPORT&EXPORT CO.，LTD.

NO.199 XIUYUAN ROAD，JIAXING CITY，ZHEJIANG ，CHINA

POST CODE: 314000 FAX: （0573）2088680 TEL: （0573）2088681

COMMERCIAL INVOICE

To Messrs. ABM DISTRIBUTION， 28 RUE DES VIEILLES VIGNES   INVOICE NUMBER：JX-5480-INV__

77183 CROISSY HANBOURG， GERMAN   DATE： Sep. 1，2021_____

S/C NUMBER:JX-5480_____

FROM: SHANGHAI_____   TO: HAMBURGE_____

唛头号码 MARKS & No.	货物品名 DESCRIPTION OF GOODS	数量 QUANTITY	单价 UNIT PRICE	总价 AMMOUNT
E. M. C. S/C JX-5480 Marseilles NO. 1—300	SPORTING SHOES Art. 4240 Art. 4241 Art. 4242 In cartons of 20 pairs each	3，000 PRS 1，500 PRS 1，500 PRS	CIF C5% HAMBURGE USD10.00 USD12.50 USD14.80	USD30，000.00 USD18，750.00 USD22，200.00
	Total :	6000		USD70，950.00
TOTAL AMOUNT: SAY USD SEVENTY THOUSAND NINE HUNDRED AND FIFTY ONLY				

WE HEREBY CERTIFY THAT THE ABOVE MENTIONED GOODS ARE OF CHINESE ORIGIN

JIAXING SUNQ IMPORT&EXPORT CO.，LTD.

_____ 吴**

2. 装箱单：

嘉兴拓美进出口有限公司

JIAXING SUNQ IMPORT&EXPORT CO.，LTD.

NO.199 XIUYUAN ROAD，JIAXING CITY，ZHEJIANG ，CHINA

POST CODE: 314000 FAX: （0573）2088680 TEL: （0573）2088681

发票箱单汇票讲解

PACKING   LIST

To：ABM DISTRIBUTION，

28 RUE DES VIEILLES VIGNES 77183 CROISSY HANBOURG，GERMAN   S/C NUMBER： JX-5480_____

C\NOS.	NOS & KINDS OF PKGS （CTNS）	QTY （PAIRS）	G. W. （kgs）	N. W. （kgs）	MEAS. （M³）
E. M. C. S/C JX-5480 Marseilles NO. 1—300	SPORTING SHOES Art. 4240 Art. 4241 Art. 4242 In cartons of 20 pairs each	3，000 PRS 1，500 PRS 1，500 PRS	1620KGS 810KGS 810KGS	1470KGS 735KGS 735KGS	54CBM 27CBM 27CBM
TOTAL:		6，000 PRS	3，240KGS	2，940KGS	108 CBM

JIAXING SUNQ IMPORT&EXPORT CO.，LTD.

_____ 吴**

业务 3：办理托运委托，租船订舱。

嘉兴拓美进出口有限公司托运单

BOOKING NOTE

托运人 Shipper JIAXING SUNQ IMPORT&EXPORT CO.，LTD. NO.199 XIUYUAN ROAD，JIAXING CITY， ZHEJIANG ，CHINA			托运单号码 No.: JF130220		
			托运日期 Date: 2021 年 9 月 10 日		
			装运港 Port of Loading:		SHANGHAI
			目的港 Port of discharge:		HAMBURGE
收货人 Consignee TO ORDER BY THE SELLER			被通知人 Notify party ABM DISTRIBUTION， 28 RUE DES VIEILLES VIGNES 77183 CROISSY HANBOURG， GERMAN		
唛头	件数	品名	净重	毛重	尺码（体积）
Marks & Nos.	No. & kind of pkgs	Description of goods	Net weight	Gross weight	Measurement
E. M. C. S/C JX-5480 HAMBURGE NO. 1—300	6000PRS/3000 CTNS	SPORTING SHOES	3，240KGS	2，940KGS	108CBM
Total:	SAY THREE HUNDRED CARTONS ONLY				
可否分批 Partial shipment:		NOT ALLOWED	正本 Original B/L Number.: THREE		
可否转运 Transshipment:		NOT ALLOWED	副本 Copy of B/L Number.: ONE		
装船期限 Latest shipment date: 2017 年 3 月 2 日			运费缴付 Freight:		FREIGHT PREPAID
货存地点 Goods in: 嘉兴桐乡大道**号， 0573-8623****			运输方式 Means of transport: 海运		
特别条款 Special conditions:					
托运联系人：刘星*					
电话：0573-8338****			嘉兴拓美进出口有限 公司		

业务 4：委托报检、报关，填写报检申请，提供报关资料。

1. 填写报检单

<table>
<tr><td colspan="2" rowspan="2"></td><td colspan="5">中华人民共和国出入境检验检疫</td></tr>
<tr><td colspan="5">出境货物报检单</td></tr>
<tr><td colspan="2">报检单位
（加盖公章）：</td><td colspan="3">嘉兴拓美进出口有限公司</td><td colspan="2">编号：8965478955</td></tr>
<tr><td colspan="2">报检单位登记号：</td><td>联系人：吴**</td><td colspan="2">电话：*****</td><td>报检日期：</td><td>20
21 年 9 月 5 日</td></tr>
<tr><td colspan="2" rowspan="2">发货人</td><td colspan="5">嘉兴拓美进出口有限公司</td></tr>
<tr><td colspan="5">JIAXING SUNQ IMPORT&EXPORT CO.LTD.</td></tr>
<tr><td colspan="2" rowspan="2">收货人</td><td colspan="5">（中文）德国爱必美分销公司</td></tr>
<tr><td colspan="5">（外文）ABM DISTRIBUTION EMC DISTRIBUTION SNC</td></tr>
<tr><td colspan="2">货物名称（中/外文）</td><td>H.S.编码</td><td>产地</td><td>数/重量</td><td>货物总值</td><td>包装种类及数量</td></tr>
<tr><td colspan="2">运动鞋
SPORTING SHOES</td><td>6404.1100</td><td>中国嘉兴</td><td>60000 件</td><td>7950 美元</td><td>300 纸箱</td></tr>
<tr><td colspan="2">运输工具名称号码</td><td>DONGFENG V.280</td><td>贸易方式</td><td>一般贸易</td><td>货物存放地点</td><td>逸仙路 1 号</td></tr>
<tr><td colspan="2">合同号</td><td>JX-5480</td><td>信用证号</td><td colspan="2">无</td><td>用途</td></tr>
<tr><td colspan="2">发货日期</td><td>2021.09.5</td><td>输往国家（地区）</td><td>德国</td><td>许可证/审批号</td><td></td></tr>
<tr><td colspan="2">启运地</td><td>上海</td><td>到达口岸</td><td>汉堡</td><td>生产单位注册号</td><td>123455***</td></tr>
<tr><td colspan="2">集装箱规格、数量及号码</td><td colspan="5">2×40' TEXU2263978； TEXU2263979</td></tr>
<tr><td colspan="2">合同、信用证订立的检验检疫条款或特殊要求</td><td colspan="2">标 记 及 号 码</td><td colspan="3">随附单据（划"✔"或补填）</td></tr>
<tr><td colspan="2" rowspan="6"></td><td colspan="2" rowspan="6">A.B.M.
S/C JX-5480
HAMBURGE
NO. 1—300</td><td colspan="2">☑合同</td><td>□包装性能结果单</td></tr>
<tr><td colspan="2">□信用证</td><td>□许可/审批文件</td></tr>
<tr><td colspan="2">☑发票</td><td>□</td></tr>
<tr><td colspan="2">□换证凭单</td><td>□</td></tr>
<tr><td colspan="2">☑装箱单</td><td>□</td></tr>
<tr><td colspan="2">☑厂检单</td><td>□</td></tr>
<tr><td colspan="4">需要证单名称（划"✔"或补填）</td><td colspan="3">*检验检疫费</td></tr>
<tr><td>□品质证书
□重量证书
□数量证书
□兽医卫生证书
□健康证书
□卫生证书
□动物卫生证书</td><td>_____正_____副
1_正_2_副
_____正_____副
1_正_2_副
_____正_____副
_____正_____副
_____正_____副</td><td colspan="2">□植物检疫证书
□熏蒸/消毒证书
□出境货物换证凭单
□
□
□
□</td><td>_____正_____副
_____正_____副
_____正_____副</td><td colspan="2">总金额
（人民币元）

计费人

收费人</td></tr>
</table>

报检人郑重声明：	领 取 证 单	
1. 本人被授权报检。	日期	
2. 上列填写内容正确属实，货物无伪造或冒用他人的厂名、标志、认证标志，并承担货物质量责任。	签名	
签名：____张莉____		

注：有"*"号栏由出入境检验检疫机关填写	◆国家出入境检验检疫局制

2. 提供申报要素（不同类型产品，申报要素不同）

项目	内容
品名	运动鞋 Sporting shoe
型号	20-sport-17
材质	鞋面：牛皮，内衬：涤纶，鞋底：合成橡胶（聚异戊二烯）
用途	运动型
品牌	闪驰 SUNQ
其他	详见发票、装箱单

业务 5：申请 GSP 产地证，填写产地证申请书。

1. Goods consigned from （Exporter's business name, address, country） JIAXING SUNQ IMPORT&EXPORT CO.，LTD. NO.199XIUYUANROAD, JIAXING CITY, ZHEJIANG, CHINA	Reference No.JX-2021968 GENERALIZED SYSTEM OF PREFERENCES CERTIFICATE OF ORIGIN （Combined declaration and Certificate） FORM A
2. Goods consigned to （Consignee's name, address, country） ABM DISTRIBUTION, 28 RUE DES VIEILLES VIGNES 77183 CROISSY HANBOURG, GERMAN	Issued in The People's Republic of China （country） See Notes， overleaf
3. Means of transport and route （as far as known） On September 5, 2017 by vessel From Shanghai To HAMBURGE	4. For official use /

5. Item Number	6. Marks and number of packages	7. Number and kind of packages；description of goods	8. Origin criterion（see notes overleaf）	9. Gross weight or other quantity	10. number and date of invoices
1	A.E.M S/CJX-5480 Marseilles NO. 1—300	THREE THOUSAND CARTONS OF SPORTING SHOES ***********	"p"	3，240KGS 6，000Pairs	JX-5480-INV Sep.5， 2021

11. Certification	12. Declaration by the exporter
It is hereby certified, on the basis of control carried out, that the declaration by the exporter is correct. China Entry-Exit Inspection and Quarantine Jiaxing，September 2，2017 Place and date, signature and stamp of certifying authority	The undersigned hereby declares that the above details and statements are correct；that all the goods were Produced in _____CHINA_____ And that they comply with the origin requirements specified for those goods in the Generalized System of Preferences for goods exported to _____GERMAN_____ （Importing country） Jiaxing China，Sep.03，2021 Jiaxing SUNQ Import&Export Co.，Ltd. Place and date, signature of authorized signatory

业务 6：确认货代发来的提单确认书，确认提单信息。

提单确认书

SHIPPER/EXPORT （2） （Complete Name Address）		S/O NO.	NJBN37602200
CHINA NATIONAL CONSUMER ELECTRICS&ELECTRONICS IMPORT&EXPORT CORP. NO.10* TONGXIANG ROAD，JIAXING CITY，ZHEJIANG，CHINA		B/L NO.	HZDY3084NB
		ETD:	2021-09-05
CONSIGNEE （3） （Complete Name and Address）			
ABM DISTRIBUTION， 28 RUE DES VIEILLES VIGNES 77183 CROISSY HANBOURG， GERMAN			
NOTIFY PARTY SAME AS CONSIGNEE			
OCEAN VESSEL/VOY NO.	PORT OF LADING	PORT OF DISCHARGE	PLACE OF DELIVERY
COSCO TAICANG 023W	SHANGHAI，CHINA	HAMBURGE	HAMBURGE ，GERMEN
CARRIER`S RECEIPT		PARTICTLARS FURNISHED BY SHIPPER	
MARKS AND NUMBERS	NO. OF CON. OR OTHER PKGS	DESCRIPTION OF GOODS	GROSS WEIGHT	MEASUREMENT
E. M. C. S/C JX-5480 HAMBURGE NO. 1—300	300CARTONS *****		3，240KGS	108 CBM
	2*40HQ			

	CY TO CY
	FREIGHT COLLECT
HJCU1985497 / CH9809146 MKGU1985497 / CH9809146	NUMBER OF ORIGINALS ISSUED THREE（3）
	DATE:

业务 7：获得提单和报关单正本。

货代装运后，取回提单正本和报关单，具体样本参考《国际贸易实务》《进出口贸易》或《外贸单证实务》等书籍。

业务 8：发送已装运通知邮件。

SHIPPING ADVICE

Dear sir，

We are pleased to inform that the following mentione goods haved shipped on the 20 september，full details are shown as follows:

1. Invoice: jx-5480-inv　　all goods in two 40′ containers
2. Bill of lading number: hzdy3084nb
3. Ocean vessel:dongfeng　v.280
4. Port of loading: shanghai port
5. Date of shipment: sep.5， 2021

We will fax the original bill of lading to your company.

Best regards，
Jiaxing sunq tech. Co.， ltd

业务 9：整理结汇单据。
本业务涉及结汇业务，请见岗位工作模块八（略）

师傅下达工作任务

理论小测试 》

单项选择

1. 商业快递货物丢失后，一般按（ 　　）价值赔偿发货人的货物。

A. 亚马逊平台销售价 　　　　　　　　B. 产品报关申报价

C. 产品采购发票价 　　　　　　　　　D. 快递公司规定的固定价格

2. 下列不属于商业快递性质的物流方式是（　　　）。

A. EUB　　　　　　B. UPS　　　　　　C. 顺丰大货　　　　　　D. FEDEX

3. 根据 2016 年 3 月 24 日《关于跨境电子商务零售进口税收政策的通知》的有关规定，下列说法正确的是（　　　）。

A. 跨境电子商务零售进出口交易限值为 2000 元人民币

B. 单次购物完税价格超过 2000 元，应当按照一般贸易方式全额征税

C. 跨境电子商务零售进口产品关税税率暂定为 0%

D. 进口环节增值税和消费税取消免征额，暂时按照法定税率 8%征收

4. 海外仓处理费一般不包括（　　　）。

A. 入库费　　　　　　B. 换标费用　　　　　　C. 出库费　　　　　　D. 订单处理费

5. 下列属于商业快递性质的物流方式是（　　　）。

A. e 邮宝　　　　　　B. EMS　　　　　　C. 燕文邮政小包　　　　　　D. 邮政挂号小包

6. 下列推广方式中，不属于促销措施的是（　　　）。

A. 包邮　　　　　　B. 广告　　　　　　C. 买赠　　　　　　D. 全店铺折扣

7. 使用海外仓时，一般不会考虑的问题是（　　　）。

A. 产品的保质期　　　B. 体积　　　　　　C. 买家所在地区　　　　D. 销售进度

8. 下列不属于邮政包裹的是（　　　）。

A. E 邮宝　　　　　　B. E 特快　　　　　　C. E 包裹　　　　　　D. EMS

9. 下列关于 E 邮宝的表述不正确的有（　　　）。

A. 对货物有限重 2kg 要求 　　　　　　B. 需要挂号，手续烦琐

C. 可以网络查询追踪货物 　　　　　　D. 不提供邮件延误赔偿

10. 下列关于海外仓说法错误的是（　　　）。

A. 海外仓是指商业运营的货物海外存储场所

B. 海外仓可以提供产品在海外发货、退货、存储等服务

C. 海外仓大都为跨境电商平台以外的第三方提供

D. 海外仓收费较高，价值不大

11. 甲公司拟向亚马逊仓库发 100kg 货物，其或其货代需要（　　　）。

A. 如果属于法定必检货物，需要先报检，再报关

B. 如果属于法定必检货物，需要先报关，再报检

C. 如果不属于法定必检货物，需要先报检，再报关

D. 如果不属于法定必检货物，不报关，不报检

多项选择

1. 商业快递具有的特点有（　　　）。

A. 费率较低 　　　　　　B. 运输周期短

C. 丢件率低 　　　　　　D. 货物追踪效果好

2. 亚马逊 FBA 以外的海外仓具备的业务功能是（　　　）。

A. 存储
B. 处置退货、换标二次销售
C. 代收货款
D. 代理报关入境

3. 中邮小包的优点有（　　　）。

A. 运费便宜
B. 国内中邮服务网点发达
C. 运输时间短
D. 可达国家多

4. 国际运输与国内运输相比，区别有（　　　）。

A. 国际运输风险大
B. 运输周期短
C. 受国家间政治、经济关系影响大
D. 货物追踪保障性差

5. 跨境电商业务中，关于头程运输表述合理的是（　　　）。

A. 对跨境电商业务影响不大
B. 头程运费占产品总成本比例较高
C. 受国家间政治、经济关系影响大
D. 运输时效不稳定

6. 下列货物能通过邮政系统邮寄的是（　　　）。

A. 军靴
B. 牙膏
C. 奶瓶
D. 匕首

7. 下列货物跨境物流受限的有（　　　）。

A. 裸露电池的电动玩具
B. 手机
C. 洗发水
D. 碱性电池

8. 影响跨境物流的因素有（　　　）。

A. 季节
B. 港口装卸条件
C. 国家政策
D. 国际性卫生事件

下达工作任务

任务 1. 计算头程运费

任务资料：
公司拟发美国亚马逊 FBA 加利福尼亚仓库，产品如右图所示。产品有两个变体（款），SKU 分别为 00001 和 00003。产品尺寸为 6.2 inches×6.2 inches×6.2 inches，重量为 650g。用 50cm×50cm×50cm 尺寸纸箱运输。
假设发货数量为 270pcs。

1. 按照前文的商业快递收费标准，分别计算空派和海派运费

步骤	计算过程
货物重量	
货物体积	
空派运输	
海派运输	

2. 计算该批货的海外（月）仓储费

步骤	计算过程
货物单位重量	

（续表）

步骤	计算过程
货物单位尺寸、体积	
淡季仓储费	
旺季仓储费	

3. 计算海外配送费

步骤	计算过程
货物单位重量	
货物尺寸标准认定	
配送外箱重量	
收费标准	

4. 分析物流时效，选择合适的物流方式并确定补货数量

产品 SKU	预计日销售量	库存可售天数	头程天数			补货判断
			空派（7～15 天）	海派（25～30 天）	21kg 商业快递（5～7 天）	
00001	100	35				
00003	150	20				

任务 2. 准备报关资料

任务资料：

公司名：嘉兴闪驰科技有限公司

收货公司及地址：Amazon.com Services，Inc.

1910 E Central Ave，Sun Bamardino，CA 92408，US （ONT2）

亚马逊后台入库计划（FBA plan no.）：FBA19HYK764F

物流跟踪号（Amazon reference ID）：7HEI1CKKM

产品名：ABC TOY；型号：2020-TOY-ABC；品牌：sunq SKU 为 0001

数量：270pcs，体积： 50cm×50cm×50cm per carton，total:10CTNS

毛重：180kg；用途：家用；材质：plastic

产品图片： 公司商标：SUNQ

FBA 专线出货资料模块

SHIP TO

收件公司：_____   出货单号：（请找我司索取）

收件人：_____

FBA 号：

收件地址：_____

Amazon reference ID：：

收件电话：_____

HS Code	Full Description of Goods 品名	产品图片	QTY/PCS	单价 USD	总价值 USD	材质	用途	品牌型号	箱数	总净重（KG）	总毛重（KG）	体积（CBM）

6301400000	blanket 2020-cton-dog		1800	4	7200	cotton	personal use	SUNQ	36		180	
Total:			1800		7200				36		180	0

公司名称：　　　　　　　　负责人：　　　　　　　　品牌：

拓展性任务：分析不同物流方式之差异

任务资料：
经公司财务核算，公司业务费均摊 30%，预期利润为 30%，跨境电商亚马逊平台佣金为 15%，公司该产品采购成本为 25 元/pc，当前汇率 USD1:CNY6.4。请计算产品销售价格是多少？

1. 计算单位产品售价

空派下	海派下
单位头程成本：	单位头程成本：
$P =$	$P =$

2. 请分析不同物流产生的影响

任务 3. 跨境出口"走私"案例分析

侵害国家主权的产品"走私"要坚决说"不"

2022 年福建莆田海关关员在对从中国台湾地区进境的集装箱货物开展查验时，查获一批伪报品名为"塑料饰品"的"问题地球仪"，数量共计 48 个。

2017 年 11 月 20 日，郑州海关驻郑州铁路东站办事处查验关员在对深圳某公司申报出口至德国的 14744 张"旅游海报"进行查验时，发现货物非常蹊跷。该批货物申报名称为"旅游海报"，实际上却是表面黑白色的"世界地图"。经进一步查验，发现这些地图疑似中国重点清查的"问题地图"，存在重大走私违法嫌疑。该案共查获非法"问题地图"19084 张，总重 5.3 吨。（来源：中国新闻网）

思考与讨论：

1. 请结合案例分析，跨境业务中可能涉嫌"走私"违法行为有哪些？

2. 请结合案例讨论：在跨境物流业务中，需要遵守哪些法律规定？跟单员应如何避免走私犯罪？

岗位工作模块八：回笼资金

▶ 工作目标

工作绩效目标 ≫

KPI 考核目标为：

负责公司跨境平台销售数据核对、销售收入回笼，准确核算跨境收入、支出、税费等项目，确保公司收入安全回笼。

KPI 考核指标为：

（1）跨境平台税收核算准确率 95%以上

（2）跨境结算汇率风险损失 2%以内

（3）跨境税收业务完成率 100%

工作能力目标 ≫

知识能力：

- 了解欧洲、美国等主流跨境电商市场国家税收政策、税率和 VAT 各项要求
- 掌握汇率换算和汇率波动知识

技术技能：

- 能够根据欧美国家 VAT 政策，计算应交增值税
- 能够利用汇率进行货币兑换并能够动态跟踪汇率走势，降低汇率波动风险

职业素养：

- 通过结算业务，养成遵纪守法、严守财经纪律工作作风
- 通过货币兑换业务，养成敏锐的成本意识和风险防范意识

师傅讲工作

介绍工作情境

在跨境业务中,当卖家业务仅限于跨境平台 B2C 零售时,则使用第三方支付工具即可完成跨境付款、收款等结算工作。对于小 B 买家的货款,卖家可以使用 PayPal 等支付工具进行结算,或者双方通过银行直接电汇转账完成结算。对于订单金额较大的大 B 买家的货款,可能需要一般贸易模式下的电汇、托收甚至信用证结算。本项目下,师傅需要完成所有类型的结算业务。

讲核心知识

一、跨境电商结算内涵

跨境电商结算与一般贸易模式的结算方式有比较大的区别。在跨境电商 B2B 业务规模很大的情况下,因买家货物安全和卖家资金安全的需要,可能会回归到传统的国际贸易结算方式。

跨境电商结算的支付方式有两大类:网上支付(包括电子账户支付和国际信用卡支付,适合小额的跨境零售)和银行汇款(适合大金额的跨境交易)。

二、结算工作必知的几个重要概念

(一)币种

这个比较直观,境内业务的商家都使用人民币进行结算,付款所需信息就是开户名、开户行、账号三大件。而境外业务使用的多是美元、英镑、日元等国际通用货币,所需的银行信息也与境内业务不同。因此,跨境电商公司需要同时有对应的境内主体的人民币账户和境外主体的外币账户来开展结算业务。

(二)汇率

1. 直接标价法和间接标价法

直接标价法(Direct Quotation),又称应付标价法(Giving Quotation)。这种标价法是以一定单位的外国货币为标准,折合若干单位的本国货币,就相当于计算购买一定单位外币所应付多少本币,所以叫应付标价法。在直接标价法下,外国货币作为基准货币,本国货币作为标价货币。标价货币(本国货币)数额随着外国货币或本国货币币值的变化而变化。包括中国在内的世界上绝大多数国家都采用直接标价法。在国际外汇市场上,日元、瑞士法郎、加元等汇率计算均采用直接标价法,如日元 119.05 即 1 美元兑 119.05 日。

间接标价法(Indirect Quotation),又称应收标价法(Receiving Quotation)。这种标价法是以一定单位的本国货币为标准,折合若干单位的外国货币,即以本国货币为基准货币,其数额不变,而标价货币(外国货币)的数额随本国货币或外国货币值的变化而改变。英国和美国都是采用间接标价法来计算汇率的国家。

2. 汇率波动——升值与贬值

汇率变动（Fluctuations in Exchange）是指货币对外价值的上下波动，包括货币贬值和货币升值。汇率是一个国家的货币可以被转换成其他货币的价格。汇率变动是指汇率发生变化，或某货币相对于另一个货币价值的改变。引起汇率变动的因素有很多，如贸易、通货膨胀等。

货币贬值是指一国货币对外价值的下降，或称该国货币汇率下跌。汇率下跌的程度用货币贬值幅度来表示。

货币升值是指一国货币对外价值的上升，或称该国货币汇率上涨。汇率上涨的程度用货币升值幅度来表示。

3. 银行买入价与卖出价

买入价：该价格是市场在外汇交易合同或交叉货币交易合同中准备买入某一货币的价格。以此价格，交易者可卖出基础货币。

卖出汇率，即卖出价。在采用直接标价法时，银行报出的外币的两个本币价格中，后一个数字（即外币折合本币数较多的那个汇率）是卖出价；在采用间接标价法报价时，本币的两个外币价格中，前一个较小的外币数字是银行愿意以一单位的本币而付出的外币数，即外汇卖出价。

（三）汇兑损益

汇率波动导致在订单支付和商家结算时多结算本币或少结算本币的现象，称为汇兑损益。如果某一个周期内汇率波动很大，那么汇兑损益波动也很大。本币升值，导致汇兑损益扩大；反之则减少。

三、增值税（VAT）

当前，对跨境销售（或称远程销售）海关、税收监管越来越严格。欧美主要国家均开始收取跨境销售增值税税收（Value Added Tax，VAT）。增值税税收分为进口增值税和销售增值税两类。进口增值税是进口环节征收的增值税，销售增值税是对产品在当地销售或基于当地店铺实现的远程销售增值部分征收的税收。二者税率是相同的，但是财务会计属性截然相反。对于跨境卖家而言，通过头程将货物运往目标销售国仓库时，除了要交纳关税还要交纳进口增值税，是卖家"购进货物"而产生的增值税，属于进项税；而销售环节从买家代收的增值税属于销项税。在企业经营中，尤其是会计、税收核算中进项税是可以抵扣的。

从世界范围看，美国部分州还没有强制征收跨境电商 VAT，但是越来越多的州开始征收 VAT。在欧盟销售商品，需要注册 VAT 税号和企业的 EORI 号码。电商平台会根据当地税收要求直接扣除 VAT 税收（会提供发票）。对应发往欧盟仓库的货物，通关时需要提供税号和企业代码，完税后方可将货物运往指定仓库。

（一）销售 VAT 计算方法

欧盟地区，各国税率虽然不同，但计算公式一样：

增值税额=销售金额×VAT 税率

（二）进口 VAT 计算方法

首先需要计算进口关税（关税税额=申报货值×商品税率），然后计算进口增值税：

进口增值税（IMPORT VAT）=（申报货值+头程运费+关税）×20%

申报 VAT 时，已交纳的关税不可抵扣，但是交纳的进口增值税在后续销售业务中可以申报退回，或者用于抵扣销售 VAT。

四、跨境电商 B2C 主要结算工具及方式

（一）第三方支付工具

1. PayPal

PayPal（在中国大陆的品牌为贝宝），1998 年 12 月由 Peter Thiel 及 Max Levchin 建立，是一个总部在美国加利福尼亚州圣荷西市的互联网服务商，允许在使用电子邮件来标识身份的用户之间转移资金，避免了传统的邮寄支票或者汇款的麻烦。亚马逊、eBay 等大部分跨境电商平台支持 PayPal 账号收款。PayPal 仍要收取一定数额的手续费。目前 PayPal 支持 4 种提现方式：电汇至国内银行、支票、两地一卡通/香港银行账户、美国本地银行提现。卖家 PayPal 提现采用最多的方式是电汇，即将 PayPal 账号里的资金转入银行卡（借记卡-储蓄卡）然后提现。目前电汇手续费是 35 美元/每笔，但实际提现时 PayPal 可能会通过中间行将资金电汇入指定的银行卡号中。所以，有时收取的电汇费用会大于 35 美元（中间行费用一般在 5～25 美元之间）。电汇比较快，时间只需 3～5 个工作日。

2. P 卡

P 卡即 Payoneer 卡。Payoneer 成立于美国纽约，是万事达卡组织授权的具有发卡资格的机构。所以，开通 Payoneer 账户可以申请实体卡（称为 P 卡），实体卡可以在全球实体店刷卡消费，也可以在接受万事达卡的自动取款机取现。Payoneer 账户同样可以与跨境电商平台绑定进行收款，Amazon、Wish、Lazada 等平台都支持 Payoneer 卡。实体卡收取每年 29.95 美元的年费，在 ATM 取现时会收取跨境提现费用。通过 Payoneer 账号收款/提现手续费在 1%～2%之间，视所在国家和地区而定，手续费比例会根据提现累计额度有一定降低。

3. Alipay

跨境速卖通平台卖家，可以开通支付宝（国际）实现资金收付。国际版支付宝是阿里巴巴国际站与支付宝联合为国际贸易买卖双方全新打造的在线安全支付解决方案。支付宝保障卖家实现款到发货，买家将货款支付至支付宝后，卖家才发货，全面保障卖家的交易安全。国际支付宝会按照买家支付当天的汇率将美元计价的货款转换成人民币支付到卖家的国内支付宝或银行账户中；还可以通过设置美元收款账户的方式来直接收取以美元计价的货款。对于速卖通卖家而言，国际支付宝比较方便快捷。

（二）银行账号

以亚马逊为首的跨境电商平台，接受卖家以店铺所在国或地区的银行账号为平台收付款，欧洲可以用欧盟地区的银行账号，比如德国店铺，用比利时的银行账号也是可以的。

这其中涉及两种模式：一种是卖家独立地在店铺所在国银行申请银行账号，并将该银行账号信息填入跨境店铺后台，卖家通过该账号支付广告推广费用并将销售款项转出到该银行账户之中，然后提现使用；另一种是申请第三方平台账号，该账号提供跨境平台店铺所在国银行卡（号）进行店铺销售款项的转出和提现。因成本、费用和便利性等因素，很多中小卖家选择利用第三方平台进行收款。比如卖家可以注册 Pingpong 账号，账号注册成功后 Pingpong 会生成银行信息，卖家将该信息填入跨境店铺后台相应栏目。绑定成功后，Pingpong 会定期将跨境平台销售款项结算到 Pingpong 账号中，卖家根据需要进入 Pingpong 账号提现。需要结算跨境平台销售款项时，登录 Pingpong 账号进行转账即可。如果 Pingpong 账号没有及时将平台资金转出，

那么卖家需要进入跨境店铺后台 Payment 或相关栏目将款项手动转出，于是该笔款项就转入 Pingpong 账号里，卖家再从 Pingpong 账号将款项转出到方便使用的国内借记银行卡中进行提现。类似这样功能的第三方平台有很多，如知名的 lianlian 等。其实现方式基本和 Pingpong 是一样的。使用这些第三方平台收款结汇具有结汇金额灵活、限制较少、速度较快的特点，基本可以实现即时到账，也方便在交纳 VAT 税收时直接用外币支付。

五、跨境电商 B2B 结算方式①

汇付

B2B 业务中，大部分卖家使用的结算方式、工具和 B2C 基本一致。个别业务量很大的 B2B 卖家可能会涉及其他结算方式。

（一）小 B 订单，发货后立即结算——电汇

1. 定义

电汇原意是指通过电报进行汇款。当今的电汇更应理解成电子化汇款。电汇是付款人将一定款项交存汇款银行，汇款银行将汇款电子信息传给汇入地银行，并指示汇入地银行向收款人解付相应金额的一种货币结算方式。详细图解如图 8-1 所示，标号为具体业务流转顺序。

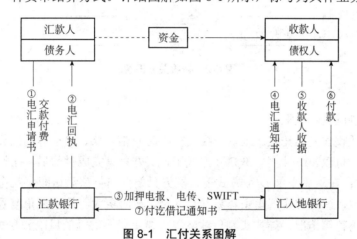

图 8-1　汇付关系图解

2. 特点

（1）电汇手续简便

电汇一般不受汇款金额的限制，小额和大额均可汇款。跨境电商企业卖家或个人卖家均可采用这种方式进行。资金用途也多种多样，如劳务费（佣金）、预付款、尾款、货款等。电汇结算时，可以去银行柜台进行跨境转账，甚至可以通过手机 App 进行操作，方便灵活。

（2）电汇时效好

电汇可以实现实时到账，买方电汇款项当天甚至几个小时即可入账。跨境交易时效可能稍长，但是 1~2 天内即可完成款项收付，时效稳定，及时快捷。

（3）电汇风险可控性强

跨境电商 B2B 小额交易多采取 T/T（电汇）的交易，而且以前 T/T 为主，即买家先付款，卖家收到款项后再发货。也可能留 30%左右尾款，等发货后凭发货票据收这部分尾款（也即后 T/T）。当然在交易双方不太信任的前提下，卖家一般都采用 T/T 的方式，可以很好地控制风险。作为买家，可以预留尾款以降低货不对板的风险，维护自身利益。

---

① 需要深度学习者，请参看《国际贸易实务》相关书籍。

（4）电汇业务办理方便

一般而言，有国际业务的银行网点，均可办理电汇业务。卖家可以便利地选择就近银行网点办理电汇业务，也可自己去开户行网点办理，业务办理非常方便。

（二）信用级别低的 B 端订单，到货后立即结算——托收（D/P 付款交单）

1. 定义

托收（Collection）是指在进出口贸易中，出口方开具以进口方为付款人的汇票，委托出口方银行通过其在进口方的分行或代理行向进口方收取货款的一种结算方式。托收涉及多个银行和多个当事人，详细图解如图 8-2 所示，其中标号为业务流程。

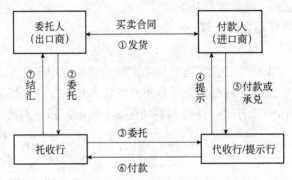

图 8-2　托收关系图解

2. 特点

（1）托收金融风险较电汇大

托收有跟单托收和光票托收。跟单托收及托收时附带发票、提单等物权凭证，并与汇票一起发给买家并提示付款。在付款交单 D/P 方式下，买家只有完成付款后，托收行才能将单据交给买方（进口方）；在承兑交单 D/A 方式下，买方只要做出付款承诺即可获得无权凭证单据，并据此拥有提货权，这种方式下卖家容易钱货两空，风险更大。从买家角度看，也存在卖家交付的货物与合同不符等情况，导致买家付款赎单后遭受货不对板的风险和损失。

（2）托收给买家（进口人）更多的金融便利

在托收下，买家免去了开立信用证等业务，节省了一定的手续费，也不需要因开立信用证而预付保证金或押金，货到目的港后，付款提货即可。甚至可以在承诺的前提下，从卖家手中预借货物进行销售、使用等，节省了费用，提高了结算效率。

（3）托收是商业信用

托收虽然是通过银行办理的，但银行只是作为出口人的受托人行事，并没有承担付款的责任，进口人不付款与银行无关。托收是基于商业信用的结算方式，有一定的风险。所以，一般来说，完全陌生的客户一般不选择托收这种支付方式。只有双方有一定互信机制后，才会更多地选择托收进行结算。

（三）信用级别低的 B 端订单，银行信用模式下结算——信用证

1. 定义

信用证，是指银行根据进口人（买方）的请求，开给出口人（卖方）的一种保证承担支付货款责任的书面凭证。在信用证内，银行授权出口人在符合信用证所规定的条件下，以该行或其指定的银行为付款人，开具不得超过规定金额的汇票，并按规定随附装运单据，按期在指定地点收取货物。信用证结算也涉及多个银行和当事人，具体业务关系及流程如图 8-3 所示，标号为业务流程。

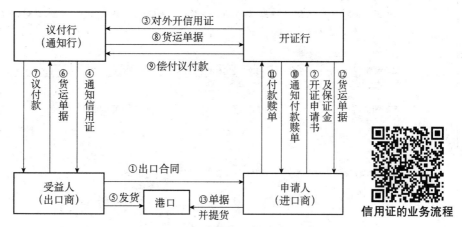

图 8-3　信用证结算当事人关系及业务流程

2. 特点

信用证是一项自足文件（Self-sufficient Instrument）。信用证不依附于买卖合同，银行在审单时强调的是信用证与基础贸易相分离的书面形式上的认证。

信用证方式是纯单据业务（Pure Documentary Transaction）。信用证方式下银行凭单付款，不以货物为准。只要单据相符，开证行就应无条件付款。

开证银行负首要付款责任（Primary Liabilities for Payment）。信用证是一种银行信用，它是银行的一种担保文件，开证银行对支付有首要付款的责任。

演示典型工作业务 》》

典型工作一：货款回笼

一、工作内容描述

师傅配合公司财务，完成跨境电商平台销售货款回笼。

二、工作过程与方法

业务 1：核对后台结算信息。

1. 亚马逊平台

业务资料：A 亚马逊结算表单，如图 8-4 所示。

*转账最多需要 3-5 个工作日即可完成。请以实际转账金额为准。有关向您转账的日期的更多信息，请参阅 帮助页面。

申请转账

结算周期	3月 5, 2020 00:08 GMT-8 - 3月 7, 2020 02:07 GMT-8 （未结） ▼ 前一结算		
本期期初余额是多少？	**期初余额**	上一结算周期中的未转账金额	US$968.01
		小计	US$968.01
在此结算周期发生了哪些款项？	**订单**	商品价格	US$462.55
		促销返点	-US$5.02
		亚马逊所收费用	-US$ 244.06
		运费收入	US$13.34
		小计	US$236.50
	退款	商品价格	-US$13.59
		亚马逊所收费用	US$1.63
		其他	US$0.00
		小计	-US$11.96
	其他服务费用	亚马逊物流服务费用	-US$3.81
		小计	-US$3.81
结算金额是多少？	**期末余额**	总余额	US$1,188.74
		预留金额 这是什么？	查看详情 -US$6.65

一结算 ×

图 8-4 亚马逊结算表单

B 销售清单

交易类型	商品 SKU	商品价格总额	促销返点总额	亚马逊所收费用	其他	总计
订单付款	A	US$13.59	US$0.00	（US$6.94）	US$0.00	US$6.65
订单付款	A	US$13.59	US$0.00	（US$6.94）	US$0.00	US$6.65
订单付款	B	US$12.59	US$0.00	（US$6.79）	US$0.00	US$5.80
订单付款	D	US$11.98	US$0.00	（US$5.28）	US$0.00	US$6.70
订单付款	B	US$13.59	US$0.00	（US$6.94）	US$0.00	US$6.65
订单付款	B	US$13.59	US$0.00	（US$6.94）	US$0.00	US$6.65
订单付款	B	US$13.59	（US$0.44）	（US$6.94）	US$0.44	US$6.65
订单付款	B	US$13.59	US$0.00	（US$6.94）	US$0.00	US$6.65
订单付款	A	US$13.59	（US$2.48）	（US$6.94）	US$2.48	US$6.65
订单付款	D	US$11.98	US$0.00	（US$5.28）	US$0.00	US$6.70
订单付款	A	US$13.59	（US$0.74）	（US$6.94）	US$0.74	US$6.65
退款	A	（US$13.59）	US$0.00	US$1.63	US$0.00	（US$11.96）

（续表）

交易类型	商品SKU	商品价格总额	促销返点总额	亚马逊所收费用	其他	总计
订单付款	A	US$13.59	US$0.00	（US$6.94）	US$0.00	US$6.65
订单付款	A	US$13.59	US$0.00	（US$10.93）	US$3.99	US$6.65
订单付款	A	US$13.59	US$0.00	（US$6.94）	US$0.00	US$6.65
订单付款	B	US$13.59	US$0.00	（US$10.93）	US$3.99	US$6.65
订单付款	B	US$12.98	US$0.00	（US$5.43）	US$0.00	US$7.55
订单付款	B	US$12.98	US$0.00	（US$5.43）	US$0.00	US$7.55
订单付款	B	US$12.98	US$0.00	（US$5.43）	US$0.00	US$7.55
订单付款	A	US$13.59	US$0.00	（US$7.28）	US$0.34	US$6.65
订单付款	B	US$12.98	（US$0.86）	（US$5.43）	US$0.86	US$7.55
订单付款	A	US$13.59	US$0.00	（US$6.94）	US$0.00	US$6.65
订单付款	C	US$9.98	US$0.00	（US$4.28）	US$0.00	US$5.70
订单付款	A	US$13.59	US$0.00	（US$6.94）	US$0.00	US$6.65
订单付款	B	US$12.98	US$0.00	（US$5.43）	US$0.00	US$7.55
订单付款	A	US$13.59	（US$0.50）	（US$6.94）	US$0.50	US$6.65
订单付款	B	US$13.59	US$0.00	（US$6.94）	US$0.00	US$6.65
订单付款	A	US$13.59	US$0.00	（US$6.94）	US$0.00	US$6.65
订单付款	A	US$13.59	US$0.00	（US$6.94）	US$0.00	US$6.65
服务费	亚马逊物流买家退货费用	US$0.00	US$0.00	（US$3.81）	US$0.00	（US$3.81）
订单付款	A	US$12.98	US$0.00	（US$5.43）	US$0.00	US$7.55
订单付款	B	US$13.59	US$0.00	（US$6.94）	US$0.00	US$6.65
订单付款	C	US$12.98	US$0.00	（US$5.43）	US$0.00	US$7.55
订单付款	A	US$12.59	US$0.00	（US$6.79）	US$0.00	US$5.80
订单付款	B	US$13.59	US$0.00	（US$6.94）	US$0.00	US$6.65
订单付款	C	US$13.59	US$0.00	（US$6.94）	US$0.00	US$6.65
订单付款	C	US$13.59	US$0.00	（US$6.94）	US$0.00	US$6.65
上一结算周期中的未转账金额		US$0.00	US$0.00	US$0.00	US$968.01	US$968.01

经核对，退款总费用为21.96美元。

（1）核对亚马逊结算表单中下面栏目信息是否正确

栏目	是否正确	正确信息
退款金额	□是　　□否	USD21.96
订单总金额	□是　　□否	
亚马逊物流服务费	□是　　□否	

（2）请确认本周期可以从亚马逊转账 ___1198.74___ USD

（3）单击"申请转账"按钮，款项转入公司后台绑定的银行账号

（4）提现金额换算：USD1198.74×银行买入价=CNY 销售款

2. 速卖通平台

速卖通收款操作

业务 2：Pingpong 回款。

如何利用 Pingpong 等第三方平台或卡收取跨境电商平台款项

典型工作二：核算进项、销项及应缴税金

一、工作内容描述

前期发货到公司亚马逊英国仓库货物 300 多件。师傅从货代处获得英国海关 C88 缴税文件，并核对相关项目，审核进项税额、销项税额和应缴税额。

二、工作过程与方法

业务 1：审核 C88 文件并核算进项税额。

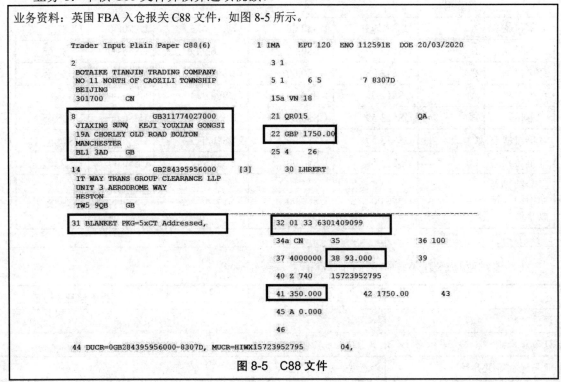

图 8-5　C88 文件

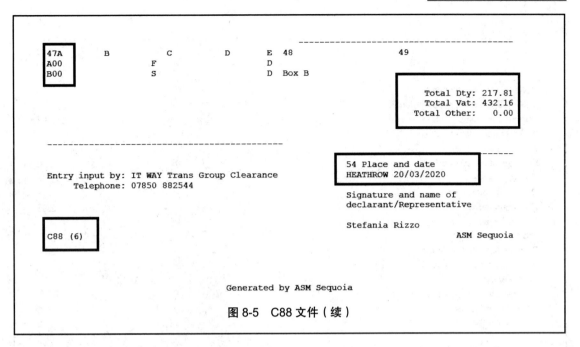

图 8-5　C88 文件（续）

1. 请分析下面信息含义是否正确

栏目 8：发货人（进口人）嘉兴闪驰科技有限公司
栏目 22：申报价值 1750 英镑
栏目 31、32：货物描述 毯子 5 箱，税号 4301409090
栏目 41、42：41 货物数量 42 货物金额
栏目 49：海关收取的总税收
需要交税（栏目 47）：关税 217，81 进口增值税 432，16

2. 请核实 C88 文件中总税收是否正确（假设 63014090 进口关税税率为 6%，增值税税率为 20%）

A00 金额计算方法为： （货物总值+运费+保费）×关税税率=（1750+93+100）×关税税率=BGP116.58
B00 金额计算方法为： 进口增值税=［（1750+93+100）+116.58］×20%=BGP411.916

业务 2：核算销售 VAT 税金（销项税额）及实缴税

业务资料：
亚马逊英国站 3 月份销售支出和广告支出资料如图 8-6、图 8-7 所示。

Income			**1,557.10**
		Debits	Credits
Seller-fulfilled product sales			0
Seller-fulfilled product sale refunds		0	
FBA product sales			1,586.67
FBA product sale refunds		-82.32	
FBA inventory credit			0
FBA liquidation proceeds			0
Postage credits			82.38
Delivery credit refunds		-2.62	
Gift wrap credits			2.99
Gift wrap credit refunds		0	
Promotional rebates		-32.62	
Promotional rebate refunds			2.62
A-to-z Guarantee Claims		0	
Chargebacks		0	
Amazon Shipping Reimbursement			0
SAFE-T reimbursement			0
Commingling VAT			0
	subtotals	-117.56	1,674.66

图 8-6　亚马逊销售费用

amazonadvertising **INVOICE**

Invoice Date: 30/03/2020
Invoice Number: GB-AOUK-2019-469781

Business Name: jd..ng we.f.) k.j. youx.?n

Business Address:
CHORLEY OLD ROAD 19A, BOLTON,
GREATER MANCHESTER, BL1 3AD, GB
Business VAT number: GB°1 7′ 027

Supplier Name: Amazon Online UK Limited
Supplier Address:
1 Principal Place, Worship Str, EC2A 2FA, GB
Supplier VAT number: GB172046918

Business Line: Amazon Marketing Services

Date	Description	Price (VAT Exclusive)	VAT%	VAT	Total
01/03/2020	AMS Charges	GBP 65.24	20.00%	GBP 13.05	GBP 78.29
	TOTAL	GBP 65.24		GBP 13.05	GBP 78.29

图 8-7　亚马逊广告费用

1. 请判断收入中的 GBP 1557.10 为：___产品销售净收入___。

2. 请计算应税销售总金额（列出步骤下同）：_ GBP 1557.1___

3. 英国 VAT 税率为 20%，请计算销项 VAT 金额：_[1557.1/（1+20%）]×20%= GBP 259.52

4. 请计算进项 VAT 金额（需要用到 C88 文件）：GBP 432.16+广告已付增值税 13.05= GBP445.21

5. 请计算应缴 VAT 金额：（3）−（4）= −GBP185.69，值为负数，下期可以继续抵扣（递延）

典型工作三：小 B 客户电汇收款

一、工作内容描述

师傅配合财务人员，完成阿里巴巴国际站客户电汇收款。

二、工作过程与方法

业务 1：阿里巴巴国际站小 B 客户回款。

1. 通过国际支付宝结算收款并转回国内借记卡中即可，操作方式和支付宝差不多（略）。

2. 通过 PayPal 回款（略）。

业务 2：独立站小 B 客户电汇回款（略）。

典型工作四：大客户制单议付

一、工作内容描述

师傅按照规范贸易结算业务流程，制作结算单据，主要涉及发票、装箱单和汇票，并准备结算所需单据提单、保单、产地证、受益人证明等结算文件。准备好各类文件后，需要按照单单一致、单证一致、单货一致的原则审核单据的一致性，单据无误后，委托银行进行收款（托收）或通过国内银行向开证行交单议付信用证项下货款。

二、工作过程与方法

详细而具体的操作参考《外贸单证实务》《外贸跟单实务》和《国际贸易实务》（或《进出口操作实务》）等课程的相关业务。本部分仅涉及发票、装箱单和汇票的缮制，其他业务略。有兴趣的请扫码学习或参考其他书籍、慕课等。

业务1：托收-付款交单。

业务资料：

1、销售确认书：

嘉兴闪驰进出口有限公司

JIAXING SUNQ IMPORT&EXPORT CO.,LTD.

NO.8008 TONGXIANG ROAD,JIAXING CITY,ZHEJIANG ,CHINA

POST CODE: 314000   FAX: (0573) ******** TEL: (0573) ********

售货确认书

S/C No： <u>JX-5480</u>

DATE： <u>JUL. 31TH 2021</u>

TO Messrs： EMC DISTRIBUTION SNC, 28 RUE DES VIEILLES VIGNES

77183 CROISSY BEAUBOURG, FRANCE

谨启者：兹确认售予你方下列货品，成交条款如下：

Dear Sirs,

We hereby confirm having sold to you , the Buyer, the following goods on terms and conditions as specified below:

唛　头 SHIPPING MARK	商品名称、规格及包装 NAME OF COMMODITY AND SPECIFICATIONS,PACKING	数　量 QUANTITY	单　价 UNIT PRICE	总　价 TOTAL AMOUNT
E. M. C. S/C JX-5480 Marseilles NO. 1—300	SPORTING SHOES Art. 4240 Art. 4241 Art. 4242 In cartons of 20 pairs each	3,000 PRS 1,500 PRS 1,500 PRS	USD10.00 USD12.50 USD14.80 TOTAL AMOUNT: CIF C5%	USD30,000.00 USD18,750.00 USD22,200.00 USD70,950.00 Marseilles

With 3% more or less at seller's option

TIME OF SHIPMENT：Shipment not later than September 15,2021。

LOADING PORT：Shanghai

DESTINATION OF PORT：Marseilles

TERMS OF PAYMENT：The buyer shall pay 30% deposit in advance by T/T not later than August 20th, balance will be paid within 5 days after receipt of the fax of original B/L .

INSURANCE：To be effected by the Seller for 110% of the CIF invoice value covering all risks and war risks only as per China Insurance Clauses.

TERMS OF SHIPMENT：To be governed by "INCOTERMS 2010". For transactions concluded on CFR or CIF terms, all surcharges including port congestion surcharges etc. levied by the shipping company, in addition to freight, should be for the Buyer's account.

CLAIM：Any claim by the Buyer concerning the goods shipped hereunder shall be filed within 30 days after the arrival of the goods at the port of destination and supported by a survey report by a surveyor approved by the Seller for the Seller's examination. In no event shall the Seller be liable for indirect or consequential damages. Claims in respect of matters within the scope of responsibility of the insurance company, shipping company, transportation organization and/or post office will not be entertained by the Seller.

买方：

THE BUYER：

Jacques Simon

EMC DISTRIBUTION   SNC

卖方：

THE SELLER：

吴荣林

JIAXING SUNQ IMPORT&EXPORT .CO.,LTD

2. 相关背景资料：

（1）发票开具日期：2021 年 9 月 1 日，发票编号：LX-88650；发票签发人：吴荣林。

（2）实际装运日期：2021 年 9 月 5 日；装载船舶和航次：东风轮(DONGFENG), V.280；开航日期：2021 年 9 月 7 日。

（3）提单出单日期：2021 年 9 月 5 日；提单编号 2021164588；提单授权签字人：周光辉(Zhou Guanghui)。

（4）单据的提交日期：2021 年 9 月 10 日。

（5）装箱单签发日期：2021 年 9 月 5 日；装箱单签发人：吴荣林。

（6）包装情况：纸箱装，每箱装 20 双；纸箱外型尺码：50cm×60cm×120cm；纸箱体积：0.36m³；每纸箱净重：9.8kg 每纸箱毛重：10.8kg；装箱单出单日期：同发票开票日期。

1. 制作发票

嘉兴闪驰进出口有限公司

JIAXING SUNQ IMPORT&EXPORT CO.,LTD.

NO.8008 TONGXIANG ROAD,JIAXING CITY,ZHEJIANG ,CHINA

POST CODE: 314000   FAX: (0573) ******** TEL: (0573) ********

COMMERCIAL INVOICE

INVOICE NUMBER：LX-88650__

DATE：　Sep. 1, 2021　_____

S/C NUMBER：　JX-5480_____

To Messrs.　EMC DISTRIBUTION SNC, 28 RUE DES VIEILLES VIGNES

77183 CROISSY BEAUBOURG, FRANCE

　FROM: SHANGHAI_____　　TO :MARSEILLES_____

唛头号码 MARKS & No.	货 物 品 名 DESCRIPTION OF GOODS	数 量 QUANTITY	单 价 UNIT PRICE	总 价 AMMOUNT
E. M. C. S/C JX-5480 Marseilles NO. 1—300	SPORTING SHOES Art. 4240 Art. 4241 Art. 4242 In cartons of 20 pairs each	 3,000 PRS 1,500 PRS 1,500 PRS	 USD10.00 USD12.50 USD14.80 Total Amount CIF C5%	 USD30,000.00 USD18,750.00 USD22,200.00 USD70,950.00 Marseilles

TOTAL AMOUNT: SAY USD SEVENTY THOUSAND NINE HUNDRED AND FIFTY ONLY

WE HEREBY CERTIFY THAT THE ABOVE MENTIONED GOODS ARE OF CHINESE ORIGIN

JIAXING SUNQ IMPORT&EXPORT CO.,LTD.

(SIGNATURE)

　　　　　　　　　　　SUNTU

2. 装箱单

嘉兴闪驰进出口有限公司
JIAXING SUNQ IMPORT&EXPORT CO.,LTD.
NO.8008 TONGXIANG ROAD,JIAXING CITY,ZHEJIANG ,CHINA
POST CODE: 314000   FAX: (0573) ******** TEL: (0573) ********

PACKING   LIST

To：(15)EMC DISTRIBUTION SNC, 28 RUE DES   S/C NUMBER：__JX-5480_____
VIEILLES VIGNES 77183 CROISSY   Shipping mark:
BEAUBOURG, FRANCE   E. M. C./S/C JX-5480/Marseilles/NO. 1—300

C\NOS.	NOS & KINDS OF PKGS(CTNS)	QTY (PAIRS)	G. W. (kgs)	N. W. (kgs)	MEAS. (M³)
1—150	SPORTING SHOES Art. 4240	3,000 PRS	10.8/CTN 或 1620KGS	9.8/CTN 或 1470KGS	0.36m³/CTN 或 54CBM
151—225	Art. 4241	1,500 PRS	10.8/CTN 或 810KGS	9.8/CTN 或 735KGS	0.36m³/CTN 或 27CBM
226—300	Art. 4242	1,500 PRS	10.8/CTN 或 810KGS	9.8/CTN 或 735KGS	0.36m³/CTN 或 27CBM
TOTAL:		6,000 PRS	3,240KGS	2,940KGS	108CBM

JJIAXING SUNQ IMPORT&EXPORT CO.,LTD.
(SIGNATURE)

_____SUNTU_____

3. 制作汇票

BILL OF EXCHANGE
凭
Drawn under   __JX-5480__
号码   汇票金额   中国嘉兴   年   月   日
                                           JJIAXING
No.   LX-88650__   Exchange for   USD70,950.00   China   Sep. 1, 2021
见票   日 后（本 汇 票 之 副 本 未 付）付 交
At   ********   sight of this FIRST of Exchange (Second of exchange   金额
being unpaid) Pay to the order of   BANK OF CHINA, JIAXING BRANCH   The sum

(7) SAY USD SEVENTY THOUSAND NINE HUNDRED AND FIFTY ONLY

款已收讫
Value received   SPORTING SHOES （6000prs）
此致
To: 嘉兴市闪驰进出口有限公司
                                           JIAXING   SUNQ   IMPORT&EXPORT
                                           CO.,LTD
EMC DISTRIBUTION SNC, 28 RUE DES
VIEILLES VIGNES 77183 CROISSY   孙途（章）
BEAUBOURG, FRAZIL

业务 2：信用证交单议付。

业务资料：

1.信用证

BASIC HEADER F01 BKCHCNBJA5XX 9056 375784

APPL HEADER O 700 1340990118 BPSMPTPLAXXX 2682 0881469901182140 N

+ STANDARD CHARTERED BANK LISBAO

+ PORTUGAL

+ LISBAN CODEX， PORTUGAL

（BANK NO：1218000）

:MT:700 _____ISSUE OF A DOCUMENTARY CREDIT_____

SEQUENCE	:27:	1/1
FORM OF DOCUMENTARY CREDIT	:40A:	IRREVOCABLE
DOCUMENTARY CREDIT NUMBER	:20:	058230CDI11711LC
DATE OF ISSUE	:31C:	210118
DATE AND PLACE OF EXPIRY	:31D:	210220 IN CHINA
APPLICANT	:50:	SAINT BILL LIMITADA
		RUA DE PEDROUCOS, 98-A 1200-287
		LISBAO, PORTUGAL
BENEFICIARY	:59:	JIAXING SUNQ IMPORT&EXPORT
		CO.,LTD.8008 ROOM TONGXIANG ROAD,
		JIAXING,ZHEJIANG,CHINA
CURRENCY CODE, AMOUNT	:32B:	USD20659.20
MAXIMUM CREDIT AMOUNT	:39B:	NOT EXCEEDING
AVAILABLE WITH...BY...	:41A:	BKCHCNBJ51C
		BY PAYMENT
		+BANK OF CHINA, JIAXING BRANCH
		+JIAXING, CHINA
		SIGHT
DRAFT AT	:42C:	OURSELVES
DRAWEE	:42A:	NOT ALLOWED
PARTIAL SHIPMENT	:43P:	ALLOWED
TRANSHIPMENT	:43T:	SHANGHAI
LOADING/DISPATCH/TAKING/FROM	:44A:	LISBON BY SEAFREIGHT
FOR TRANSPORTATION TO...	:44B:	210212
LATEST DATE OF SHIPMENT	:44C:	
DESCRPT OF GOODS/SERVICES	:45A:	

+ 12,000 PAIRS DOUBLE STAR BRAND MEN'S RUBBER SHOES AS PER PROF. INVOICES DD 17.11.17 AND 17.11.25

CIF LISBON

DOCUMENTS REQUIRED   :46A:

+ SIGNED COMMERCIAL INVOICE (ORIGINAL AND 4 COPIES), VISAED BY THE CHAMBER OF COMMERCE CERTIFICATING GOODS ORIGIN

+ FULL SET (3/3) OF CLEAN ON BOARD OCEAN BILLS OF LADING, TO THE ORDER OF BANCO PINTO+SOTTO MAYOR, NOTIFYING BUYERS, THEIR NAME AND ADDRESS FULLY MENTIONED AND STATING FREIGHT PAID

+ PACKING LIST

+ INSURANCE POLICY/CERTIFICATE TO THE ORDER OF BANCO PINTO+SOTTO MAYOR OR TO

ORDER AND BLANK ENDORSED, COVERING GOODS FOR THE INVOICE VALUE PLUS TO 10 PCT AGAINST THE RISKS OF ICC(A), ISC(CARGO) AND IWC(CARGO)

+ G.S.P. CERT1FICATE OF ORIGIN FORM ″A″ H.S. NO. 6302 BY CHINESE GOVERNMENT

CHARGES	:71B:	ALL BANKING CHGS OUTSIDE PORTUGAL ARE FOR BENEF ACCT.
PERIOD FOR PRESENTATIONS	:48:	WITHIN 8 DAYS AFTER DATE OF B/L
CONFIRMATION INSTRUCTION	:49:	CONFIRM
INSTRUCTION TO BANK	:78:	

PROVIDED DOCS ARE STRICTLY IN GOOD ORDER WE WILL CREDIT YR ACCT WITH AN AMERICAN BANK AT YR OPTION AFTER INSTRUCTIONS IN FIELD 72 HAVE BEEN COMPLIED WITH

SENDER TO RECEIVER INFO	:72:	AVAILABLE BY YR PYMT AT 5 FULL WORKING DAYS AFTER YR SWIFT ADVICE TO US STATING YOU CONSIDER DOCS IN ORDER AND EXACT AMT OF NEGOTIATION. PLS SEND US DOCS IN 2 SEPARATE LOTS

TRAILER

MAC: 9FE41FBC CHK-56783EE6A448

2.其他背景资料

（1）Invoice No.：NM134.

（2）Date of Invoice：Feb. 3rd, 2021

填制汇票

BILL OF EXCHANGE   2

Drawn under : *STANDARD CHARTERED BANK LISBAO*

L/C No.: *058230CDI11711LC*   Dated *Jan. 18, 2021* Payable with interest @_____%

No. *NM134* Exchange for *USD20,659.20*   *JIAXING   FEB.13，2021*

At _******_ sight of this SECOND of Exchange （First of Exchange being unpaid ）

Pay to the order of _____*BANK OF CHINA*_____ the sum of

*SAY US DOLLARS TWENTY THOUSAND SIX HUNDRED AND FIFTY-NINE CENTS TWENTY ONLY*_____

Value received____

To : STANDARD CHARTERED BANK LISBAO

JIAXING SUNQ IMPORT&EXPORT CO.,LTD

 SUNTU

师傅下达工作任务

理论小测试

单项选择

1. VAT 的英文是（　　）。

A. Valid Added Tax
B. Valid Added Tariff
C. Value Added Tax
D. Value Added Tariff

2. 英国和美国将 Excel 表格中的每个单元格分别称为（　　）。

A. field　field
B. field　box
C. box　field
D. box　box

3. 跨境电商在美国销售时，买家所在州如需交纳销售税，则该税收（　　）。

A. 由亚马逊代征代交
B. 由卖家自行交纳
C. 由买家交纳
D. 由亚马逊承担

4. 跨境结算需要考虑的因素有很多，基本不需要考虑的因素是（　　）。

A. 增值税税率
B. 汇率
C. 结算时间
D. 结算地点

5. 以下（　　）文件可以作为欧洲国家 VAT 抵税文件。

A. 英国进口报关单
B. 英国进口报关用发票
C. 英国申报进境 C88 文件
D. 英国海关发票

多项选择

1. 在欧洲开展销售活动，关于 VAT 的表述正确的是（　　）。

A. 必须注册 VAT，没有 VAT 号则无法销售
B. 欧洲五国需要分别注册 VAT 才能实现在该国的销售
C. 采取泛欧计划销售模式只需注册一国 VAT 即可
D. VAT 的要求对卖家而言没有任何积极性

2. 现在不需要 VAT 税号的亚马逊站点有（　　）。

A. 美国站
B. 日本站
C. 澳洲站
D. 德国站

3. 需要申请 VAT 税号的亚马逊站点有（　　）。

A. 巴西站
B. 印度站
C. 英国站
D. 法国站

4. 对于 VAT 理解正确的有（　　）。

A. VAT 是指增值税，对销售中的增值部分征税
B. 欧洲主要站点各国 VAT 税率是一样的
C. 亚马逊欧洲站卖家如果不采取泛欧计划，则必须同时注册五国 VAT
D. 欧盟是全球对 VAT 的要求最严格的地区

5. 欧盟四国（德国、法国、西班牙、意大利）VAT 交纳周期和次数对应正确的是（　　　）。

A. 德国-每月申报-全年 13 次　　　　　B. 法国-每月申报-全年 12 次

C. 意大利-每月申报-全年 13 次　　　　D. 西班牙-每季申报-全年 4 次

6. 欧洲实施 VAT 的国家对应税率正确的有（　　　）。

A. 英国：20%　　　　　　　　　　　B. 意大利：22%

C. 德国：19%　　　　　　　　　　　D. 法国：20%

下达工作任务 >>

任务 1. 分析英国海关税收文件

任务资料：英国 FBA 入仓报关 C88 文件

```
Trader Input Plain Paper C88(6)          1 IMA    EPU 120   ENO 042159B  DOE 11/7/2019

2                                        3 1
SUICHANG YAXIN IMPORT AND EXPORT CO
BOTTOM FLOOR  NO 17 HANHUI ROAD          5 1      6 5        7 117-38572822-G
LISHUI CITY
CN        CN                             15a KR 18

8           GB3 177102 000              21 SK1501 05 Nov 2019              SE
JIAXING WEIBI KIJI YO MAN GONGSI
19A CHORLEY OLD ROAD                     22 USD 1120.00
BOLTON
BL1 3AD    GB                            25 4     26 3

14          GB174710705000   [2]        30 LHRERT
LP CLEARANCE & COURIERS UK LTD
CO3A NATIONAL WORKS
HOUNSLOW
TW4 7EA    GB
-----------------
           ENTRY ACCEPTANCE DETAILS

        Entry accepted        07/11/2019 at 16:29            Office 120
        Declarant Id          GB174710705000    Submitting TURN 174710705000
        Declarant reference   117-38572822-G


     CONSIGNMENT DETAILS

        Decln UCR   9GB174710705000-117-38572822-G    part
        Consignee   GB31..7.02 000    JIAXING W_IBI KIJI YOUXIN GONGLI
        Master UCR  HLRX117385728220LHR007G       Inventory system  CUK1
        Location    GBLHRERT                       Total Packages 5

     ENTRY VALUE DETAILS

                              Amount from Currency at Exchange Rate
        VAT value adjust      100.00      GBP              1
        Invoice total         869.43      USD          1.2882

     ENTRY REVENUE TOTALS

           Tax Type  Total Amount MOP    Tax Type  Total Amount MOP
             A00         59.99 D            B00        205.88 D


        Total deferred revenue   0.00
        Total immediate revenue 265.87
        Total revenue payable   265.87
```

1. 请分析下面信息含义

Decln UCR 栏目：
Consingnee：
Tax type A00：
Tax type B00：
货物英镑值：
计算关税的贸易术语是：
Value vat adjust：

2. 请核实 C88 文件中总 VAT 是否正确（假设 63014000 进口关税为 6.1%）

A00 金额计算方法为：
B00 金额计算方法为：

任务 2. 核算 VAT 税金

任务资料：亚马逊英国站 12 月份销售资料

Income		**11,557.10**
	Debits	Credits
Seller-fulfilled product sales		0
Seller-fulfilled product sale refunds	0	
FBA product sales		11,586.67
FBA product sale refunds	-82.32	
FBA inventory credit		0
FBA liquidation proceeds		0
Postage credits		82.38
Delivery credit refunds	-2.62	
Gift wrap credits		2.99
Gift wrap credit refunds	0	
Promotional rebates	-32.62	
Promotional rebate refunds		2.62
A-to-z Guarantee Claims	0	
Chargebacks	0	
Amazon Shipping Reimbursement		0
SAFE-T reimbursement		0
Commingling VAT		0
subtotals	-117.56	11,674.66

amazonadvertising

INVOICE

Invoice Date: 30/12/2019
Invoice Number: GB-AOUK-2019-469781

Business Name: ~~amo we.f k.j. oux~~

Business Address:
CHORLEY OLD ROAD 19A, BOLTON,
GREATER MANCHESTER, BL1 3AD, GB
Business VAT number: GB?1.7?.C27

Supplier Name: Amazon Online UK Limited
Supplier Address:
1 Principal Place, Worship Str, EC2A 2FA, GB
Supplier VAT number: GB172046918

Business Line: Amazon Marketing Services

Date	Description	Price (VAT Exclusive)	VAT%	VAT	Total
02/12/2019	AMS Charges	GBP 65.24	20.00%	GBP113.05	GBP178.29
	TOTAL	GBP 65.24		GBP113.05	GBP178.29

1. 请判断收入中的 11557.10 为_____金额。

2. 英国 VAT 税率为 20%，请计算应税销售总金额（列出步骤下同）：_____

_____

3. 请计算销项 VAT 金额：_____

4. 请计算进项 VAT 金额（需要用到 C88 文件）：_____

_____

5. 请计算应缴 VAT 金额：_____

任务 3. 请翻译下面的任务资料

任务资料：

1	VAT due in this period on sales and other outputs	GBP56.19
2	VAT due in this period on acquisitions from other EC Member States	GBP0.00
3	**Total VAT due (the sum of boxes 1 and 2)**	**GBP56.19**
4	VAT reclaimed in this period on purchases and other inputs (including acquisitions from the EC)	GBP10.31
5	**Net VAT to be paid to Customs or reclaimed by you (Difference between boxes 3 and 4)**	**GBP45.88**
6	Total value of sales and all other outputs excluding any VAT. Include your box 8 figure.	GBP280.00
7	Total value of purchases and all other inputs excluding any VAT. Include your box 9 figure.	GBP6,227.00
8	Total value of all supplies of goods and related costs, excluding any VAT, to other EC Member States	GBP0.00
9	Total value of acquisitions of goods and related costs excluding any VAT, from other EC Member States	GBP0.00
	Balancing amount:	GBP0.00

1.	
2.	
3.	
4.	
5.	
6.	
7.	
8.	
9.	

任务 4. 其他成本核算

任务资料：

1.业务员要推广某新上 listing，设置了每天 10 美元 CPC 广告费。如果该店铺是亚马逊平台美国站的一个新店，店铺账号余额为零。请计算一个月后，需要向绑定的银行卡存入多少元人民币用于支付广告费？（银行买入价为 100:640，卖出价为 100:645，平台佣金为 1%，下同）

2.业务员经过一个月的运营，产品销售有显著提高，平台销售余额为 1000 美元。现 5 日要提现，请计算能够提取多少人民币？（亚马逊美国站每月 1 号交纳当月月租 39.99 美元）

请计算相应的费用：

题号	计算过程	结果
1		
2		

任务 5. 跨境结算"偷税漏税"案例分析

2022 年 4 月福州海关发布的一则处罚决定显示，福建某跨境电子商务有限责任公司、福建某跨境电子商务有限公司，委托某代理有限公司以保税电商贸易方式向海关申报报关单共计 24 票货物，申报商品为化妆品+卸妆水套装等化妆品。公司将化妆品套装内不同规格间产品数量直接相加作为申报商品规格，以套装作为申报品名，以套装内综合税率较高的商品的税则号作为套装税则号向海关进行申报，造成申报进口的化妆品规格型号在 10 元/毫升（克）或 15 元/片（张）及以下，免征消费税，该行为造成商品税则号列申报不实影响海关统计准确性及国家税款征收，被处罚款共计 9.53 万元。

资料来源：姚立凡，《美妆头条》新媒体

思考与讨论：

1. 请结合案例探究，跨境业务中涉及哪些税收业务，相关法律要求有哪些？

2. 请结合案例讨论：工作中，如何遵守海关法律法规，依法报关纳税？

3. 请结合案例分析：一国海关的重要意义和价值？

参 考 文 献

[1]童宏祥. 外贸跟单实务[M]. 2版. 上海：上海财经大学出版社，2008.

[2]肖旭，范越龙. 外贸跟单综合实训[M]. 北京：高等教育出版社，2009.

[3]林晓怡. 外贸跟单实训[M]. 北京：中国劳动社会保障出版社，2013.

[4]宋秋红. 外贸跟单实务[M]. 北京：高等教育出版社，2015.

[5]曹晶晶，傅潇. 外贸跟单实务[M]. 杭州：浙江大学出版社，2019.

[6]聂相玲. 外贸跟单实务与操作[M]. 北京：清华大学出版社，2013.

[7]冯麟. 服装跟单实务[M]. 北京：中国纺织出版社，2009.

[8]刘志娟，李静恒，庞金叶. 外贸跟单实操教程[M]. 上海：上海财经大学出版社，2009.

[9]李二敏，赵继梅. 外贸跟单操作[M]. 北京：高等教育出版社，2018.

反侵权盗版声明

电子工业出版社依法对本作品享有专有出版权。任何未经权利人书面许可，复制、销售或通过信息网络传播本作品的行为，歪曲、篡改、剽窃本作品的行为，均违反《中华人民共和国著作权法》，其行为人应承担相应的民事责任和行政责任，构成犯罪的，将被依法追究刑事责任。

为了维护市场秩序，保护权利人的合法权益，我社将依法查处和打击侵权盗版的单位和个人。欢迎社会各界人士积极举报侵权盗版行为，本社将奖励举报有功人员，并保证举报人的信息不被泄露。

举报电话：（010）88254396；（010）88258888
传　　真：（010）88254397
E-mail：　dbqq@phei.com.cn
通信地址：北京市海淀区万寿路 173 信箱
　　　　　电子工业出版社总编办公室
邮　　编：100036